Wolfgang Reinhart

Ich bleib' dann mal da ...

Wolfgang Reinhart

Ich bleib' dann mal da ...

Von selbstbestimmter Lebensarbeitszeit

**Frankfurter
Allgemeine
Buch**

Bibliografische Information der Deutschen Nationalbibliothek
Die Deutsche Nationalbibliothek verzeichnet diese Publikation
in der Deutschen Nationalbibliografie; detaillierte bibliografische
Daten sind im Internet über http://dnb.d-nb.de abrufbar.

Hinweis
Wir sind uns bewusst, dass die Haltung zum Thema Gendern
durchaus vielfältig ist. In dieser Publikation haben wir zugunsten
einer besseren Lesbarkeit hauptsächlich das generische
Maskulinum verwendet, womit wir immer zugleich weibliche,
männliche und diverse Personen meinen.

**Frankfurter
Allgemeine
Buch**

© Fazit Communication GmbH
Frankfurter Allgemeine Buch
Pariser Straße 1
60486 Frankfurt am Main

Umschlag: Nina Hegemann
Satz: Nina Hegemann
Druck: P&B Print
Printed in the EU

1. Auflage
Frankfurt am Main 2023
ISBN 978-3-96251-166-1
Alle Rechte, auch die des auszugsweisen Nachdrucks, vorbehalten.

Frankfurter Allgemeine Buch hat sich zu einer nachhaltigen
Buchproduktion verpflichtet und erwirbt gemeinsam mit den
Lieferanten Emissionsminderungszertifikate zur Kompensation
des CO_2-Ausstoßes.

Inhalt

Ich bleib' dann mal da ...

Ich habe lange überlegt, ob ich dieses Buch schreiben soll, mich intensiv mit dem Älter- beziehungsweise Altwerden auseinandersetzen sollte. Ist die Beschäftigung mit dem Alter und dem zwangsläufig dazugehörigen Ende eines Lebens – und das ist uns allen bewusst – doch eine echte Herausforderung. Auch und besonders, weil wir gelernt haben: Altwerden bedeutet Rente, zunehmende Arztbesuche, eingeschränkte Leistungsfähigkeit. Man spielt nicht mehr mit (jedenfalls nur noch selten ganz vorne). Gestern war man noch jung, wollte (und konnte) die Welt erobern, war auf dem Weg. Man wird älter, ist gefangen im Alltagstrott, verliert ein wenig den Esprit der jungen Jahre. Und plötzlich ist es da, das Alter. Man zählt zu den Alten, zur älteren Generation, befindet sich kurz zuvor noch in der Rushhour des Lebens. Feierabend.

Fakt ist: Mit 66 Jahren bin ich zumindest numerisch Teil der älteren Generation. Auch wenn ich persönlich zumindest die damit verbundenen Stereotypen völlig anders bewerte und gewichte. Und genau dieser Tatsache verdanken Sie dieses Buch. Denn ich bin überzeugt, dass unsere Gesellschaft, unsere Arbeitswelt, auf die sogenannten Best Ager und eine Neudefinition ihrer Rolle für unser Zusammenleben nicht wird verzichten können. Allein der demografische Wandel und der damit verbundene Fachkräftemangel sorgen für neue Denkansätze, die alle Generationen einer Gesellschaft berücksichtigen. Wir können es uns heute schlicht nicht mehr leisten, auf die Ü-6o-Jährigen zu verzichten. Wir brauchen diese Generation. Und diese Generation braucht eine andere Akzeptanz in der Gesellschaft. Und damit ein Lebensmodell, das den klassischen Lebensweg – bestehend aus Ausbildung, Beruf/Karriere, parallel die Familiengründung, Rente – neu und anders skizziert. Ein Modell, das Freiräume und Umwege erlaubt, das Auszeiten möglich macht, ohne eine Karriere unmöglich zu machen. Kurz: ein Modell, das einen neuen Lebensweg möglich macht.

Es ist an der Zeit, umzudenken. Das Thema Alter und Lebenszeit anders zu bewerten. Neu zu denken. Ein neues Mindset zum Thema zu entwickeln. Sprich: den „Alten" neue Möglichkeiten zu eröffnen, politisch, gesellschaftlich und gesetzlich. Warum gehen wir nicht ganzheitlich an dieses Thema heran? Denken an die Lebenszeit eines Menschen und wie man sie so gestalten kann, dass am Ende ein sinnerfülltes Leben steht, das eben nicht mit dem offiziellen Rentenstart irgendwie am Ende ist. Wie wäre es denn, wenn wir einen Rahmen schaffen, der es Menschen erlaubt, ihr Leben nicht nach dem klassischen Muster zu leben, sondern es so zu gestalten, dass man jeder Lebensphase gerecht werden kann? Karriere zum Beispiel dann, wenn man die Familienplanung bewusst gelebt und gestaltet hat? Ich bin überzeugt, dass wir mit neuen Alten, entsprechenden neuen Modellen sowie neuer Lebensplanung im Bereich Leben und Arbeit punkten können.

Folgen Sie mir in eine Welt, die mit den neuen Alten rechnet, sie zu einem festen Bestandteil unserer Gesellschaft macht. Die bereit ist für Neues, die sich spannenden und anderen Herausforderungen stellt.

Ich freue mich auf die Diskussion mit Ihnen!

I. Teil: Altwerden – eine Einordnung

„*Heute sind mehr ältere Menschen gesund und aktiv als früher, und auch der Anteil der gesunden Lebenszeit an der Gesamtlebenszeit ist prozentual gestiegen. Was übrigens auch eine Antwort auf die häufig gestellte Frage ist: Könnten Menschen länger arbeiten? Meine Antwort ist: Ja.*"

Professor Dr. Clemens Tesch-Römer, Deutsches Zentrum für Altersfragen (DZA), „Alter ist Ansichtssache", Interview mit Peter Lau, brand eins

Mit 66 Jahren ...

Das Arbeitsleben neu denken oder die individuellen Vorzüge eines Lebensarbeitszeitmodells

Mit 66 Jahren, sang einst Udo Jürgens, ist noch lange nicht Schluss. Stimmt. Allerdings: Im Mindset unserer Gesellschaft ist das irgendwie noch nicht wirklich angekommen. Auch wenn es heute bereits etwa 1,3 Millionen Menschen gibt, die mit Mitte 60 erst so richtig durchstarten und eine Karriere nach der Karriere beginnen. Die gründen oder ihre Expertise bereitwillig zur Verfügung stellen. Das jedenfalls stellt der Deutsche Gewerkschaftsbund 2021 fest. Damit hat sich ihre Zahl, wie das Statistische Bundesamt ein Jahr zuvor konstatiert, mit 17 Prozent nahezu verdoppelt. 2010 waren es demnach lediglich 9 Prozent der 65- bis 69-Jährigen, die weiterhin aktiv am Erwerbsleben teilnahmen. Eine schöne Entwicklung, sollte man meinen. Und um noch einmal die Statistiken zu strapazieren: Damit arbeitet jeder 20. Rentner weiter.

Immerhin nahm die Erwerbsbeteiligung der 60- bis 64-Jährigen in den vergangenen 10 Jahren laut Statistischem Bundesamt von 44 Prozent auf 61 Prozent zu. Aber auch aktuell träumen die 18- bis 24-Jährigen in der Mehrheit noch davon, mit spätestens 64 in den Ruhestand zu gehen laut aktueller Umfrage des Personaldienstleisters Randstad.

Was heißt das eigentlich: Alter?

„Erst durch die allgemeine Gewährung von Altersrenten und durch die Festlegung von Altersgrenzen weit unterhalb des Sterbealters hat sich die eigenständige Lebensphase Alter herausbilden können. Das ist eine der herausragendsten Leistungen des Sozialstaates. Insbesondere bei einer zufriedenstellenden materiellen Absicherung, bei bedarfsgerechten Angeboten und Leistungen der sozialen Infrastruktur und bei guten gesundheitlichen

Verhältnissen wird das Alter für viele – aber nicht alle – zu einer langen, eigenständigen und ausfüllenden Lebensphase mit hoher individueller Zufriedenheit, die es erlaubt, die zeitlichen Freiräume für neue Interessen und Bedürfnisse zu nutzen."

Quelle: Bundeszentrale für politische Bildung, Januar 2020)

In Deutschland arbeiten die Menschen im Durchschnitt 39 Jahre – und damit länger als in den meisten EU-Staaten. Hier liegt die sogenannte Lebensarbeitszeit bei knapp 36 Jahren (lediglich in Island arbeiten die Menschen länger, nämlich knapp 45 Jahre). So jedenfalls hat es der Anbieter für Markt- und Konsumentendaten, Statista, erfasst. Wikipedia definiert: „Die Lebensarbeitszeit ist die Summe der Zeiten, die eine Person während ihres Lebens für Erwerbsarbeit aufwendet, gemessen in Jahren." Die Uhr läuft ab Eintritt in das Erwerbsleben, sie stoppt, wenn man es verlässt, etwa um in den Ruhe- oder Vorruhestand zu gehen.

Rentner am Start

Schon jetzt kann man, wenn man möchte, auch im Rentenalter weiter arbeiten. Die Stiftung Warentest hat die verschiedenen Möglichkeiten, die sich bieten, einmal aufgelistet. So ist es möglich:

- Rente und Job zu kombinieren,
- auf die Rente zugunsten eines Jobs zunächst zu verzichten
- in Frührente zu gehen und weiter zu arbeiten.

Wer auf seine Rente erst einmal verzichtet, der kann später mit einer höheren rechnen. Denn jedes Jahr, das man nach Erreichen der Regelaltersgrenze auf diesen Anspruch verzichtet, schlägt mit 6 Prozent mehr auf dem Rentenkonto zu Buche. Beispielrechnung gefällig? Hat eine Person 40 Jahre seinen Durchschnittsverdienst beibehalten und brav in die Rentenkasse eingezahlt, erhöht sich der Rentenanspruch mit jedem zusätzlichen Arbeitsjahr unter gleichen Bedingungen wie zuvor um rund 107 Euro monatlich (brutto). Bei dieser Variante zahle ich auch weiterhin in die Rentenkasse. Aber: Wird weiter gearbeitet ohne Rentenbezug, entfällt die Arbeitslosenversicherung. Ergibt auch Sinn: Denn, wenn ich in dieser Situation arbeitslos werde, switche ich nahtlos in den Rentenbezug. Das jedenfalls hat uns die Bundesregierung so vorgerechnet.

Arbeit und Alter? Funktioniert!

Die Idee ist angekommen (übrigens, wie die Bundeszentrale für politische Bildung [bpb] belegt, auch in den sogenannten Lissabon-Zielen der EU und in Deutschland mit dem Ansatz „Rente mit 67"): Innerhalb eines Jahres erhöht sich der Anteil der arbeitenden Rentner um 12 Prozent.. Übrigens nicht nur bei uns: Auch in Österreich, Frankreich, den Niederlanden, Großbritannien und Finnland nehmen die arbeitenden Alten deutlich zu. Schon 2013 stellte der Arbeitsmarktexperte des Deutschen Instituts für Wirtschaftsforschung (DIW) Karl Brenke fest, dass die Erwerbsneigung der Alten wachse. Und: Das habe nichts mit der demografischen Entwicklung zu tun. Die Studie ist lesenswert und ihre Erkenntnisse sind auch heute noch aktuell. Brenke beschäftigte sich intensiv mit der Arbeits-, Einkommens- und Lebenssituation der „alten" Erwerbstätigen und stellte fest: Die Lust auf Arbeit im Alter wächst. Und: „In vielen Fällen scheint es nicht die finanzielle Not zu sein, die die Über-65-Jährigen zur Arbeit treibt." (WELT, 20.04.2013). Dabei arbeiten die Selbstständigen in der Regel Vollzeit, von den Angestellten viele in Teilzeit oder im Minijob. Eine weitere Erkenntnis der Brenke-Studie: Die Älteren sind nicht schlechter qualifiziert als die Jüngeren und verdienen im Schnitt pro Stunde sogar mehr. Außerdem: Ihre Zufriedenheit ist größer als die ihrer nicht arbeitenden Altersgenossen. Eine weitere essenzielle Aussage: Es ist nicht (oder eher selten) finanzielle Not, die den Großteil zur Arbeit treibt. „Rund zwei Drittel der Alten kämen auch ohne die zusätzliche Erwerbstätigkeit zurecht", so Brenke. „Gleichwohl gäbe es aber auch solche, die arbeiten müssen."

Armut im Alter

Und diese Aussage zeigt die andere Seite der Medaille: Auf der einen Seite ein sinkendes Rentenniveau, auf der anderen Seite arbeitende ältere Menschen. Müssen die Menschen in Deutschland jetzt weiter arbeiten, um ihre Existenz zu sichern, fragen dann auch die Malteser in „dabei", ihrem Magazin für Leben im Alter, und ordnen damit die aktuellen Ergebnisse der vom Bundesseniorenministerium geförderten Studie „Hohes Alter in Deutschland" (Stand: Dezember 2021) ein. Tatsächlich, so stellen die Malteser fest, sind besonders für Frauen häufig finanzielle Gründe ausschlaggebend, um weiter einer Arbeit nachzugehen. Damit sind wir beim heiß diskutierten Thema der steigenden Altersarmut. Bereits 2005, stellt das Statistische Bundesamt fest, war ungefähr jeder neunte Mensch über 65 Jahren davon betroffen. Und dabei wird es nicht bleiben, heißt es im Beitrag der Malteser: Denn die Quote steigt – so stark wie in keiner anderen Bevölkerungsgruppe. Mehr als jeder fünfte Mensch über 80 Jahren in Deutschland ist von Armut betroffen. Bei den hochbetagten Frauen liegt der Anteil sogar noch um mehr als 9 Prozentpunkte höher als bei den Männern. Laut einer aktuellen Befragung des Bundersverbandes deutscher Banken (BdB) fürchten 45 Prozent der 30- bis 59-Jährigen, dass sie im Ruhestand schlecht aufgestellt sind, weshalb immerhin 41 Prozent der über 50-Jährigen eine private Altersvorsorge haben.

Armutsgefährdet sind Menschen, die weniger als 60 Prozent des mittleren gewichteten Einkommens der Bevölkerung zum Leben zur Verfügung haben. In Zahlen ausgedrückt: Bei 900 Euro pro Monat ist das Risiko der Altersarmut gegeben.

Schon 2013 heißt es im Koalitionsvertrag zwischen CDU/CSU und SPD: „Altersarmut verhindern – Lebensleistung würdigen". Im Koalitionsvertrag vom März 2018 wird bei diesem Thema nochmals nachgelegt: „Die Rente muss für alle Generationen gerecht und zuverlässig sein. Dazu gehören die Anerkennung der Lebensleistung und ein wirksamer Schutz vor Altersarmut." (Quelle: bpb, Bundeszentrale für politische Bildung). Das Thema ist auf der politischen Agenda also längst angekommen – aber noch lange nicht befriedigend gelöst. Es gibt weder eine eindeutige Definition dessen, was Altersarmut ist, noch gibt es befriedigende Ansätze, die pragmatisch genug für eine Durchsetzung und damit Lösung der sich zuspitzenden Situation sind. Wissen wir doch: Die Quote der Alten im Verhältnis zur Gesamtbevölkerung wächst. Wir müssen also neue Wege gehen, wollen wir das Thema für uns (und vor allem für die von Altersarmut bedrohten Menschen) lösen.

Fakt ist: Alle Parteien in Deutschland haben Ideen, wie sie mit der Problematik umgehen wollen. Setzen die einen, wie Union und FDP, auf das klassische Drei-Säulen-System mittels gesetzlicher, privater und betrieblicher Altersvorsorge, machen SPD, Grüne und Linke die gesetzliche Rentenversicherung zum zentralen Instrument, in das künftig alle einzahlen sollen. Der Renteneintritt ist derzeit gesetzlich mit 67 Jahren festgeschrieben, liegt aber tatsächlich immer noch bei rund 64 Jahren.

Mir gehen all die Ansätze nicht weit genug, weil sie sich ausschließlich auf die 3. Lebensphase eines Menschen konzentrieren, den gesamten Lebensweg aber nicht ausreichend mitbedenken. Die Phase der Erwerbstätigkeit spielt bei all diesen Ansätzen lediglich in finanzieller Hinsicht eine Rolle, nämlich als Einzahlungsphase eben für die Rente. Ich wünsche mir hier deutlich kreativere Modelle, die Spielraum für neue Wege lassen. Modelle, die eine Lebensgestaltung mit Familie ebenso berücksichtigen wie eine Lebensgestaltung, die auf Karriere fokussiert.

Best Ager: Die neuen Alten

Denn Tatsache ist: Die neuen Alten sind anders alt, als es noch unsere Großeltern waren. Die meisten Großmütter (und Großväter ebenso) erschienen nur zwei Generationen vor uns bereits mit 50 alt, der Ruhestand ein erstrebenswerter, möglichst schnell zu erreichender Zustand. Heute sind die 50-Jährigen in der Mitte des Lebens angekommen, noch weit weg von allem, was man mit Alter oder eben Rente verbindet. Warum ist das so? Warum dieser Wandel? Die Erklärung ist simpel: Unser Leben ist heute ein anderes als noch vor 30 Jahren. Wir sind deutlich schnelllebiger und dynamischer unterwegs, die technologischen Sprünge erfolgen in immer kürzeren Abständen. Auch die Familienbande haben sich drastisch verändert, haben sich dynamisiert oder aufgelöst. Noch bis vor wenigen Jahren (in einigen Kulturen bis heute) bildete der Nachwuchs eine Art soziales Netz. Wer alt war, wusste sich aufgehoben, bei den Kindern und später den Enkeln. Ich kann mich noch gut an eine Familie aus meinem Bekanntenkreis erinnern: Da lebten vier Generationen unter einem Dach, jeder in einem eigenen Teil des Hauses, aber alle verbunden. Das änderte sich erst, nachdem die alte Generation immer kleiner wurde, die Jungen immer schneller das Haus verließen. Heute ist dieser Familienverbund ein anderer, die einzelnen Familienteile sind verstreut in der Republik; die ursprüngliche Nähe, das Füreinander-Dasein ist kaum noch spürbar. Dass dieses klassische Familienmodell natürlich auch viele Nachteile hat (etwa überholte patriarchalische Strukturen), will ich nicht kleinreden und auch nicht romantisch verklären. Aber: Die Idee des familiären Zusammenrückens hat etwas.

Und auch die Arbeitsrealität ist eine andere: Wer früher beim Daimler schaffte, der schaffte dort bis zur Rente – nicht selten gefolgt vom eigenen Nachwuchs, denn auch die nächste Generation konnte meist noch auf einen Arbeitsplatz beim Arbeitgeber der Eltern oder Großeltern setzen. In einem nordrhein-westfälischen Wasserbetrieb gab es ganze Familien, die auf diese Weise ihren Lebensunterhalt über Generationen sicherstellten. Diese – ungeschriebene – Garantie auf einen Lebensarbeitsplatz findet man heute nicht mehr. Das neue Normal ist in der Regel ein Berufsweg, der unterschiedlichste Stationen bei verschiedenen Arbeitgebern umfasst. Nicht selten wechselt die heutige erwerbstätige Generation ihren Arbeitsplatz alle zwei Jahre, ehe sie zur Ruhe kommt. Auch das soziale Umfeld, das gesellschaftliche Netz, das uns umfängt, ist ein anderes geworden. Kirche, früher der Ort der sonntäglichen Begegnung, hat ihre tragende Rolle längst verloren. Und auch die Kegelclubs der Republik sind längst nicht mehr das, was sie einmal waren. Unsere sozialen Kontakte haben sich verlagert – nicht selten in die sozialen Medien und die Fantasiewelten der Streamingdienste.

Allerdings: Der Wandel begünstigt eine neue Basis eines ausgewogeneren Miteinanders von Jung und Alt, weil die Schnittmengen schlicht größer werden. Ältere Menschen, die mit der Zeit gehen, sind längst auf Social Media unterwegs und begegnen dort eben dem Nachwuchs. Diese Selbstverständlichkeit der Annäherung zahlt sich aus und lässt

Unterschiede verschwimmen. Die Akzeptanz der Erfahrungen von uns Älteren wächst, und umgekehrt wächst unsere Neugierde auf das, was die jüngere Generation treibt. Eine schöne Basis für mehr Pluralität und Anerkennung alternativer Lebensentwürfe.

Aktiv und selbstbestimmt – nicht nur im Alter

Und einer dieser Lebensentwürfe fußt auf der neu entdeckten Freiheit der aktiven Gestaltung des Lebens und der Arbeit im Alter. Der klassische Ruhestand, wie wir ihn kannten und lebten, ist für viele Ältere schlicht nicht mehr erstrebenswert. Und so verwundert es kaum, dass rund 90 Prozent der arbeitenden Ruheständler angeben, dass sie aus sozialen Gründen noch aktiver Teil dieser Gesellschaft sein wollen. Vorausgesetzt, die Gesundheit spielt mit. Und dank des medizinischen Fortschritts tut sie das immer besser. Hinzu kommt: Je besser eine Aufgabe zu einer Person passt, desto zuträglicher ist das für den Gesundheitszustand eines Menschen. Ausgenommen sind hier natürlich körperlich hart arbeitende Menschen – da stößt die Gesundheit irgendwann schlicht an ihre körperlichen Grenzen. Das Stichwort in diesem Zusammenhang: Selbstverwirklichung. Ein Begriff, der vor allem im Zusammenhang mit New-Work-Konzepten eine große Rolle spielt. Der Vater dieses Ansatzes, Frithjof Bergmann, der 2021 im stolzen Alter von 90 Jahren verstorben ist, sagte einmal: „Arbeit soll köstlich und wunderbar sein. Sie soll (…) uns mehr Kraft und Energie verleihen (…), bei unserer Entwicklung unterstützen, lebendigere, vollständigere Menschen zu werden." Ich finde diesen Ansatz bestrickend – nicht nur, weil er das widerspiegelt, was ich mir für meinen „Lebensabend" vorstelle, sondern weil er diesen neuen Arbeitsbegriff ganzheitlich denkt und damit auf unsere Lebensarbeit bezieht. Arbeit, so Bergmanns Überzeugung, solle für alle das umfassen, was

„wirklich, wirklich" Spaß mache. Bergmann räumte Zeit seines Lebens allerdings auch ein, dass die meisten Menschen gar nicht wüssten, was sie eigentlich wollten. Ich werde noch einige Male in diesem Buch auf Bergmann zurückkommen. Jetzt aber erlaube ich mir einen Blick zurück und tauche mit Ihnen ein in die Geschichte der Rente. Denn ohne diesen Rückblick auf das, was einmal war, ist unser Rentensystem nicht wirklich zu verstehen. Also: Ab in die Geschichte! Denn nur, wer die Vergangenheit kennt, kann die Gegenwart verstehen und die Zukunft gestalten!

„Wir beginnen diese Sozialpolitik nicht am Nullpunkt, sondern wir machen Sozialpolitik mit einem bestehenden System. Nur Ideologen machen Sozialpolitik vom Reißbrett aus. Wer eine lebensnahe Sozialpolitik machen will, der kann nicht den Eindruck erwecken, er könne alles auf den Kopf stellen; er muss vom Vorhandenen als Ausgangspunkt ausgehen."

Norbert Blüm, Herbst 1983 vor der CDU/CSU-Bundestagsfraktion

Historischer Exkurs: „Die Rente ist sicher"

„Zum Mitschreiben: Die Rente ist sicher" – mit diesem Satz brannte sich der damalige Bundesminister für Arbeit und Sozialordnung, Dr. Norbert Blüm (CDU), 1997 in die Köpfe der Deutschen ein (Archiv des Deutschen Bundestags). Bereits zehn Jahre zuvor hatte er diese markige Aussage in seinem Wahlkampf getroffen und damit die Diskussion immer wieder ausgebremst und die Gemüter beruhigt. Zehn Jahre später ist die Regierung gezwungen, eine Rentenreform auf den Weg zu bringen. Der Grund liegt auf der Hand und kommt für die meisten Experten wenig überraschend: Der demografische Wandel und die gestiegene Lebenserwartung machen die grundlegende Überarbeitung notwendig. Mit der Absenkung des Rentenniveaus von 70 auf 64 Prozent sollen die Renten fortan langsamer ansteigen. Heute liegt dieses Niveau, das das Verhältnis der Standardrente zum Durchschnittsverdienst aller Versicherten zeigt, übrigens bei 48 Prozent.

Ein Modell mit Tradition

Der Weg zur Rente beginnt 1889 mit dem „Gesetz betreffend die Invaliditäts- und Altersversicherung". Erstaunlicherweise waren es ähnliche Gründe wie heute, die die Absicherung der Alten in die Hände des Gemeinwohls legten: Die Menschen lebten länger, konnten aber ihren Lebensabend nur selten finanzieren. Hier springt zu Beginn des 19. Jahrhunderts die Armenfürsorge ein, die mit dem „Gesetz zur Armenpflege" bei den Gemeinden lag. Nur sind sie schnell überfordert, da der Anteil der Armen und Alten schneller ansteigt als erwartet. Nicht alle sind auf diese Fürsorge angewiesen: Die Zünfte, Bergbau, Chemie-Industrie und die ersten Großunternehmen bauen früh eine Alterssicherung ihrer Arbeiter und Angestellten auf. Auch Beamte sind zu dieser Zeit bereits abgesichert und können auf ihre Pensionen im Alter vertrauen, wobei aber auch hier längst eine politische Diskussion um deren Privilegien und die Integration der Pension in eine Bürgerversicherung entbrannt ist. Aber: „Für die große Mehrheit bedeutete Invalidität oder altersbedingte Unfähigkeit des Broterwerbs bittere Armut", stellen die Professoren Gerhard Bäcker und Ernst Kistler in ihrem Papier zur Historie der Rente für die Bundeszentrale für politische Bildung 2020 fest. Und die wenigsten von ihnen können sich auf die Hilfe ihrer Familien verlassen. Denn das Modell der Familienfürsorge, das noch heute romantisch verklärt wird und immer wieder in den Debatten auftaucht, existiert bereits in dieser Zeit nur in Ausnahmefällen.

Ein weiterer Aspekt kommt mit der Industrialisierung hinzu: die produktionsmittellosen Arbeiter. Kistler und Becker stellen dazu fest: „… die schnell wachsende produktionsmittellose Arbeiterschaft (wird) zu einem sozialpolitischen Sprengsatz. Im Falle von Krankheit, Invalidität oder Alter war für sie Armut vorprogrammiert (wobei auch schon die Lebenslage der aktiven Arbeiterschaft kein Zuckerlecken war)." Die Sozialpolitik muss reagieren – und tut das auch, nicht zuletzt befeuert durch die zu dieser Zeit entstehende Sozialdemokratie und Gewerkschaftsbewegung. 1889 kamen sie dann, die Bismarck'schen Sozialgesetze, die dieser, wie wir alle wissen, gezwungenermaßen auf den Weg brachte. Zum einen hatte der Kaiser ihn in die Richtung gedrängt, zum anderen sind es die Sozialdemokraten, die er Zeit seines Lebens als „Reichsfeinde" bezeichnet, denen er, indem er ihre Themen zu seinen machte, damit den Wind aus den Segeln nehmen wollte. Seine Sozialgesetzgebung hält ihn allerdings nicht davon ab, 1890 mit seinem Sozialistengesetz die „gemeingefährlichen Bestrebungen der Sozialdemokratie" einzudämmen. Wie die Geschichte zeigt: erfolglos.

Man bedenke hierbei aber stets, dass sich die Weltbevölkerung seitdem vervierfacht hat.

Doch zurück zur Rente und ihren Anfängen. Die Sozialgesetze, die zunächst die Kranken- und Unfallversicherung, später dann auch die Absicherung im Alter umfassen, sind ein Anfang, wenn auch ein eher bescheidener. Zwangsversichert sind die Arbeiter, ausgenommen allerdings Heimarbeiter oder auch mithelfende Familienangehörige, zumeist Frauen. Zur Krankenversicherung geben die Versicherten ein Drittel hinzu, zur Rente die Hälfte. Lediglich die Unfallversicherung trägt der Arbeitgeber komplett. Mit der Einführung der Rentenversicherung entstehen als Versicherungsträger nach dem Prinzip der Selbstverwaltung öffentlich-rechtliche Körperschaften, ihre Vertreter sind gleichermaßen Versicherte und Arbeitgeber – sie agieren ehrenamtlich und unter staatlicher Aufsicht. Für kleine Selbstständige kommt die freiwillige Versicherung hinzu. Leistungen erhalten vor allem Invalide. Die neue Rentenordnung legt auch fest, dass, wer das 70. Lebensjahr erreicht, eine Altersrente ohne Prüfung der Erwerbsunfähigkeit erhält. Eine Klausel, die die Bismarck'sche Rente immer wieder in Misskredit bringt, denn der „normale" Arbeitende erreicht dieses Lebensalter eher selten. Die meisten gehen mit dem 57. Lebensjahr in Rente. Vielen sind bis heute allein die 70 Jahre im Ohr, wenn sie an die Rente zu Kaisers Zeiten denken. „Sie wurde bis in unsere Tage oft fälschlich als der eigentliche Übergang in das Rentenalter im Kaiserreich angesehen, während de facto das Durchschnittsalter bei Rentenzugang seit der Jahrhundertwende bei knapp 57 Jahren lag", stellen Bäcker und Kistler fest. Auch interessant in diesem Zusammenhang: Viele Arbeiter wechseln gegen Ende der Erwerbstätigkeit ihren Job, gehen einer neuen Beschäftigung nach, die weniger kräftezehrend ist. Es ist also schon damals eine Idee, seinen beruflichen Alltag an entsprechende Lebensphasen anzupassen – ein Modell, über das es sich nachzudenken lohnt und das heute aus meiner Sicht ein ernst zunehmender ergänzender Ansatz sein kann.

Fakt ist: Die Rente zu Kaisers Zeiten ist niedrig, nach 30 Jahren Beitragszahlungen entspricht sie etwa einem Fünftel beziehungsweise Sechstel des ehemaligen Jahresverdienstes. Finanziert wurde das Ganze mit einem Kapitaldeckungsverfahren, einem Verfahren also, bei dem mit eigenen Beiträgen ein individuelles Vermögen für die Alterssicherung angespart wird. Hinzu kommt ein Anteil aus dem Steuertopf des Reichshaushaltes. Bismarcks Sozialgesetze, die Rentenversicherung ebenso wie die Kranken- und Unfallversicherung, gelten bis heute als die Grundpfeiler unseres Sozialsystems, das in dieser Ausprägung richtungsweisend war und ist.

1881	„Kaiserliche Botschaft"/Ankündigung Sozialgesetze
1889/1891	Gesetz zur Invaliditäts- und Altersversicherung
1911	Reichsversicherungsordnung (Einführung von Witwen- und Waisenrenten) und Gründung der Reichsversicherungsanstalt für Angestellte
1913	Inkrafttreten Versicherungsgesetz für Angestellte
1916	Einheitliche Altersgrenze 65 für die Altersrenten von Angestellten und Arbeitern
1923	Reichsknappschaftsgesetz
1924	Übergang vom Anwartschaftsdeckungsverfahren zum Umlageverfahren
1929	Einführung der Rente an arbeitslose 60-Jährige in der Angestelltenversicherung
1929/1932	Rentenkürzungen bei laufenden Renten (Wirtschaftskrise)
1933	Übergang vom Umlage- zum Anwartschaftsdeckungsverfahren
1934	Aufbau-Gesetz (Abschaffung der Selbstverwaltung, Führerprinzip)
1941	Einführung der Krankenversicherung der Rentner

Quelle: Gerhard Bäcker, Ernst Kistler,
Traditionen der Alterssicherung/Vorläufer; bpb, 2020.

Bis 1945 entwickelt sich das deutsche Rentensystem ebenso wie die Weltpolitik eher wechselhaft. Bemerkenswert: Einige Elemente, die heute wieder auf der Rentenagenda stehen, sind immer wieder Bestandteil der Diskussionen um die Alterssicherung. Eines dieser Themen ist die Beitragsfinanzierung, das, wie Bäcker und Kistler feststellen, bekannteste deutsche oder bismarcksche Element der Alterssicherung. Grundsätzlich unterscheidet man zwischen Kapitaldeckungs- und Umlageverfahren. In der Regel, etwa hierzulande, existieren beide Verfahren nebeneinander: das Kapitaldeckungsverfahren bei den privaten und betrieblichen Renten, das Umlageverfahren bei den staatlichen. Gerade dieses gerät immer wieder in den Fokus sozialpolitischer Debatten.

Die Renten zu Kaisers Zeiten sind niedrig, während der Weimarer Republik wird das, als Resultat der Inflation, zu einem Hauptproblem. Bei steigenden Preisen, aber gleichbleibenden niedrigen Renten wächst das Armutsrisiko – in einem Ausmaß, das lebensbedrohliche Züge annimmt. Zwar gibt es seit 1921 die Sozialrente (Sozialrentnerfürsorge), aber die folgende Weltwirtschaftskrise mit dem einhergehenden Sparkurs der Regierung hebt diesen Ansatz auf und führt besonders für die Rentner zu einer drastischen Verschlimmerung der Situation. Auch heute sehen wir, wie die Inflation die Rahmenbedingungen verändert und die Absicherung des Alters beeinträchtigt. Ist ein Rentner doch per se den veränderten Rahmenbedingungen ausgeliefert, während ein weiter im Erwerbsleben stehender Mensch durch Gehaltsverhandlungen oder Tarifverträge die Geldmenge in seinem Portemonnaie zumindest ansatzweise beeinflussen kann.

Mit der Machtübernahme Hitlers und seiner Nationalsozialisten wird die von Bismarck eingeführte Selbstverwaltung der Sozialversicherung zerschlagen und das Umlageverfahren durch das Kapitaldeckungsverfahren (zumindest weitestgehend) abgelöst. Die Idee dahinter ist so simpel wie perfide: Die so angesammelten Überschüsse wurden rigoros in die Rüstungsfinanzierung gesteckt. Angestrebt ist eine sogenannte Volksversicherung – in dessen Genuss, wie sollte es auch anders sein, die „arischen" Bevölkerungsteile kommen sollten. Der Teil der deutschen Bevölkerung, den Hitler und seine Schergen auslöschen, also etwa jüdische Mitbürger, verliert dagegen seinen Anspruch (und wird dafür erst sehr spät entschädigt). Versprochene Leistungsverbesserungen gibt es (natürlich) keine; das Thema Rente wird von der Weltpolitik überrannt und zu einem nebensächlichen Problem.

Zeit des Wiederaufbaus: Zwei Staaten, zwei Rentensysteme

Die Lage der Rentner ist nach dem Zweiten Weltkrieg und dem Ende des Nationalsozialismus nicht weniger prekär als davor: Gekürzte Renten und wachsende Altersarmut kennzeichnen die Zeit nach Kriegsende. Mit dem Zerfall Deutschlands in zwei Staaten entwickeln sich auch zwei Rentensysteme. Die DDR setzt zunächst auf die Einheits-Sozialversicherung. Die Renten bleiben niedrig, die Diskrepanz zwischen Rentenhöhe und Lohnentwicklung wird immer größer. Auch eine Anpassung der Renten bringt im Ergebnis nur wenig. Neben der Pflicht-Rentenversicherung ermöglicht die DDR zwar später auch die freiwillige Zusatzrentenversicherung und Sonderversorgungssysteme, kann damit die Entwicklung aber nur mäßig beeinflussen: Die Renten im Osten bleiben niedrig.

Die Bundesrepublik geht andere Wege. Hier setzt man auf (organisatorisch) Bewährtes und führt das ein, was schon in der Weimarer Republik Teil des Rentensystems war: Trennung der Renten für Angestellte und Arbeiter sowie Aufbau der Selbstverwaltung mit den ersten Sozialwahlen. Durch die Kapitalvernichtung (wir erinnern uns: die Überschüsse der

Rentenkasse flossen in die Rüstung) der Nazis und die desolate Wirtschaftslage gab es so gut wie keine Einnahmen der Rentenkasse, die Renten blieben niedrig. Auch die Währungsreform änderte daran zunächst nichts. Zwar erholte sich die Wirtschaft, der Wirtschaftsaufschwung kam, aber die Rentenkasse blieb nahezu leer. Durch die Währungsreform und die Einführung der DM waren außerdem alle kapitalgedeckten Formen der Alterssicherung, also die private und die betriebliche Vorsorge, plötzlich und erneut von einer Kapitalabwertung betroffen und im Grunde nicht mehr viel wert. Die Rentner bleiben finanzielle Sorgenkinder.

Daran ändert auch das Wirtschaftswunder erst einmal nichts. Es geht aufwärts in der Bundesrepublik und alle partizipieren. Bis auf die Rentner. Erst die Rentenreform von 1957 ändert das. Erstmals werden die Renten dynamisch, das heißt ihre Entwicklung richtet sich nach der Entwicklung des Bruttolohns. Die Renten werden, so die Idee der Reform, nach dem durchschnittlichen Bruttolohn aller Versicherten im Mittel des vorausgegangenen Dreijahreszeitraums festgesetzt. Ziel ist eine Lebensstandard-Absicherung, dafür verantwortlich: alle. Noch heute ist die Basis der Rente der sogenannte und immer wieder diskutierte Generationenvertrag, nach dem die Jungen die Alten unterstützen. Auch wenn dieser „Vertrag" heute durchaus kritisch zu betrachten ist, er hat lange Jahre standgehalten. Neben der Dynamisierung bringt die Reform noch einige weitere Anpassungen: Die Bestimmungen für Arbeiter und Angestellte werden angeglichen, die Witwenrente wird festgeschrieben. Auch die Einführung einer besonderen Altersgrenze mit der Altersrente für Frauen kommt. Das Ergebnis der Reform kann sich sehen lassen: ein Anstieg der Renten um etwa 60 Prozent. Mit der Reform sorgt Adenauer nicht nur für die Besserstellung von Rentnern, sondern auch für neues Ansehen des Sozialstaates. Die Öffentlichkeit ist versöhnt und gleichzeitig stolz auf das, was unseren Sozialstaat ausmacht. Bäcker und Kistler stellen fest: „Zusammenfassend kann unbestreitbar gesagt werden, dass erst die Große Rentenreform von 1957 in breitem politischem Konsens die Lebensstandardsicherung in der Rente gebracht und die verbreitete Altersarmut weitgehend überwunden hat."

Im Nachgang der Reform werden sukzessive auch weitere Bereiche neu beziehungsweise erstmalig geordnet. So kommen neben der Altershilfe für Landwirte, die Öffnung für Selbstständige und die Künstlersozialversicherung. Auch die Einführung des flexiblen Altersruhegeldes ab 63 kommt, ebenso die Gleichstellung von Männern und Frauen bei der Hinterbliebenenrente. Goldene Zeiten, sollte man meinen. Die Reform war notwendig und weitreichend, ohne Frage. Hat aber – und das rächt sich heute – der Generationenverantwortung eine viel zu hohe Bedeutung beigemessen. Auch wenn es Ende der 1950er-Jahre noch nicht absehbar schien, dass die demografische Entwicklung den Generationenvertrag aufheben könnte, die Verantwortung für das Leben einer Generation in die Hände einer anderen zu legen, ist ein komplexes und schwieriges Thema. Obwohl ich diesen Verantwortungs-Deal charmant finde und er mich an das erinnert, was einst – romantisch verklärt – der Großfamilie oblag, ist diese Art von Verantwortung für die junge Generation schlicht eine Nummer zu groß. Denn welche Last legen wir der nachwachsenden Generation auf die Schultern? Sie soll bezahlen – nicht nur für die Rente ihrer Großeltern, sondern für das, was unsere Generation den nachfolgenden hinterlässt. Für mich ist das kein Modell mehr, das trägt, geschweige denn fair ist. Es gilt, einen Ansatz zu finden, der die Interessen aller Generationen über ihren jeweiligen Lebensweg hinweg berücksichtigt. Und hier müssen wir offen sein für viele Ideen, auch wenn sie noch so abwegig erscheinen.

Chronik der Rentenversicherung 1945–1990

1945/1947	Uneinheitliche Entwicklung in den Besatzungszonen
1947	Entstehung einer Einheitsversicherung für alle Sozialversicherungszweige in der Sowjetischen Besatzungszone
1948	Gründung Verband Deutscher Rentenversicherungsträger
1951	Gesetz über die Höherversicherung (zusätzliche Vorsorgemöglichkeit in der gesetzlichen Rentenversicherung)
1953/1955	Verschiedene Gesetze zur Rentenerhöhung beziehungsweise Gewährung von Zulagen
1957	Große Rentenreform 1957 (Neuregelungsgesetze für Arbeiter-, Angestellten- und Knappschaftsversicherung)
1957/1958	Altershilfe für Landwirte
1972	Rentenreformgesetz (Öffnung für alle Bürger, flexibles Altersruhegeld)
1982/1983/1984	2. Haushaltsstrukturgesetz; Haushaltsbegleitgesetz 1983/1984 (Spar-Reformmaßnahmen)
1985/1986	Reform Hinterbliebenenrenten, Einführung Kindererziehungszeiten
1989	Verabschiedung des Gesetzes zur Rentenreform 1992

Quelle: Gerhard Bäcker, Ernst Kistler,
Traditionen der Alterssicherung/Vorläufer; bpb, 2020

Das wiedervereinigte Deutschland: Rentenangleichung, aber keine neuen Wege

Mit dem Mauerfall 1989 wird aus zwei deutschen Staaten wieder einer. Ich weiß noch genau, wie ich diesen Moment erlebt habe und mit wie viel Euphorie wir alle in diese Einigkeit gestartet sind. Schnell – und auch das haben wir alle erfahren – macht sich nach dieser Anfangsbegeisterung Nüchternheit breit: Zu vieles muss angepasst, angeglichen, auf ein gemeinsames Niveau gehoben werden. Und doch bin ich dankbar, dass uns etwas gelungen ist, was in der

Geschichte in dieser Form noch niemals dagewesen war. Für die Rentner beider deutscher Staaten steht 1992 im Rentenreformgesetz: die Bindung der Rentenanpassung an die Nettolohnentwicklung und die Anhebung der Altersgrenze auf 65 Jahre. Die Zeit nach der Anpassung ist vor allem durch Sparmaßnahmen gekennzeichnet, die, auch wenn immer nur einzelne Gruppen betroffen waren, in erster Linie Leistungseinschränkungen bedeuteten. „Damit verbunden", so fassen Bäcker und Kistler zusammen, „ist konsequent eine Entlastung der Unternehmen von den sogenannten Lohnnebenkosten, eine stärkere zusätzliche Belastung der Versicherten (auch unter Berücksichtigung der steuerfinanzierten Förderung) bei gleichzeitigem Risiko von Versorgungslücken, die vor allem bei den einkommensschwächeren Gruppen auftreten und Leistungseinschränkungen bei den Rentnerinnen und Rentnern."

Chronik der Rentenversicherung seit 1990

1990	Rentenangleichungsgesetz (Bundestag) und Gesetz über die Sozialversicherung (Volkskammer); Einigungsvertrag
1991	Rentenüberleitungsgesetz und weitere Regelungen im Kontext der Deutschen Einheit
1992	Inkrafttreten Rentenreformgesetz (unter anderem Rentenanpassung gemäß Nettolohnentwicklung, stufenweise Anhebung Altersgrenzen, Einführung Rentenabschläge)
1996	Wachstums- und Beschäftigungsförderungsgesetz; Beitragsentlastungsgesetz; Gesetz zur Förderung eines gleitenden Übergangs in den Ruhestand
1999	Rentenreformgesetz (Heraufsetzung vorgezogener Altersgrenzen, Abschläge bei vorzeitigem Rentenbezug, Verbesserungen bei Kindererziehungszeiten)
2000	Gesetz zur Reform der Renten wegen verminderter Erwerbsfähigkeit

2001	Altersvermögensergänzungsgesetz und Altersvermögensgesetz (vor allem Förderung der betrieblichen und privaten Altersvorsorge, Absenkung des Rentenniveaus) Gesetz zur Einführung einer bedarfsorientierten Grundsicherung im Alter
2004	Alterseinkünftegesetz (stufenweise Umstellung auf nachgelagerte Besteuerung)
2004	Rentenversicherungs-Nachhaltigkeitsgesetz (Einführung eines Nachhaltigkeitsfaktors in die Rentenanpassungsformel)
2007	Rentenversicherungs-Altersgrenzenanpassungsgesetz (Stufenweise Erhöhung der Regelaltersgrenze auf 67 Jahre ab 2012)
2010	Haushaltsbegleitgesetz (Streichung der Rentenversicherungsbeiträge für Bezieher von ALG II)
2013	Gesetz zur Verbesserung der steuerlichen Förderung der privaten Altersvorsorge (unter anderem Einführung eines Produktionsinformationsblatts)
2014	Rentenversicherungs-Leistungsverbesserungsgesetz (Befristete Einführung einer abschlagsfreien Altersgrenze ab 63 Jahren, Einführung eines zweiten Kindererziehungsjahres für Geburten vor 1992 („Mütterrente"), Ausweitung der Zurechnungszeiten für neu zugehende Erwerbsminderungsrenten-Renten)
2016	Flexi-Rentengesetz (Flexibilisierung des Übergangs vom Erwerbsleben in den Ruhestand, Stärkung von Prävention und Rehabilitation)
2017	Erwerbsfähigkeitsminderung-Leistungsverbesserungsgesetz (Ausweitung der Zurechnungszeiten)
2017	Rentenüberleitungs-Abschlussgesetz (Einheitliche Rentenwerte in den alten und neuen Bundesländern ab 2025; Abschmelzung des Umrechnungsfaktors)
2017	Betriebsrentenstärkungsgesetz (Grundlegender Richtungswechsel in der betrieblichen Altersversorgung: Ermöglichung von reinen Beitragszusagen (Sozialpartnermodell), Anhebung des steuerfreien Dotierungsrahmens, Förderbetrag für Geringverdiener und weitere Veränderungen

Quelle: Gerhard Bäcker, Ernst Kistler,
Traditionen der Alterssicherung/Vorläufer; bpb, 2020

Erst mit dem Rentenversicherungs-Leistungsverbesserungsgesetz kommt wieder Bewegung in die Rententhematik. Ein Versuch, Beiträge und Leistungen wieder aneinander anzugleichen und damit die Rente stärker sozialpolitisch zu verorten. Der Ansatz, die fiskalpolitische Basis mit sozialpolitischen Überlegungen zu verknüpfen, ist mehr als richtig, wie ich finde. Denn eine Gesellschaft (und hier nutze ich bewusst den Begriff der Gesellschaft und nicht den einer Generation) hat eine Verantwortung gegenüber all seinen Mitgliedern: den jungen wie den alten. Themen wie die Rente, die Bildung oder auch das Gesundheitswesen müssen ganzheitlich betrachtet werden: Kosten sind ebenso zu bewerten und zu gewichten wie die sozialpolitischen Faktoren. Kurz gesagt: Es muss uns um Generationengerechtigkeit gehen. Das heißt, eine ausgewogene Rentenpolitik hat alle Generationen, und zwar in all ihren jeweiligen Lebensphasen, zu berücksichtigen.

Mit dem Blick zurück offenbart sich für mich vor allem eins: Wir haben – und da folge ich dem Resümee von Bäcker und Kistler uneingeschränkt – mit unserem Rentensystem eine ausgeprägte Erfolgsstory hingelegt. Nicht etwa, weil das System seit Jahrhunderten Bestand gehabt hätte oder immer erfolgreich gewesen wäre, sondern weil wir viele gute Grundlagen geschaffen haben. Und ein Verantwortungsbewusstsein, das gesellschaftlich und damit auch sozialpolitisch gereift ist. Eine gute Basis für eine Reform, die ihren Namen auch verdient. Aber wie kann sie aussehen?

Überlegungen zu einer Rentenreform

Reformen, so der Präsident der Bundesvereinigung der deutschen Arbeitgeberverbände (BDA), Dr. Rainer Dulger, Ende 2022, sind angesichts der derzeitigen multiplen Krisen mehr als notwendig – gerade im Hinblick auf die Demografie und die geburtenstarken Jahrgänge, die in den nächsten 10 bis 12 Jahren in Rente gehen werden. Besonders die Rentenfinanzierung ist eine Zeitbombe, kosmetische Korrekturen am bestehenden System reichen hier schon lange nicht mehr aus. Deshalb brauche, so Dulger, der Wirtschaftsstandort Deutschland eine Entfesselungsinitiative. Damit könne man dem Fachkräftemangel realistisch begegnen und auch wieder Investoren ins Land locken. Dabei geht es nicht nur um uns allein, sondern um den gesamten europäischen Kontinent. Ohne Deutschland als wirtschaftsstarkes Land in der Mitte Europas wird die EU in den nächsten Jahren und Jahrzehnten immer schwächer werden. Deshalb erinnerte Dulger an John F. Kennedy und dessen Inaugurationsrede im Jahr 1961: „Fragt nicht, was euer Land für euch tun kann – fragt, was ihr für euer Land tun könnt."

Übertragen auf unsere Zeit und auf Deutschland müsste man diese Leitidee neu denken: Wir müssen uns nicht nur die Frage stellen, wie wir leben wollen, sondern uns mit der Frage beschäftigen, wovon wollen wir eigentlich in Zukunft leben.

Eine wichtige Antwort müssen wir in diesem Zusammenhang auf die Frage finden, in welchem Umfang wir uns die Belastbarkeit der Sozialversicherungen zum einen und darüber hinaus den Fachkräftemangel, der für die Wettbewerbsfähigkeit, den Standort und unseren Wohlstand ein wesentlicher Faktor sein wird, werden leisten können.

Und damit noch ein Gedanke ergänzend zur Zuwanderung von Fachkräften: Bevor wir Flüchtlinge nach gefährlicher Reise über das Mittelmeer als ungelernte Hilfsarbeiter eventuell nur in Sozialsystemen verharren lassen, sollten wir ihnen vorher eine auf deutschen Gesetzen basierende Ausbildung als Pfleger, als Mechaniker, als Fachkraft in Verbindung mit dem Lernen der deutschen Sprache in ihrer Heimat anbieten und ermöglichen. Das würde viele Probleme auf einmal lösen. Deutschland fehlen Arbeitskräfte. Und gerade, weil es keine Lösungsperspektive – wie so häufig – gibt, sollten wir, wie es auch das Goethe-Institut vorgeschlagen hat, Ausbildungszentren vor Ort aufbauen. Gerade dort, wo die Interessen in der Wirtschaft, im Mittelstand, beim Hotel- und Gaststättenverband, bei den Krankenhäusern, im Handwerk besonders groß sind, könnte mit einer konzertierten Aktion Qualifikation vor Ort geschaffen werden, bevor riskante, manchmal todesgefährliche Reisen über das Mittelmeer angetreten werden.

Gedanken zur Finanzierung

Auch die junge Generation Z und die „Babyboomer" haben das Rentenproblem längst erkannt. Für 63 Prozent der Jungen und fast 70 Prozent der geburtenstarken Jahrgänge ist laut Umfragen die Altersvorsorge Problem Nummer eins. Denn zu wenig junge Menschen müssen die Kosten der Babyboomer-Generation tragen. Heißt: Vielen Ruheständlern fehlt es an Geld. Um der Rentenfalle zu entkommen, empfiehlt in einem Beitrag für das Pioneer-Morgenbriefing der Autor Manfred Schlumberger mehr Kapitaldeckung. Keine neue Idee. Denn auch die Bundesregierung plädiert für das Generationenkapital und will der Rentenkasse 10 Milliarden Euro zukommen lassen. Für mich viel zu verhalten und zu wenig ambitioniert. Auch Schlumberger urteilt harsch: Das Problem sei offensichtlich und habe die Dimension eines Elefanten. Fakt ist: Die demografische Entwicklung in Deutschland wird das System der umlagefinanzierten Rentenversicherung unter extremen Stress setzen. 40 Prozent weniger Kinder als in den 1960er-Jahren sollen die Renten der geburtenstarken Jahrgänge finanzieren. Heißt: Schon heute müssen zwei Beitragszahler annähernd einen Rentner über Wasser halten.

Rentensystem unter Druck

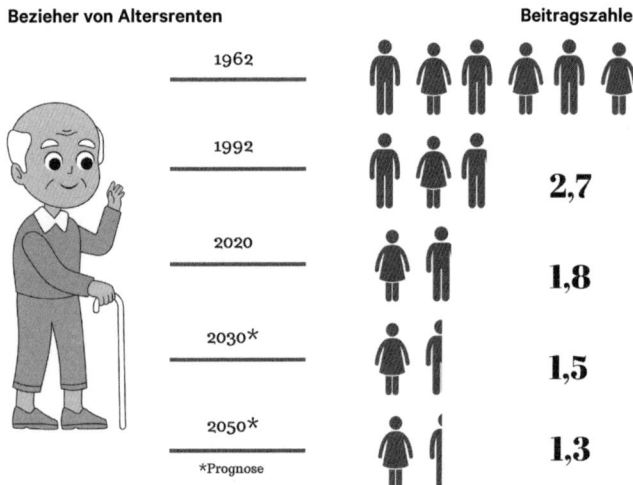

Bezieher von Altersrenten

Beitragszahler

1962

1992 — 2,7

2020 — 1,8

2030* — 1,5

2050* — 1,3

*Prognose

Quelle: The Pioneer, basierend auf Bundesinstitut für Bevölkerungsforschung, Köln

In den letzten 100 Jahren ist die Lebenserwartung erfreulicherweise immer weiter angestiegen, sodass heute die Rentenbezugsdauer von oft über 20 Jahren Normalität geworden ist. Deshalb empfiehlt Schlumberger analog des „Atomfonds" unter der Aufsicht der Bundesbank einen Rentenstaatsfonds aufzulegen. Beim Atomfonds lag das Startvolumen bei 24 Milliarden Euro und soll die Finanzierung der Entsorgung der angefallenen radioaktiven Abfälle gewährleisten. Geht es nach Schlumberger, solle die Startdotation des Staatsfonds bei 100 Milliarden Euro liegen und pro Quartal um weitere 5 Milliarden Euro aufgestockt werden. Durch einen solchen Einzelplan würde man den „Durchschnittskosteneffekt", wie man es bei Kleinanlagen empfiehlt, nutzen können. Angesichts der Staatsfinanzen müsste man über Anleihen das Geld am Kapitalmarkt aufnehmen. Der ideale Startzeitpunkt ist zwar verstrichen, als Deutschland – ähnlich wie Österreich – eine hundertjährige Anleihe mit weniger als 1 Prozent Rendite hätte auflegen können. Doch auch jetzt eignet sich der Zeitpunkt angesichts der Inflation und des immer noch niedrigeren Zinsniveaus für eine robuste Kapitalaufnahme.

Sachwerte wie Aktien, Immobilien und Private Equity sollen, so die Idee, mindestens 75 Prozent des investierten Volumens ausmachen. Die jährliche Rendite passiver internationaler Aktien-Indizes liegt im Mittel bei über 7 Prozent und gemäß dem 8. Weltwunder, dem Zinseszinseffekt, verdoppelt sich Kapital bei 6 Prozent Rendite in 10 Jahren. Der Fonds könnte Nachhaltigkeitsziele erfüllen, sollte aber von politischer Einflussnahme verschont bleiben. Ergänzend zum Staatsfonds fordert Schlumberger zur Sicherung der umlagefinanzierten Rentenversicherung auch eine Stärkung und Reform der privaten Altersvorsorge. Entsprechend des schwedischen Modells sollte eine reformierte Riester-Rente verpflichtend für alle Bürger gemacht werden. Und aus meiner Sicht sollte neben der privaten und staatlichen Altersvorsorge zusätzlich die dritte Säule, die der betrieblichen Altersvorsorge, im Blick gehalten und gestärkt werden.

Lebenserwartung – wir werden immer älter

Arbeitgeberpräsident Rainer Dulger warnt bereits jetzt: Das Rentensystem ist in 5 Jahren nicht mehr finanzierbar. Der Ruhestand dürfe nicht noch länger werden. Länger leben heißt länger arbeiten, so sein Credo auch in einer deutschen Boulevard-Zeitung vom 30.10.2022. Der Beitrag verweist auch darauf, dass immer mehr Rentner immer mehr Rente beziehen. Wer im Jahr 1960 in den Ruhestand ging, konnte im Schnitt noch 9,9 Jahre seine Rente genießen. Analog zur Lebenserwartung kletterte auch die durchschnittliche Rentenbezugsdauer zunächst auf 15,8 Jahre im Jahre 1995 und 2023 auf über 20 Jahre, nämlich 20,2 Jahre. Gleichzeitig hat sich auch die Zahl der ausgezahlten Renten von 7,8 Millionen über 21,1 Millionen auf heute 25,8 Millionen mehr als verdreifacht. Allerdings hat sich das durchschnittliche Renteneintrittsalter weniger verändert, es liegt bei aktuell 64,2 Jahren. 1960 waren es 64,7 und 1965 62,4 Jahre, so die Darstellung von Arbeitgeberpräsident Dulger. Auch dort wird zurecht darauf hingewiesen, dass es nicht allein darum gehe, das Renteneintrittsalter starr auf 70 Jahre hochzusetzen, um das Rentensystem zu retten. Stattdessen, so Dulger, sei es klug, das Renteneintrittsalter zu dynamisieren und damit an die Steigerung der Lebenserwartung zu koppeln. Ähnlich also, wie es in den skandinavischen Ländern bereits üblich ist.

Jan Klauth wies am 23.10.2022 in der Welt darauf hin, dass, wenn sich der derzeitige Trend am Arbeitsmarkt fortsetze, es bald mehr offene Stellen als Arbeitslose geben könnte. Und in der Tat: Einer Prognose des Instituts für Arbeitsmarkt- und Berufsforschung (IAB) zufolge wird die Zahl der offenen Stellen im Jahr 2023 voraussichtlich auf knapp 2,47 Millionen steigen. Falls das Bruttoinlandsprodukt in 2023 nicht stärker als um 0,4 Prozent schrumpft. Denn in einer Zeit von Corona, Krieg und Krisen sowie Inflation und Energiepreisexplosion ist es teilweise der Blick in die Glaskugel.

Dennoch wird allein schon aufgrund der Tatsache, dass immer mehr Menschen aus dem Arbeitsleben ausscheiden als junge Jahrgänge nachrücken, die Zahl der Arbeitslosen

nicht zu-, sondern eher abnehmen, ebenso die Zahl der Auszubildenden. Schon der frühere Minister der Bundesregierung Julian Nida-Rümelin, den ich als Hauptgeschäftsführer
des Bundesverbandes mittelständische Wirtschaft aufgrund
seines Bestsellers „Der Akademisierungswahn" eingeladen
hatte, seine Zahlen zu präsentieren, wies darauf hin, dass wir
die Anzahl der Azubis, die 1980 noch bei über 1,7 Millionen
lag mittlerweile auf 1,25 Millionen gesenkt sehen und die
Zahl der Studienanfänger bereits im Jahr 2022 die Zahl der
Ausbildungsbeginner überschritten hat. Bei den Studenten
stieg die Zahl von über 2 auf über 3 Millionen in den letzten
zwei Dekaden dagegen kontinuierlich an. Gerade im Handwerk ist der Mangel überdeutlich geworden, was mir der
Landeshandwerkspräsident Rainer Reichhold bei einem Vor-
trag von mir in Stuttgart im Haus des Handwerks verdeut-
lichte. Ich habe darauf hingewiesen, dass gerade angesichts
der aktuellen Herausforderungen Handwerk goldenen
Boden haben wird. Denn der Arbeitsmarkt wird sich angesichts der Energiekrise und des Klimawandels weiterhin
drastisch verändern. Neue und andere handwerkliche Quali-
täten werden künftig gefragt sein, etwa beim Anbringen von
Photovoltaik-Anlagen oder dem Einbau von Wärmepumpen.

Ruhestand genießen

Und dennoch ist die Bereitschaft, vor dem Erreichen der
Altersgrenze den Ruhestand zu genießen, groß. Viele wollen
den Ruhestand möglichst lange selbstbestimmt erleben. So
hat eine Umfrage im Auftrag des Demografie-Netzwerks
gezeigt, dass die Mehrheit der Erwerbstätigen sogar vor dem
63. Lebensjahr dem Erwerbsleben Adieu sagen möchte. Nur
jeder achte Befragte würde, könnte er es sich aussuchen, bis
zur gesetzlichen Grenze von 67 Jahren im Job bleiben. Und
nach einer weiteren Erhebung vom Frühjahr 2022 durch das

Marktforschungsinstitut YouGov plant ein Drittel der Berufstätigen, weiterhin früher in Rente zu gehen. Und so über-
rascht es nicht, dass die abschlagsfreie Rente für besonders
langjährig Versicherte, bekannt als Rente mit 63, weiterhin
gut ankommt. Denn mittlerweile ist die Zahl der Bezieher
nach Angaben der Deutschen Rentenversicherung auf mehr
als 2 Millionen angewachsen. Nach dieser Statistik gingen bis
Ende August 2022 2,16 Millionen Anträge dafür ein. In Frankreich kam es zum Jahresbeginn 2023 sogar zu großen Massen-
protesten gegen das Vorhaben, das Rentenalter dort von 62
auf 64 Jahre anzuheben.

(Ältere) Arbeitnehmer halten
Unternehmensberatungen haben im Jahr 2022 drei häufige
Kündigungsgründe oder Beendigungsgründe festgestellt,
ohne die die Mitarbeitenden mutmaßlich länger im Betrieb
geblieben wären beziehungsweise ihren Rentenantrag hin-
ausgezögert hätten.

1. Fehlende Empathie der Vorgesetzten
Wäre die Führungskraft empathischer, würden über 90 Prozent aller Mitarbeitenden das Unternehmen nicht verlassen.

2. Zu wenig Flexibilität im Job
Gäbe es mehr Flexibilität, würden laut Flex Jobs 82 Prozent
der befragten Angestellten nicht kündigen. 37 Prozent der
bereits abgewanderten Beschäftigten nahmen eine neue
Stelle an, weil der neue Arbeitgeber mehr Arbeiten im Home
Office ermöglichte (Quelle: GALLUP).

3. Keine Perspektiven
Fehlt eine Perspektive, kündigen über 70 Prozent aller Mitarbeitenden, die wechselwillig sind.

Solchen vorzeitigen Renteneintritts- oder auch Kündigungsgründen kann man strategisch entgegenwirken. Ein Chef, eine Chefin, die sich diesem Zeitgeist anpasst, arbeitet an:

- der emotionalen Intelligenz
- wird empathischer
- nimmt Gefühle, Motive und Bedürfnisse anderer Personen besser wahr
- erhöht die Flexibilität bei den Arbeitsbedingungen. Sorgt für freiere Zeiteinteilung und schafft damit Chancen, private Bedürfnisse besser mit den beruflichen in Einklang zu bringen.

All das sind Faktoren, die Mitarbeitende zu loyalen Mitarbeitenden machen. Und so letztlich auch den Drang, sich so frühzeitig wie möglich in die Rente zu verabschieden, dämpfen. Wenn man das Ganze dann noch mit zusätzlichen Anreizen anreichert, dann bleiben Arbeitnehmer einem Unternehmen länger erhalten als üblich.

4. Respekt und Wertschätzung
Mehr Respekt und Wertschätzung scheint mir ebenfalls ein wichtiger Gesichtspunkt zu sein, um auch Senioren länger für das Arbeitsleben zu gewinnen. Laut einer Umfrage von INSA fühlen sich 4 von 5 älteren Menschen in Deutschland von der Politik zu wenig rücksichtsvoll und respektvoll wahrgenommen. Das in einer Zeit, in der in Zukunft bedingt durch den Fachkräftemangel jeder arbeitswillige Arbeitnehmer gebraucht wird. Ohnehin werden in Zukunft deshalb Arbeitnehmerinnen und Arbeitnehmer mehr und mehr vorgeben oder diktieren können, unter welchen Bedingungen sie für den Job zu haben sind. Wo gewünscht sollte deshalb die 4-Tage-Woche kein Tabu bleiben. Wissenschaftler haben

jüngst in einer großen Studie festgestellt, dass Arbeitnehmer, die eine solche Möglichkeit angeboten bekamen, weniger krank sind, seltener kündigen und sogar eine höhere Produktivität abliefern. Zuletzt haben sich in Deutschland laut WELT 71 Prozent für eine solche Möglichkeit ausgesprochen.

Ab in den Ruhestand – aber gleitend

Der sanfte Übergang in den Ruhestand ist ein Modell, für das ich hier gern eine Lanze brechen möchte. Denn so ein Modell bietet Arbeitgebern und Arbeitnehmern gleichermaßen mehr Flexibilität. Professor Dr. Martin Werding, Mitglied im Sachverständigenrat, kritisiert, dass in Deutschland die Abschläge bei einem frühzeitigen Ausscheiden aus dem Arbeitsleben bei der Rente zu niedrig angesetzt seien. Wer ein Jahr vorzeitig in Rente geht, bekommt dauerhaft eine um 3,6 Prozent gekürzte Rente, bei zwei Jahren sind es 7,2 Prozent. Versicherungsmathematisch korrekt müssten es aber eher 5 Prozent pro Jahr sein, sagt der Topökonom in einem eigenen Beitrag im September 2022 in der WELT. Die abschlagfreie Frührente ist nach seiner Meinung eine finanzielle Vergünstigung, die den besonders langjährig Versicherten gewährt wird – die aber gleichzeitig die Rentenversicherung belastet. Werding weist deshalb darauf hin, dass die meisten vorzeitig in den Ruhestand gegangenen Menschen gesundheitlich fit seien und durchaus noch weiterarbeiten könnten.

Wegen der geringen Zuverdienstgrenze waren diese Personen für die Unternehmen kaum oder nur schwer zu halten, erklärt der Sozialexperte. Schon vor Werding hat Arbeitgeberpräsident Dulger auf das Problem dieser staatlich geförderten „Frührente" aufmerksam gemacht und verdeutlicht, dass das Modell kontraproduktiv zum Ansatz der Rentenreform von 2007 mit der Heraufsetzung der Altersgrenze auf 67 Jahre sei. Natürlich brächte ein längeres Erwerbsleben auch der Rentenkasse höhere Einnahmen. Und die braucht es dringend. Kein Wunder also, dass der rasche Einstieg in eine verbindliche Kapitaldeckung in der Kapitalsicherung der Rente für viele Experten eine attraktive Lösung darstellt. Denn auch das Ansparen von Kapital in Form von Betriebsrenten und privater Vorsorge ist bislang freiwillig und reicht keinesfalls aus, unser Finanz-Gap in der Rentenkasse auszugleichen. Gerade wenn man das Rentenniveau bei 48 Prozent stabil halten möchte, sind zusätzliche Maßnahmen wie der rasche Ausbau der Kapitaldeckung aus meiner Sicht unabdingbar, da ansonsten ein Ansteigen des Rentenbeitragssatzes von 18,6 Prozent um über ein Drittel droht.

Auch der wissenschaftliche Beirat des Finanzministeriums hat in einem aktuellen Gutachten im August 2022 nochmals empfohlen, eine kapitalgedeckte Rente aufzubauen. In dem Papier heißt es: „Der Beirat ermutigt die Politik, die anstehenden Gespräche zur Reform der Altersvorsorge als Chance für langfristige Weichenstellungen in Deutschland wahrzunehmen." Bundesfinanzminister Christian Lindner hatte bereits im Wahlkampf 2021 stark für eine solche Aktienrente geworben.

Neben eines neuen Kapitalansatzes bedarf es auch eines der Lebenszeit angepassten späteren Eintritts in das Rentenalter. Publizist Hugo Müller-Vogg meint in einem Beitrag zum Rentensystem: „Arbeiten bis 70? Es wird gar nicht anders gehen!" In seiner Befürchtung, dass dem Rentensystem der Kollaps drohe (zunehmendes Ungleichgewicht von zu vielen Rentnern und zu wenigen Beitragszahlern), kritisiert er die Politik der Bundesregierung ebenso wie die Opposition, weil das heiße Eisen „Rente mit 70" nicht angefasst werde. Er nennt es „Feigheit vor der Wirklichkeit".

Auch der in die Runde der Wirtschaftsweisen berufene Bochumer Professor Martin Werding fordert eine kontinuierliche Erhöhung des Renteneintrittsalters. So plädiert er gegenüber Handelsblatt und Süddeutscher Zeitung dafür, das Rentenalter bis 2042 auf 68 Jahre und bis 2054 auf 69 Jahre anzuheben. Außerdem müsste die Renten-, Pflege- und Krankenversicherung neu aufgestellt werden. Dazu seien dringend grundlegende Reformen der sozialen Sicherungssysteme nötig.

Diese Reformdiskussion ist aus meiner Sicht längst überfällig und betrifft neben der Rentenversicherung in gleicher Weise auch die Kranken- und die Pflegeversicherung. Allerdings zeigte der jüngste Vorschlag von Professor Bernd Raffelhüschen, der vorsieht, einen Eigenverantwortungsanteil bei der Krankenversicherung mit 2.000 Euro pro Jahr zu erheben, auf welchen Widerstand bereits solche Reformüberlegungen stoßen. Man wird allerdings um eine ehrliche Diskussion zur Begrenzung der Beitragssteigerungen nicht umhinkommen, nachdem am Standort Deutschland ohnehin längst die höchsten Beitrags- und Steuersätze (neben Energie- und Bürokratiebelastung) existieren. Kein Wunder, dass die Diskussionen über Standortverlagerungen ins Ausland in der Wirtschaft längst da sind. Denn wir sind Hochlohnland schon wegen der aktuellen Beitrags- und Steuersätze. Allein die Fahrzeugproduktion ist hierzulande binnen zehn Jahren um mehr als ein Drittel eingebrochen (von 5,6 Millionen auf 3,6 Millionen Fahrzeuge Ende 2022) laut Infodienst Marklines und Handelsblatt. Dagegen stieg die Produktion im Ausland seitens der deutschen Hersteller von über 8 Millionen auf über 10 Millionen Fahrzeuge laut Handelsblatt mit Verweis auf CAR – Center for Automotive Research an. Laut CAR kostet eine Arbeitsstunde in Deutschland rund 59 Euro, in USA umgerechnet 43 Euro und in Spanien 28 Euro. Ohne neue Stärken oder Reformen wird sich die Verlagerung ins Ausland trotz geopolitischer Krisen eher noch verstärken statt abzunehmen, davon bin ich überzeugt.

Für Einkommensschwächere sieht Raffelhüschen zwar staatliche Zuschüsse zur Vermeidung einer Überforderung vor, jedoch wurde bereits zum Jahresbeginn 2023 die 40-Prozent-Marke bei den Sozialabgaben überschritten, sodass ohne Reformen gerade wegen des demografischen Wandels der Beitragssatz innerhalb der kommenden Dekade allein bei der Krankenversicherung von 16 Prozent auf 22 Prozent steigen werde. Demgegenüber bevorzugt der derzeitige Gesundheitsminister Karl Lauterbach wegen des zunehmenden Finanzierungslochs dennoch steigende Beiträge.

Der Politikwissenschaftler Daniel Dettling, der schon zu meiner Zeit als Bundesratsminister in Berlin in der Landesvertretung, seine Zukunftsprognosen vorgestellt hat, hat jüngst den Fachkräftemangel als große Bedrohung für die Mehrheit der Unternehmen bezeichnet. Er sieht ihn sogar als bedrohlicher als die Inflation, die Gas- und die Ukraine-Krise. Nur mit Zuwanderung, flexiblen Arbeitsmodellen und mehr Weiterbildung könnten aus seiner Sicht Staat und Wirtschaft noch umlenken. Allein in 8 Jahren fehlten mindestens 4 Millionen Arbeitskräfte, vor allem Erzieherinnen und Erzieher, Lehrerinnen und Lehrer sowie Pflegekräfte. Auch die Potenziale bei der Migration, aber auch die von Frauen und Älteren seien enorm und müssten stärker ausgeschöpft werden, um diesem Mangel entgegenzutreten. Zum sanften Übergang in den Ruhestand schlage ich auch die Möglichkeit vor, statt mit 65 Jahren von 100 auf

0 – niagarafallähnlich – lieber auf sanfter, schräger Ebene hineinzugleiten, je nach Lebensplanung und Leistungswilligkeit und -fähigkeit.

Warum nicht sukzessive von 5 auf 4 Tage, danach auf 3 Tage und schließlich auf 2 oder 1 Tag beziehungsweise von 8 Stunden auf 2 Stunden am Tag reduzieren? Ein Win-win-Prinzip für beide Seiten! Und: Es verhindert Depressionsgefahr – wie bei einem Freund, der mit 64 Jahren bei Bosch aufhörte (und hoch qualifiziert war).

„Unternehmen müssen in die ‚Köpfe ihrer Mitarbeiter' investieren. Andernfalls verlieren sie ihren Wettbewerbsvorsprung und verschwinden mittel- oder langfristig vom Markt."

„Einführung in die Allgemeine Betriebswirtschaftslehre"
von Wöhe, Günter; Döring, Ulrich; Brösel, Gerrit

Der übersehene Schatz

Erfahrung ist ein betriebswirtschaftlicher Gamechanger

Manches Mal muss man weit gehen, um einen Schatz vor der eigenen Haustür zu entdecken. So die Moral der Geschichte „Der verborgene Schatz" von Paul Maar, die er 2005 in einer zauberhaften Erzählung von Träumen und Wahrheiten verpackt. Für mich steht sie für etwas, das auch auf den Arbeitsmarkt passt und sich, wenn man es ernst meint, zum betriebswirtschaftlichen Gamechanger entwickeln könnte: die Nutzung des vorhandenen Erfahrungsschatzes älterer Arbeitnehmer.

Gebt dem Nachwuchs eine Chance

Jahrzehntelang haben Unternehmen vor allem junge Arbeitskräfte eingestellt. Und mussten nicht einmal groß um sie buhlen: Denn die Jungen kamen zu ihnen. Nicht selten bewarb man sich lange Zeit vergebens – die Konkurrenz war heftig, das Potenzial der auf den Arbeitsmarkt drängenden Menschen groß. Es gab deutlich mehr Bewerber als offene Stellen. Das galt für den akademischen Nachwuchs, etwa beim Lehramt, ebenso wie für den Facharbeiter. Heute ist das radikal anders: Junge gut ausgebildete Nachwuchskräfte sind rar, der Markt für Fachkräfte ist so gut wie leergefegt. So berichtet mir die Geschäftsführerin eines Fintech-Unternehmens, dass sie seit mehr als 8 Monaten auf der Suche nach einem IT-Spezialisten sei. Inzwischen hat man die Stelle im Ausland besetzt (über die bürokratischen Hürden, die das Unternehmen dabei zu nehmen hatte, schweige ich an dieser Stelle lieber). Das gleiche habe ich jüngst beim Land Baden-Württemberg wahrgenommen, unabhängig ob es sich um IT-Fachleute, Ingenieure beim Straßenbau, Handwerker oder Lehrer geht. Nicht von ungefähr setzen Konzerne wie die

Deutsche Bahn, BMW oder die Telekom heute auf wohldurchdachte Employer-Branding-Strategien, locken mit umfangreichen Sozialleistungen und attraktiven Gehältern. Allein die Deutsche Bahn muss seit 2012 pro Jahr etwa 20.000 neue Mitarbeitende einstellen, wenn sie ihren Laden am Laufen halten will. Lange Zeit hat sich das Unternehmen dabei in erster Linie auf den Nachwuchs konzentriert und sich besonders dieser Zielgruppe attraktiv präsentiert. Die Begründung für dieses Bewerber-Gebaren: Ältere, erfahrene Arbeitnehmer seien teuer, hätten ihren eigenen Kopf, seien unflexibel, nicht belastbar und technisch leider nicht besonders versiert. Die Vorurteile halten sich hartnäckig – und nicht nur bei der DB: Die meisten Unternehmen geben nach wie vor eher jüngeren als älteren Bewerbern eine Chance. Eigentlich erstaunlich, denn die Erfahrungen sind gut. Das jedenfalls belegt eine Studie des IAB (Institut für Arbeitsmarkt- und Berufsforschung) aus dem Jahr 2017. Die Forscher befragten Betriebe, die Menschen über 50 Jahren neu eingestellt hatten. Das Ergebnis ist (jedenfalls für mich) wenig überraschend: Die Erfahrungen waren durchweg gut. Und doch gilt, wer älter als 50 Jahre ist, als schwer vermittelbar. Das IAB stellt dazu fest: Gelingt es der Altersgruppe der 47- bis 49-Jährigen noch relativ problemlos, in 24 Monaten einen neuen Job zu finden, wird es mit zunehmendem Alter deutlich komplizierter. Ab 50 wird es immer enger, stellt das Institut fest und zeigt: Nur 35 Prozent der 58- bis 60-Jährigen finden den Weg zurück ins Berufsleben.

Gebt dem Alter eine Chance

Das zeigt auch die Geschichte eines Logistik-Spezialisten, die 2019 die Süddeutsche Zeitung (SZ) aufgeschrieben hat. Der Mann war jahrelang gut im Geschäft, hatte zahlreiche berufliche Stationen, meist als Projektleiter, hinter sich. Mit

50 Jahren stellt er fest: Es wird schwierig, ein neues Projekt zu akquirieren. Klar ist: Solche Erfahrung kostet Geld – Geld, das viele Unternehmen nicht in die Hand nehmen wollen. Zahlreiche Bewerbungen später erhält er doch wieder eine Chance. Sein Arbeitgeber hat die Entscheidung nicht bereut, denn die Erfahrung des Spezialisten sorgt für nachhaltiges Wissensmanagement im Unternehmen. Ein Asset, das an den eingangs erwähnten Schatz vor der eigenen Haustür erinnert. Erkannt hat das auch der Unternehmer Jens Fahrion, der seit Jahren gezielt ältere Mitarbeiter einstellt. Die Idee stammt von seinem Vater: Der hatte irgendwann schlicht die Nase voll von erfolglosen Stellenausschreibungen und schaltete schließlich eine Anzeige, mit der er gezielt die älteren Bewerber ansprach. Der SZ erzählt Fahrion, der den Familienbetrieb gemeinsam mit seinem Bruder führt, warum sie der vom Vater eingeführten Tradition treu geblieben sind: „Wir brauchen Projektleiter mit interdisziplinärer Erfahrung, die auf Augenhöhe mit Kunden verhandeln können." Durchschnittsalter im Betrieb der Brüder: 52. Ein Alter übrigens, in dem man sich vor wenigen Jahren bereits auf den Ruhestand vorbereitete. Nicht von ungefähr: Viele Unternehmen, unterstützt von der Politik, boten Frührentnermodelle an, die den Abgang aus dem Betrieb mit 55 Jahren schmackhaft machen sollten. Der Gedanke dahinter: teuer gewordene Angestellte oder auch Beamte loszuwerden und zu ersetzen. Der ehemalige Staatsbetrieb Telekom hat das vor allem seinen mit der Privatisierung „geerbten" Beamten ermöglicht und damit vor allem eins erreicht: seinen teuren Beamten-Kropf spürbar verkleinert. Auch bei der DB gibt es dieses Modell des vorzeitigen Ruhestands – jahrelang begrüßt und gern genommen von den über 55-Jährigen. Inzwischen ist das anders: Der Konzern hat ein Programm aufgestellt, der älteren Arbeitnehmern das Verbleiben im Job schmackhaft macht. Gewon-

nen hat sie dafür den Heidelberger Gerontologen Professor Andreas Kruse. Kruse hat den Beschäftigten, die sich eigentlich schon in die Rente verabschiedet hatten, gezeigt, dass sie deutlich leistungsfähiger sind als gedacht. Das Ergebnis: Die meisten bleiben und arbeiten weiter. Sehr zur Freude des Konzerns übrigens, der das Potenzial seiner älteren Mitarbeiter inzwischen schätzen gelernt hat und sich sogar ganz gezielt mit Job-Offerten an diese Zielgruppe wendet.

Generation Erfahrung

Kruse plädiert nicht von ungefähr dafür, Senioren so lange arbeiten zu lassen, wie sie wollen. Am liebsten gemeinsam mit dem Nachwuchs. Der Heidelberger ist überzeugt, dass der viel beschworene vermeintliche Generationenkonflikt gar keiner ist. „Das Zusammensein der Generationen kann eine bemerkenswerte Quelle von Solidarität und gegenseitiger Unterstützung sein", erzählt er dem Deutschlandfunk. Voraussetzung, dass dieses Miteinander funktioniert, sei Offenheit – und zwar auf beiden Seiten. Die Jungen müssten bereit sein, den Alten zuzuhören und die Alten auf der anderen Seite offen für das, was der Nachwuchs zu bieten habe. „Nur im Miteinander von jungen und älteren Arbeitskräften", ist er überzeugt, „können demografischer Wandel und drohender Fachkräftemangel bewältigt sowie der Generationenvertrag aufrechterhalten werden." Kruses Maxime ist auch meine: Alter neu denken. „Das Alter ist gestaltbar", weiß Kruse und belegt seine Aussage gern mit der Geschichte von Johann Sebastian Bach. Der kreative Komponist hat selbst, als er gesundheitlich stark angeschlagen war, noch ein Werk geschaffen, das seinesgleichen sucht. Kruse: „Ein Mensch, bei dem die körperlichen Einbußen immer weiter zunehmen, kann auf der anderen Seite seelisch-geistig dem sehr viel entgegensetzen." Im Gegensatz zu Bach muss der heutige Ü-60-Jährige körperliche Einbußen erst sehr viel später hinnehmen als der Komponist, der ja bekanntlich bereits mit 65 Jahren starb. So erstaunt es nicht, dass drei von vier Senioren, zwischen 64 und 80 Jahren, sich im Schnitt acht Jahre jünger fühlen als ihre Altersangabe im Pass. 70 ist heute das neue 50 lauten sogar manche Aussagen. Fast jeder zweite von ihnen engagiert sich ehrenamtlich oder steht noch im Berufsleben. Und die Statistik zeigt: Gesundheitsbedingte Ausfälle nehmen nicht mit dem Alter zu. Eine Schweizer Studie von myjob liefert dazu eindrucksvolle Zahlen: In der Altersgruppe 55–64 Jahre fallen etwa 3,9 Prozent der Arbeitszeit durch Krankheit oder Unfall weg, bei der Altersgruppe 45–54 Jahre waren es sogar nur 2,9 Prozent, wohingegen die jüngste Altersgruppe 15–24 Jahre mit 3,1 Prozent zu Buche schlägt. Außerdem haben Führungskräfte mit 1,6 Prozent den geringsten Krankheitsausfall – gerade jene also, die als beruflich erfahren gelten. Im Landesparlament in Baden-Württemberg habe ich erst kürzlich als Vizepräsident eine Sitzung geleitet, bei der wir die Altersbegrenzung der Wählbarkeit von Bürgermeistern vollständig aufgehoben haben. Auch der aktuelle amerikanische Präsident Biden befindet sich im 80. Lebensjahr. Adenauer wurde mit 71 erstmals zum Kanzler gewählt, Goethe schrieb mit 82 noch an seinem Faust, Michelangelo arbeitete mit fast 90 noch an der Kuppel des Petersdoms und Tizian malte mit fast 100 noch die herrlichsten Bilder.

Schauen wir doch einmal genauer hin, welche Vorteile die Beschäftigung eines älteren Mitarbeiters mit sich bringen kann: Wer über 55 ist, hat seine Familienplanung und seine Karriere und damit auch oft die größte Rushhour des Lebens in der Regel abgeschlossen, ist sesshaft und für ein Unternehmen damit deutlich planbarer geworden. Bin ich mit Mitte 30 noch auf dem Sprung zum nächsten Karriereschritt und damit dem Unternehmen, das mir das ermöglicht, habe ich das mit Mitte 50 in der Regel bereits erledigt. Die entsprechenden Stationen abgehakt, die Karriere hingelegt. Gehe ich in diesem Alter in einen neuen Job (oder bleibe in meinem alten), bin ich loyal. Nicht, weil ich dankbar bin, dass man mich noch nicht zum alten Eisen zählt, sondern schlicht, weil ich um die Vorzüge bekannter Strukturen und Kulturen weiß. Die Praxis zeigt: Ältere Arbeitnehmer verbleiben – aus erwähnten Gründen – länger in ihren Jobs als jüngere. Zum Vorteil des Unternehmens. So jedenfalls sieht es der Unternehmer Jens Fahrion und erklärt in seinem Gespräch mit der Süddeutschen Zeitung: „Manche Projekte dauern mehrere Jahre, und unsere Kunden schätzen es gar nicht, wenn mittendrin das Personal wechselt." Außerdem: Ältere Kollegen kommunizierten mit den Kunden auf Augenhöhe, sagt er gegenüber dem RKW Kompetenzzentrum, einem Beratungsunternehmen, das sich auf den Mittelstand fokussiert hat.

Hollywoodreif

Dass ältere Kollegen echten Mehrwert schaffen, hat übrigens auch Hollywood inzwischen für sich entdeckt: So heuert Robert de Niro in „Man lernt nie aus" als 70-jähriger Ben Whittaker bei der smarten Jung-Chefin Jules Ostin (Anne Hathaway) an. Auch wenn er mit seinen teilweise überholten Vorstellungen das eine oder andere Mal aneckt, wird er schließlich zum vollwertigen Teammitglied. Ein unterhaltsamer Film – auch wenn hier viel mit Stereotypen über das Älterwerden gespielt wird, zeigt er eines doch sehr deutlich: Mit den Alten ist zu rechnen! Gerade auch in Krisen- und Konfliktsituationen. Erscheinen uns Probleme mit Anfang 30 noch schier unlösbar, wissen wir mit Mitte 60: Für alles gibt es eine Lösung, für alles gibt es einen Weg. Mit dieser Erfahrung im Gepäck stellen schwierige oder konfliktbeladene Situationen eine Herausforderung dar, die man beherzt anpackt. Gerade in solchen Fällen können ältere Kollegen übrigens auch exzellent als Mentoren für den Nachwuchs fungieren. Auch der technische Wandel ist kein Argument mehr gegen den Einsatz der Generation Erfahrung. Lange Jahre hat man erklärt, ein älterer Mitarbeiter sei nicht mehr in der Lage, mit der technischen Entwicklung mitzuhalten. Das Gegenteil ist heute der Fall, wie eine aktuelle Deloitte-Studie zeigt: 96 Prozent der 55- bis 74 Jährigen, stellt das Unternehmen fest, besitzen einen PC oder Laptop und arbeiten mit diesem. Auch Smartphones sind bei dieser Altersgruppe inzwischen weit verbreitet: Allein 80 Prozent der Babyboomer (1964 geborene Menschen) besitzen heute eines der smarten Teile. Außerdem, so stellt der Newsletter „elektrotechnik" fest, seien ältere Mitarbeiter im Umgang mit technischem Wandel geübt – schlicht deshalb, weil sie ihn mehrfach durchlaufen haben. Das macht gelassener – und lernbereit. Auch das übrigens ein wesentliches Muss für moderne Unternehmen. So sieht es unter anderem die Personalleiterin der Wilhelm Gienger Mannheim KG, Christina Sommer-Ruland. Sie erklärt (übrigens auch gegenüber der Süddeutschen Zeitung): „Wir brauchen Fachkräfte, die sich ständig weiterentwickeln, fachlich auf dem neuesten Stand sind und mit Menschen umgehen können". Sommer-Ruland setzt bei Gienger auf gemischte diverse Teams, in denen ältere Mitarbeiter ihren festen Platz haben. Sie hat übrigens auch den über 50-jährigen Logistikspezialisten eingestellt, den ich eingangs erwähnte. Einer ihrer Gründe: „Wenn sich zu wenige ältere Fachkräfte um die nachwachsenden Generationen kümmern, kommt es zu Konflikten." Ein Ungleichgewicht zwischen den Generationen führe zu einer Unwucht, die Probleme hervorrufe. „In der Wissensökonomie von heute", sagt dann auch Annice Joseph, Global Lead for Cross-Generational Intelligence bei SAP, „brauchen wir alle Generationen". Beim Softwaregiganten setzt man daher auf einen guten Mix aus mehreren Generationen. „Wenn wir ein Unternehmen gestalten wollen, das weltweit für Innovation und Inklusion steht", erklärt Joseph, „dann müssen wir mit jedem Menschen effektiv zusammenarbeiten, mit dem wir in Kontakt kommen." Das Generationenverständnis werde zu einer Schlüsselkompetenz.

Setzt man auf diverse Teams, wird man erfolgreicher – das jedenfalls stellt die Unternehmensberatung McKinsey bereits 2018 fest. Die Universität Zürich zieht kurze Zeit später nach und belegt die wachsende Produktivität besonders bei innovativen und kreativen Unternehmen. Und hier ist es vor allem die Präsenz im Unternehmen – denn nicht jeder Arbeitnehmer wird in betagterem Alter noch die Aufgabe im Unternehmen haben, mit der er ins Berufsleben gestartet ist. Fahrion setzt auf eine „facettenorientierte Bogenkarriere", ein Arbeitslebensweg, der Sprünge, Ausfälle oder eventuell auftretende Leistungsabfälle abfedert. Für diese Phasen bietet sein Unternehmen ein Leistungs- und Bezugssystem, das an die individuelle Lebenssituation angepasst werden kann, sowie Weiterbildungsangebote oder Gesundheitsförderprogramme für den Arbeitsplatz. Alles Komponenten, die auch ich mir für die Berücksichtigung älterer Arbeitnehmer vorstellen kann. Ohnehin können wir heutzutage nicht mehr mit dem Rucksack der Erstausbildung durchs Lebens gehen. Wir benötigen vielmehr permanente Qualifizierung und Weiterbildung, um mit dem Wandel und den raschen Veränderungen Schritt halten zu können. Mitgedacht werden muss in diesem Zusammenhang auch die Tatsache, dass sich nicht jeder Beruf bis ins höhere Alter durchziehen lässt. Ich denke dabei an körperlich anstrengende Arbeiten, wie die eines Garten- und Landschaftsbauers, eines Dachdeckers oder Fliesenlegers. Schon Ex-Arbeitsminister Norbert Blüm hat dieses Thema angesprochen und die Frage gestellt, warum wir solchen Arbeitnehmern nicht frühzeitig die Chance auf eine echte Alternative bieten. Nicht, um sie möglichst lange „auszubeuten", sondern um ihnen die Chance für einen erfüllten Spät-Lebensabschnitt anbieten zu können.

Wir werden immer älter

Fakt ist: Noch 2018 kamen auf 100 Arbeitnehmer 42 Ältere, bis 2050, so die OECD in ihrer Studie „Working Better with Age", werden 58 Ältere 100 Arbeitnehmern gegenüberstehen. Das Verhältnis dreht sich also, der Generationenvertrag ist damit mehr als hinfällig. Geht die Babyboomer-Generation in Rente – und das passiert jetzt und nicht erst in 10 Jahren – schrumpft die Erwerbsbevölkerung drastisch. So konstatiert auch das Institut der deutschen Wirtschaft (IW) 2021: Nicht die Folgen der Corona-Pandemie werden uns besonders herausfordern, sondern dieser Wegfall von Millionen Arbeitskräften. Damit einher gehe ein ungeheurer Wohlstandsverlust, den das IW mit 326 Milliarden Euro beziffert. Dass wir hier auf eine mehr als bedenkliche Situation zusteuern, ist allen Parteien (und der Wirtschaft) bewusst. Eine Rentenreform muss her. Eine Reform, die das Rentenniveau einigermaßen stabil hält, und eine Reform, die das Auslaufen des Generationenvertrags berücksichtigt. Und: Das Ganze muss bezahlbar bleiben. Eine Sisyphus-Aufgabe, die es schnell zu bewältigen gilt. Eine mögliche Lösung ist die Anhebung des Renteneintrittsalters. Schon ein Jahr könnte hier vieles bewegen. Eine weitere Maßnahme könnte der Ausbau von Kitas und Schulen sein, um Eltern weiterhin den Vollzeitjob ermöglichen zu können. Natürlich könnten auch Zuwanderer das beschriebene Gap zwischen Rentnern und Erwerbstätigen füllen. Ergänzt um bessere Rahmenbedingungen für Investitionen und Gründer, eine ordentliche Infrastruktur und Erleichterungen für den Marktzugang innovativer Unternehmen. All das sind Komponenten, die der Rente wieder auf die Füße helfen. Was es alles dazu braucht, verraten Ihnen die nächsten Kapitel.

„Jung und Alt unterscheiden sich nicht nur im Alter, sondern auch im Lebens- und Arbeitsstil. Jede Generation ist mit unterschiedlichen Werten sozialisiert worden."

Colette Rückert-Hennen,
Vorstand Personal und Recht, EnBW

Transformation gelingt nur divers

**Wie bei der EnBW die ältere Generation
die Teamkompetenz komplettiert**

Ein Gastbeitrag von Colette Rückert-Hennen,
Vorstand Personal und Recht EnBW

Eine Zeitenwende hat bei der EnBW bereits 2011 begonnen. Mit dem Bundestagsbeschluss zum Ausstieg aus der Kernenergie begann für die EnBW ein bislang beispielloser Transformationsprozess. Das ursprüngliche Geschäftsmodell mit seinem Schwerpunkt auf konventioneller Energieerzeugung verlagerte sich hin zu Erneuerbaren Energien, Netzen und Kundengeschäft.

Mit dem erfolgreichen Portfolioumbau war die Transformation der EnBW aber nicht abgeschlossen. Mit dem Fokus auf unserer Kernkompetenz, dem zuverlässigen Bau und Betrieb von Infrastruktur, haben wir neue Geschäftsfelder erschlossen, die noch vor 10 Jahren kaum jemand bei der EnBW im Blick hatte: Breitband- und Telekommunikationsinfrastruktur, Ladeinfrastruktur für E-Mobilität, urbane Infrastruktur und Sicherheitsinfrastruktur. Heute sind wir beispielsweise Marktführer für Schnellladeinfrastruktur für E-Autos in Deutschland. Der Wandel vom Energieunternehmen hin zum innovativen und nachhaltigen Infrastrukturpartner, Kern unserer Konzernstrategie 2025, geht mit einer konsequenten Nachhaltigkeitsagenda einher: Bis 2035 will die EnBW zudem klimaneutral sein.

Mit der dramatischen Veränderung der politischen Rahmenbedingungen war schon 2011 klar: Die EnBW muss sich neu erfinden, es wird kaum ein Stein auf dem anderen bleiben. Dabei wurde deutlich: Digitalisierung und Technologieentwicklung sind im bevorstehenden Prozess der Transformation eine Überlebensfrage.

Für Mitarbeiter aller Generationen war das der Beginn einer Reise mit vielen Unbekannten. Für Verunsicherung sorgte die neue Lage aber vor allem auch bei älteren Mitarbeitern und bei der Mid-Age-Generation: Werde ich diesen Veränderungen gewachsen sein? Kann ich mit meiner Qualifikation und der Erfahrung aus der „alten" EnBW in der EnBW der Zukunft mithalten? Wird es weiter einen Platz und eine Rolle für mich in diesem Transformationsprozess und in den Teams der Zukunft geben?

Das waren die Fragen von Mitarbeitern, die ihrem Unternehmen bereits viele Jahre treu gedient hatten. Dabei identifizierten und identifizieren sich die Mitarbeiter der EnBW in höchstem Maße mit ihrem Unternehmen. Mit einer durchschnittlichen Betriebszugehörigkeit im Konzern von 17,3 Jahren (Stand: Dezember 2021) – in manchen Gesellschaften sogar von über 30 Jahren – steht die EnBW für viele Mitarbeiter für eine nahezu lebenslange Arbeitsbiografie. Auch diese Gewissheit geriet 2011 für viele ältere Mitarbeiter zunächst ins Wanken.

Ohne die ältere Generation hätte die EnBW die Wende nicht geschafft

Und auch im Management der EnBW stellte sich die Frage: Wie schaffen wir es, möglichst alle mitzunehmen auf einem Weg, der enorme Anforderungen an Weiterqualifikation, an das Lernen und die Innovationsfähigkeit der Mitarbeiter stellt? Denn schon damals stellte sich der Fachkräftemangel als Risiko für die Transformation ein. Es wurde deutlich, dass wir alle Mitarbeiter brauchen, die etwas zum Prozess des „Neu-Erfindens" beitragen wollen.

Heute ist allen klar: Ohne die ältere Generation und die Mid-Age-Generation hätte die EnBW die Wende kaum geschafft. Die Transformation brauchte einerseits Innovationen, Ideen und die Entwicklung digitaler Lösungen – aber auch Erfahrung. Beides zusammen konnten nur die langjährigen Mitarbeitenden bieten. So war und ist zum Beispiel bei Herausforderungen wie dem Rückbau der Kernenergie ihre Rolle zentral. Auch im Rahmen unseres New-Work-Transformationsprogramms, genannt „BestWork", setzen wir auf die Kombination aus Innovation und Erfahrung. Eine interne Community aus Coaches, die die Mitarbeitenden und Teams auf ihrer Transformationsreise begleitet, deckt daher auch eine Altersspanne von 23 bis 63 Jahren ab. Durch einen regelmäßigen Austausch der Coaches lernen diese von- und miteinander.

Betrachten wir die Altersverteilung bei der EnBW, so zeigt sich, dass die Altersgruppe der über 55-Jährigen konzernweit knapp ein Viertel der Mitarbeiter stellt (Stand: Dezember 2021). Die bangen Fragen, die die älteren Mitarbeiter zu Beginn der Transformation gestellt haben, konnte die EnBW also in den meisten Fällen mit „Ja" beantworten. Wie alle Generationen hatten und haben auch die älteren Mitarbeiter ihren Platz in der sich ständig weiterentwickelnden EnBW und haben mit ihrem Wissen diesem Prozess wertvolle Impulse gegeben.

Der Wille zur Veränderung ist ein Muss

Allerdings ist niemand, der zu Beginn der großen Veränderungen bei der EnBW an Bord war oder im Verlauf der Transformation an Bord kam, unverändert geblieben. Die Transformation hat hohe Anforderungen an die Veränderungsfähigkeit und den Veränderungswillen der EnBW-Mitarbeiter aller Altersstufen gestellt. Und ich weiß, wovon ich spreche. Ich bin heute 61 Jahre alt. Als ich zur Vorständin bei der EnBW berufen wurde, war ich 58 Jahre. Die eigene kontinuierliche Weiterentwicklung ist heutzutage ein Muss für die berufliche Karriere – und zwar in jedem Alter.

Dafür möchte ich ein Role Model sein
Ebenso hohe Anforderung hat die Transformation aber auch an unser Human Resources (HR) Management. Notwendig wurde eine ständige Bilanzierung benötigter und vorhandener Skills und Ressourcen, nicht nur für die jeweils aktuelle Herausforderung, sondern auch für die zukünftigen Phasen der Transformation. Mit einem zunehmend entwickelten Talent Management und strategischer Personalplanung gelang und gelingt es uns immer besser, knappe Schlüsselressourcen effektiv zu nutzen. Gleichzeitig entwickelte die EnBW ein internes Lernökosystem. Unter dem Lernökosystem verstehen wir ein anpassungsfähiges und vielfältiges Lernsystem, das über mehrere Dimensionen verfügt. Die technische Basis bildet unser „LernWerk" als digitale Plattform. Zur inhaltlichen Dimension zählen wir individuelle und kollektive Entwicklungsangebote – Individual, Team und Leadership Development Journeys. Basis der Entwicklungsangebote ist ein eigens entwickeltes Modell mit zwölf überfachlichen Zukunftskompetenzen. Und zur Aktivierung beziehen wir die ganze EnBW als ein lebendiges Lernökosystem mit ein. Mit vielen unterschiedlichen Akteuren, die sowohl Content konsumieren als auch selbst produzieren.

Die Erfahrungen aus diesem Prozess sind heute Basis unserer HR-Strategie. Sie helfen und begleiten uns auch in der Umsetzung der Konzernstrategie 2025, also bei den nächsten Wachstumsschritten und Veränderungen in der EnBW.

Zugleich steht fest: Die Herausforderungen sind nicht kleiner geworden, das Tempo der Transformation lässt nicht nach. Im Gegenteil: Durch die neue Schwerpunktsetzung der EnBW mit der Strategie 2025 befindet sich das Unternehmen auf einem Wachstumspfad. Energiewende und geopolitische Veränderungen machen die EnBW zum Impulsgeber für das Neue.

Ein Viertel der EnBW-Mitarbeiter geht in den nächsten 10 Jahren in Rente

Der Wettbewerb um Talente wird sich weiter verschärfen – demografische Faktoren und der Fachkräftemangel tragen dazu bei. Die Babyboom-Generation geht in Rente: In den nächsten 10 Jahren wird voraussichtlich mehr als ein Viertel der heutigen Mitarbeiter der EnBW in den Ruhestand gehen. Es droht eine Lücke mit mehreren Dimensionen. Die Gefahr besteht, dass die Babyboomer ein Vakuum ihrer jahrzehntelangen Erfahrung in den Prozessen hinterlassen, wenn wir den Wissens- und Erfahrungstransfer nicht systematisch organisieren. Gleichzeitig haben wir die Herausforderung, genügend frisch qualifizierte Fachkräfte für uns zu gewinnen.

Die Gründe des Fachkräftemangels sind hinlänglich beschrieben und untersucht. Die Schulbildung hat deutliche Defizite, der MINT-Bereich zu wenig Nachwuchs, wir haben eine hohe Schulabbrecherquote. Es wird generell zu wenig ausgebildet, im Besonderen in technischen Berufen. Ein frühes Ausscheiden aus dem Arbeitsleben geht mit weniger Ausgebildeten und mehr Studierten einher. Die Diskussion um eine Regelung und Förderung qualifizierter Zuwanderung zieht sich seit Jahrzehnten – noch immer können Unternehmen davon nicht in ausreichendem Maß profitieren.

Hinzu kommt: Arbeitsmodelle und -zeiten werden von vielen Beschäftigten nicht als attraktiv wahrgenommen, insbesondere die Vereinbarkeit mit der Familie ist hier ein Kernthema, welches die Beschäftigungsquote beeinflusst. Immerhin haben die Erfahrungen mit Homeoffice-Regelungen während der Pandemiebekämpfung bei Unternehmen und Politik dazu wichtige Diskussionen angestoßen.

Herausforderungen für das HR-Management
Neben den genannten Aspekten spielen auch die Bedürfnisse der Generationen X, Y und Z im Vergleich zur Babyboom-Generation eine wichtige Rolle. Die jeweilige Einstellung zu Arbeit unterscheidet sich stark – mit Konsequenzen für den Arbeitsmarkt. Obwohl die demografische Entwicklung schon vor vielen Jahren klar erkennbar gewesen ist, hat es unsere Gesellschaft trotzdem versäumt, sich ausreichend darauf vorzubereiten.

Die Herausforderung Arbeitskräftemangel ist äußerst komplex. In einigen Bereichen stehen wir erst am Anfang des Verständnisses darüber, wie effektvoll Änderungen etabliert werden können. Klar ist auch: Nicht alle Ursachen für den Arbeitskräftemangel kann ein Unternehmen wie die EnBW selbst bearbeiten, oft sind regulatorische Änderungen wünschenswert, die den Rahmen für unser unternehmerisches Handeln verbessern würden.

Selbst gestalten kann die EnBW aber ihre Binnenstruktur. Am Beginn der HR-Strategieentwicklung stand und steht stets wieder die Analyse: Welche Kompetenzen benötigt unser Unternehmen für den vor uns liegenden Weg und wie können wir diese aufbauen? Mit welchen Talenten gelingt es, uns auch in den kommenden Jahren ständig neu zu erfinden? Wie müssen unsere Teams aufgestellt sein, um Wachstum aus Innovation und Kundenorientierung zu generieren? Aus welchen Reservoirs können wir die Talente schöpfen, die wir für unsere Strategie 2025 so dringend benötigen? Und welches Potenzial können wir hier noch entwickeln? Zusammengefasst: Wie muss sich die EnBW aufstellen, um Talente zu gewinnen, sie kompetenzorientiert einzusetzen, sie zu entwickeln, zu motivieren und im Unternehmen zu halten? Und wie kann sie die Menschen im Unternehmen bei ihrer eigenen Entwicklung so unterstützen, dass deren Beschäftigungsfähigkeit langfristig gesichert ist? Das sind Fragen, die wir uns aus dem Business heraus stellen, die aber die Menschen, mit denen wir arbeiten, ins Zentrum rücken.

Diversity, Equity und Inclusion bringen wirtschaftlichen Mehrwert

Antworten auf viele der formulierten Fragen bietet die moderne Diversitätsforschung. Diversität (Diversity), eine gerechte Teilhabe (Equity) und tatsächliche und empfundene Zugehörigkeit (Inclusion) zu Team und Unternehmen rücken zunehmend in den Fokus. Untersuchungen zeigen den wirtschaftlichen Mehrwert, den Unternehmen durch ein aktives Management der genannten Dimensionen (kurz DE&I) haben. Signifikant ist auch die Gruppe von Mitarbeitenden, die sich durch DE&I-Aktivitäten enger mit dem Unternehmen verbunden fühlen. Hinzu kommen weitere Wirkungen: Eine Zunahme der Entwicklung innovativer Lösungen und Produkte, eine stärkere Kunden- und Dienstleisterbindung, eine bessere Zusammenarbeit in Teams und generell eine höhere Innovationskraft.

Die interne Mitarbeitendenbefragung aus 2022 bei der EnBW zeigt, dass die Belegschaft die Integration von Beruf und Familie im Konzerndurchschnitt mit 85 (von 100) Punkten und eine respektvolle Behandlung mit 88 (von 100) Punkten als zufriedenstellend bewertet. 67 (von 100) Punkten erreicht Chancengleichheit und Kultur 69. Das sind Ansprüche, denen wir uns als Unternehmen stellen müssen, zumal es auch strukturell in einigen Diversitätsdimensionen noch Defizite gibt. Wir müssen alle Dimensionen von Diversity noch ambitionierter angehen und mit konkreten Maßnahmen fördern. Dazu gehört ein ausgeglichener Frauenanteil in der Belegschaft und im Management. Außerdem Quoten, die die Gesellschaft widerspiegeln – unter anderem bei Schwerbehinderten und Menschen mit Migrationshintergrund. Wohl alle Unternehmen in Deutschland haben hier noch Luft nach oben, das gilt leider auch für die EnBW. An diesen Themen zu arbeiten ist zwingende Voraussetzung, um als Unternehmen weiterhin erfolgreich zu sein und dem Fachkräftemangel zu begegnen.

Im Prozess des Sich-neu-Erfindens müssen wir Digitale Transformation, Energiewende und demografischen Wandel gemeinsam meistern. Und wir müssen den Dualismus von Mensch und Business noch stärker als Basis für unseren Erfolg begreifen und uns strategisch weiter damit befassen. Das ist die zentrale Herausforderung. Ein Baustein für den Erfolg ist ein umfassendes DE&I-Management, welches mindestens die Dimensionen Geschlecht und geschlechtliche Identität, sexuelle Orientierung, körperliche und geistige Fähigkeiten, ethnische Herkunft und Nationalität, Religion und Weltanschauung, soziale Herkunft und das Alter im Blick haben muss. Wir versprechen uns davon bessere Leistungen und innovativere Lösungen aus unseren Teams und ein Mehr an Resilienz bei komplexen Veränderungen. Gleichzeitig wird unser Unternehmen attraktiver für Talente, Kunden und Shareholder – und die eigenen Mitarbeiter. Wir möchten Teams entwickeln, die sich auch weiterhin erfolgreich den Herausforderungen der Zukunft stellen können, weil sie in ihrer diversen Struktur ein Maximum an Erfahrungen, Zugängen, Lösungsansätzen und Sichtweisen abbilden und damit Kunden und Markt besser verstehen.

Berufsbilder wandeln sich – für alle Altersgruppen

Die Erfahrung der ersten Phase der Transformation hat gezeigt: In bedeutendem Maß ist es auch die ältere Generation, die die Teamkompetenz in der EnBW komplettiert. Wie alle anderen Dimensionen der Diversität braucht auch das Management der Altersdiversität eine genaue Analyse, um den spezifischen Bedürfnissen der Gruppen gerecht zu werden.

Der Gedanke jedoch, dass Ältere generell besonders „gepusht", qualifiziert, fit gemacht werden müssen, geht an der Realität vorbei. Ältere sind, wie Jüngere und das mittlere Alter, Teil des lebenslangen Lernens. Die Berufsbilder wandeln sich für alle Altersgruppen. Sie brauchen keine Sonderbehandlung, sondern ihren Platz im gemischten Team.

Richtig ist aber auch: Jung und Alt unterscheiden sich nicht nur im Alter, sondern auch im Lebens- und Arbeitsstil. Jede Generation ist mit unterschiedlichen Werten sozialisiert worden. Die älteren Kollegen sind oft von einem hierarchischen Arbeitsstil, Durchsetzungskraft und materieller Sicherheit geprägt. Die Jüngeren suchen häufiger einen Sinn in ihrer Arbeit, haben ein hohes Feedbackbedürfnis und möchten out of the box denken. Diese unterschiedlichen Werte- und Erfahrungshintergründe müssen nun gezielt so gebündelt werden, dass daraus schlagkräftige und erfolgreiche Teams werden.

Talente gewinnen, einsetzen, entwickeln und halten

Für alle Altersgruppen identifiziert die EnBW die Herausforderungen anhand des Modells des Talent Life Cycle. Es beschreibt den Weg eines Talents im Unternehmen anhand von vier Phasen: Talente gewinnen, Talente einsetzen, Talente entwickeln und schließlich Talente bewerten, motivieren und halten. Anhand dieses Talent Life Cycle möchte ich einige spezifische Herausforderungen in Bezug auf die ältere Generation skizzieren.

Auch wenn die Mitarbeiter im Alter von 55 und älter bei der EnBW bereits eine große Altersgruppe darstellen: Auch im Recruiting, also in der Phase der Talentgewinnung, behalten sie Bedeutung. Bei anderen älteren Kandidaten sehen wir mindestens eine sehr gute Basis für die Einstellung und Weiterqualifizierung. Um das Talentpotenzial aus dieser Altersgruppe bestmöglich zu erschließen, helfen uns die Impulse aus unserer DE&I Strategie. Bedürfnisse der älteren Generation wurden ehemals oft als „Vermittlungshemmnisse" gesehen. Heute bearbeiten wir das Thema Inklusion systematisch und arbeiten konsequent an einem inklusiven Umfeld für unsere (alters)diversen Teams. Denn im Ranking der vermeintlichen „Vermittlungshemmnisse", wie Arbeitsvermittler sie sehen, landete schon damals fehlende oder veraltete Berufsausbildung auf einem der hinteren Plätze. Ganz oben stehen hingegen Gründe, die entweder in der menschlichen Bedürfniswelt der älteren Generation anzusiedeln oder aber durch interne Qualifikation leicht zu beheben sind. Gesundheitliche Probleme, Einschränkung durch familiäre Verpflichtungen, eingeschränkte örtliche Mobilität, veraltete EDV-Kenntnisse und generelle Vorbehalte von Unternehmen gegenüber Älteren: Das sind die Top-Five-Gründe, die Arbeitsvermittler noch vor wenigen Jahren für die niedrige Vermittlungsquote anführten und auf die wir mit unserer DE&I-Strategie heute reagieren. Dass die EnBW sich auf diese Bedürfnisse einstellt, spricht sich herum und macht uns als Arbeitgeberin auch für ältere Arbeitssuchende interessant.

Auch beim Einsatz unserer Talente spielen Aspekte der Altersdiversität eine große Rolle. Unsere eigene Erfahrung bei der EnBW bestätigt die Befunde der Diversitätsforschung. Divers aufgestellte Teams sind leistungsfähiger, innovativer, resilienter und können sich veränderten Rahmenbedingungen besser anpassen. Deshalb achten wir bei der Teamzusammensetzung auch explizit auf eine ausgewogene Struktur im Alter, und dazu auf die Dimensionen Berufserfahrung und Betriebszugehörigkeit.

Die EnBW hat konzernweit mehr als 26.000 Mitarbeiter mit einer unendlichen Vielfalt an Skills, Stärken und Bedürfnissen. Überblick behalten wir über unser Skill-Ökosystem. Dieses beinhaltet eine digitale Plattform für interne Job-Entwicklungschancen. Mitarbeitende können selbst auf algorithmusbasierte Empfehlungen für einen zielgerechten und diversen Einsatz zugreifen. Wer mit seinem Platz im Team nicht zufrieden ist, hat die Möglichkeit, einen Wechselwunsch anzugeben. Auch Arbeitsmodelle, flexible und mobile Einsatzmöglichkeiten bilden wir im Skill-Ökosystem mit ab.

Das Skill-Ökosystem ermöglicht Teamzusammensetzungen, auf die wir ohne dieses Tool vielleicht gar nicht kommen würden. Ein Beispiel: Unsere Konzerntochter Netze BW hat mobile Teams zur Überprüfung und Wartung unserer Hochspannungsleitungen. Eine Aufgabe, die seit Jahrzehnten von Mitarbeitenden übernommen wird, die dazu hoch auf die Masten klettern müssen. Nun aber sind kleine Drohnen mit Kameras auf dem Vormarsch, eine Technologie, die den bestehenden Teams zunächst nicht vertraut war. Und so haben wir intern Interessierte für einen Drohnen-Führerschein gesucht. Gerade bei unseren Auszubildenden im technischen Bereich gab es viele mit einer Affinität zum Drohnenfliegen. Insgesamt haben wir 50 Auszubildende und Facharbeiter zu professionellen Drohnenpiloten qualifiziert. So erfahren die Auszubildenden gleichzeitig eine Menge über die Wartungsinfrastruktur im Netzbereich. Gemeinsam entwickeln sie die Möglichkeiten ferngesteuerter Wartungsarbeiten an unseren Überlandleitungen. Die Innovationen bringen nicht nur einen Mehrwert bei den Prozesskosten. Durch den Einsatz der Drohnen können nun auch erfahrene Mitarbeitende, die altersbedingt nicht mehr in die Höhe klettern, ihre Arbeit weiterführen. Heute ist die Ausbildung zum Drohnenpilot Teil des netztechnischen Trainings.

Das gewählte Beispiel streift bereits einen Aspekt, der zum dritten Abschnitt unseres Talent Life Circle gehört, die Talententwicklung. Niemand, der an der Transformation der EnBW teilnehmen möchte, kann dies ohne eigene Veränderung tun – das hatte sich schon in der ersten Phase bis 2020 gezeigt. Der Wille zum lebenslangen Lernen ist unabdingbar. Mit dem oben beschriebenen Lernökosystem schafft die EnBW dafür die Voraussetzung. Mitarbeitende können selbst entsprechend ihrer Neigungen, Interessen, Fähigkeiten und Defizite Lerninhalte auswählen, die sie für ihre Talententwicklung für förderlich halten. Dies dient in dem Tempo, in dem die Transformation voranschreitet, dem Erhalt der Beschäftigungsfähigkeit aller Generationen, nicht nur der älteren Generation. Inklusiv gestalten sich die Formate, die unsere Lernplattform LernWerk bietet. E-Learning, Lehrfilme oder traditionelle Lernformen – die Lernenden können selbst wählen, welches Format sie bevorzugen.

Wer sich weiterentwickelt, möchte auch eine Perspektive in der Karriere. Für jüngere Mitarbeitende ist das oft der Aufstieg. Für Ältere ist es hingegen vielleicht mehr Flexibilität im Arbeitsmodell. Um Talente zu halten, dies ist der letzte Bereich unseres Talent Life Circle, gehen wir mit diesen Fragen transparent um. Wir entwickeln mit allen unseren Mitarbeitern ein Modell, wie wir in Zukunft bei der EnBW arbeiten wollen, um langfristig die Arbeits- und Lebensqualität zu optimieren, aber auch den Erfolg der EnBW zu sichern. Dieser Ansatz ist bedarfs- und bedürfnisorientiert und stellt den Menschen in den Mittelpunkt. Für das Management der Altersdiversität spielen Karriereplanung und Nachfolgemanagement gleichermaßen eine Rolle. Im Rahmen einer strategischen Personalplanung ermitteln wir dazu langfristig quantitative und qualitative Ressourcen und Bedarfe. In dem daran anschließenden Prozess der Workforce Transformation konkretisieren wir die identifizierten Veränderungs- und Entwicklungspotenziale auf Bereichs- bis Teamebene. Wir erarbeiten, welche Rollen und Kompetenzen künftig neu, mehr oder weniger benötigt werden und schaffen damit die Grundlage für gezielte Entwicklungsmaßnahmen auf individueller Ebene und auf Teamebene.

„Wissen ist besser als glauben" ist unser Prinzip

Für die vier Abschnitte des Talent Life Circle in der EnBW spielt Diversität in allen ihren Dimensionen eine wichtige Rolle. Wir haben früh erkannt, dass wir die Diversität unserer Teams bei 26.000 Mitarbeitenden nicht dem Zufall überlassen können. So wie die Digitalisierung unser Geschäft in allen Bereichen beflügelt, hilft sie uns auch beim Management unserer personellen Ressourcen.

„Wissen ist besser als glauben" ist dabei unser Prinzip. Wir erheben Skills, Bedürfnisse, Bedarfe, Zufriedenheit und weitere Daten und Einstellungen, um das Umfeld, in dem unsere gemischten Teams arbeiten, optimal zu gestalten.

Wir sind es gewohnt, uns neu zu erfinden

„Die Welt danach ist nicht mehr dieselbe wie die Welt davor", so hat Bundeskanzler Olaf Scholz die „Zeitenwende" nach dem russischen Überfall auf die Ukraine beschrieben. Für den Energiesektor hat EnBW bereits einmal eine Zeitenwende erlebt, das war der Ausgangspunkt der Überlegungen. Unser Unternehmen hat sich als resilient erwiesen. Es hat sich komplett gewandelt. Es schaut nun nach neuen Ufern und erlebt in dieser Situation wieder einen dramatischen Wandel der Rahmenbedingungen. Die EnBW ist dafür gut gerüstet, denn wir haben die Menschen in den Mittelpunkt unserer Transformation und damit unseres Erfolgs gestellt. Wir sind heute noch resilienter als im letzten Jahrzehnt. Wir sehen: Durch die immer schnellere Entwicklung von Digitalisierung und Technologien wandeln sich mit unseren Kunden auch die Märkte in einer immer höheren Schlagzahl. Wir sind es gewohnt, uns neu zu erfinden. Basis dafür sind die Menschen, die für und mit der EnBW arbeiten. Basis sind die Teams, denen wir konsequent eine diverse Struktur geben und die wir in Zukunft noch diverser entwickeln möchten. Basis ist eine Unternehmenskultur, die Diversity, Equity und Inclusion lebt. Komplett ist die EnBW nur, wenn sie die Gesellschaft in ihrer ganzen Vielfalt abbildet: mit Frauen und Männern, einer Bandbreite körperlicher und geistiger Fähigkeiten, sozialer Herkünfte, mit vielen Religionszugehörigkeiten, Ethnien, Nationalitäten und sexuellen Orientierungen. Und komplett ist die Kompetenz der EnBW natürlich auch nur, wenn alle Altersgruppen mit ihren spezifischen Bedürfnissen und Erfahrungen am Erfolg mitarbeiten.

„Wir haben einen kulturellen, auch einen familiären Wandel. Wir sind in einer Zeit des Wandels – sicherlich gab es schon immer Wandel, aber nicht so rapide und schnell. Vor diesem Hintergrund muss man den demografischen Wandel sehen. Allein auf die Bevölkerungsentwicklung zu blicken, ist fehl am Platz."

Ursula Lehr, Bundesarbeitsgemeinschaft
der Seniorenorganisationen, 2018 in einem Interview mit der bpb

Wir werden immer älter

Der demografische Wandel und seine Folgen

Nicht neu und doch immer wieder neu diskutiert: die Problematik des demografischen Wandels. 2,1 Kinder pro Frau, das jedenfalls konstatiert die Kreditanstalt für Wiederaufbau (KfW) in ihrem Papier „Mittelstands- und Strukturpolitik" (Nr. 32), braucht es, um eine Gesellschaft zu erhalten. Denn dann werden etwa so viele Kinder geboren, wie Alte sterben. Heute sind wir von dieser ausgleichenden Geburtenziffer weit entfernt: Im Schnitt kommen auf eine Frau in Deutschland nur noch 1,5 Kinder – damit liegen wir übrigens unter dem europäischen Durchschnitt. Anfang der 1960er-Jahre war das noch völlig anders. Da konnten wir uns auf eine Geburtenziffer von 2,5 verlassen und „produzierten" die Babyboomer, also die Menschen, die zwischen 1946 und 1965

Lebenserwartung: Aufwärtstrend

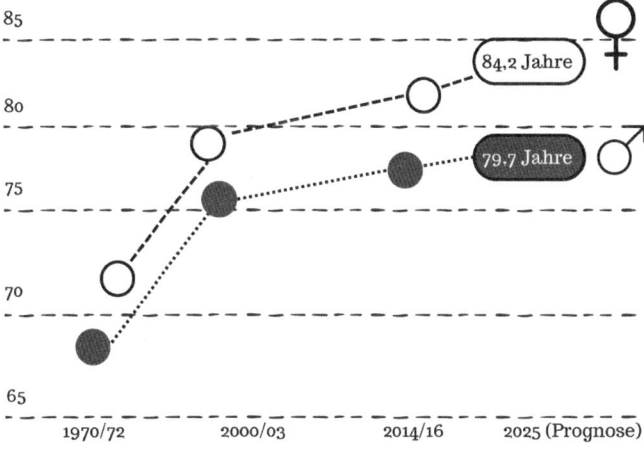

Quelle: The Pioneer, basierend auf Zahlen des Statistischen Bundesamts

geboren wurden. Eine Generation, die angepackt, aufgebaut und das Wirtschaftswunder möglich gemacht hat.

Und: eine Generation, die demnächst in Rente gehen wird
Schon in den 1970er-Jahren haben Wissenschaftler prognostiziert: Der Ausgleich von Geburt und Tod wird absehbar nicht mehr passen. Weniger Kinder, mehr Alte. Die Folgen für unsere auf Umlagen basierenden Sozialversicherungssysteme sind fatal. Allein in diesem Jahr werden 300.000 mehr Menschen in Rente gehen als ins Erwerbsleben eintreten, zeigt eine Erhebung des Instituts der deutschen Wirtschaft. Der Grund für diese Diskrepanz liegt in den unterschiedlich großen Jahrgängen. Der Jahrgang 1964, rechnet der Ökonom des Instituts der deutschen Wirtschaft (IW) Holger Schäfer vor, ist mit 1,4 Millionen Menschen besonders geburtenstark. Im Jahr 2029, wenn der Großteil des Jahrgangs in Rente gehen wird, treten die um das Jahr 2009 herum geborenen Menschen neu ins Arbeitsleben ein. Nur dumm, dass in diesem Jahr lediglich rund 736.000 Menschen geboren wurden. Das ist eine Differenz von rund 670.000 potenziell Erwerbstätigen. Eine Lücke, die entweder die Jungen oder die Alten zu tragen haben. Die einen, weil sie deutlich mehr in die Rentenkasse einzahlen als bislang, die anderen, indem sie spürbar weniger Leistungen erhalten als die Jahrgänge vor ihnen. Ein echtes Dilemma, für das nicht nur die Politik seit Jahren nach Lösungsansätzen sucht. Denn die Formel, Zuwanderung plus Erwerbsbeteiligung, die jahrelang als wesentlicher Lösungsansatz der Situation herhalten musste, scheint nicht länger aufzugehen. Für den IW-Ökonomen Schäfer steht daher auch fest: „Meine Einschätzung wäre, dass beide Instrumente, also Zuwanderung und Erhöhung der Erwerbsbeteiligung, in der Summe nicht diese demografische Lücke werden kompensieren können." Hendrik Munsberg fragt im

Sommer 2022 in der Süddeutschen Zeitung: „Muss auch das Ruhestandsalter mit steigender Lebenserwartung angehoben werden?" Seine Antwort: „Unbedingt." Munsberg steht nicht allein mit dieser Meinung. Schon drei Jahre zuvor haben die deutschen Währungshüter (der Bundesbank) geraten, das Renteneintrittsalter auf 69 zu erhöhen. Nur so sei unser Rentensystem noch finanzierbar. Der erste Vorstoß sorgte für einen bundesweiten Aufschrei der Empörung: Nahezu alle Parteien lehnten diesen Vorschlag der erneuten Anpassung ab – unterstützt von einer Reihe von Experten und Medien. Die jetzt ausgesprochene zweite Empfehlung generiert ... Stille. Kein medialer, kein politischer Gegenwind. Denn inzwischen ist wohl allen klar geworden: Ein „Weiter so" in der Rentenfrage kann es nicht mehr geben. Rezepte und vor allem konkrete Lösungsvorschläge müssen her. Schon heute gehen pro Jahr 100 Milliarden Euro in die Rentenkasse – Tendenz steigend. So rechneten die Währungshüter vor: Bis zum Jahr 2040 könnten die Rentenbeitragssätze von heute 18,6 Prozent auf etwa 24,5 Prozent steigen. Eine Entwicklung, die vor allem die jüngeren Beitragzahler beträfe, erklärt Munsberg. Eine Entwicklung, die wir aber unbedingt mitdenken müssen, wenn wir den Kollaps unseres Rentensystems verhindern wollen.

Die Babyboomer gehen in Rente

Schon in 3 Jahren, so stellt eine aktuelle Studie des Wirtschaftsforschungsinstituts Prognos für die Vereinigung der Bayerischen Wirtschaft (vbw) fest, werden am deutschen Arbeitsmarkt 2,9 Millionen Fachkräfte fehlen. 2031 wird dieser Mangel noch deutlicher werden: Dann, so Prognos, werden die befürchteten 4 Millionen Erwerbstätigen fehlen – nicht zuletzt dank der Babyboomer, die sich ja jetzt bekanntlich sukzessive in die Rente verabschieden. 2017 sah das noch anders aus: Da kamen auf einen Rentner noch drei Erwerbstätige, bis zum Jahr 2045, so die Studie, wird dieses Verhältnis auf unter eins zu zwei sinken. Fakt ist: Wenn die Zahl der Seniorinnen und Senioren zunimmt, während die Zahl der Erwerbsfähigen sinkt, nimmt der sogenannte Altenquotient zu. Er bildet das Verhältnis der Personen im Rentenalter (zum Beispiel 66 Jahre und älter) zu 100 Personen im erwerbsfähigen Alter (zum Beispiel von 20 bis 65 Jahren) ab. Und er zeigt, für wie viele potenzielle Rentenbezieherinnen und -bezieher Menschen im Erwerbsalter im weitesten Sinne sorgen müssen: Finanziell durch Beiträge in den Renten- und Krankenversicherungen, aber auch durch medizinische Versorgung, Pflegeleistungen oder unterstützende Dienstleistungen im Haushalt. 1950, zeigt das Statistische Bundesamt, sah unsere Welt noch anders aus: 16 Personen im Rentenalter standen 100 Personen im Erwerbsalter gegenüber. Eine komfortable Situation und der Altenquotient von 16 war weniger als halb so hoch wie im Jahr 2020. Bis Ende der 1970er-Jahre ist der Altenquotient durchgängig bis auf 27 im Jahr 1979 gestiegen. Besonders stark wuchs er Ende der 1990er- und Anfang der 2000er-Jahre: Innerhalb von 8 Jahren zwischen 1998 und 2006 stieg er von 25 auf 33, rechnen die Statisten vor. Woran liegt's?

Wir werden immer älter – aber warum?
Dass wir heute so viel älter werden als die Generationen unserer Urgroßväter und -mütter hat selbstverständlich Gründe. Ein wesentlicher ist sicherlich der medizinische Fortschritt. Viele Krankheiten, die uns noch vor 100 Jahren das Leben gekostet hätten, gibt es schlicht nicht mehr oder sind deutlich besser behandelbar als damals. Hinzu kommt: Der menschliche Körper ist immer besser durchschaubar,

das Verständnis für sein Funktionieren wird immer besser. Und: Wir wissen immer besser, was uns gut tut und was uns schadet. Denken Sie an das Rauchen. Noch in den 1970er-Jahren sind wir im Fernsehalltag kaum an dem in die Luft gehenden HB-Männchen vorbeigekommen, heute ist dieses Narrativ der beruhigenden Zigarette längst verschwunden. Rauchen ist kaum noch akzeptiert. Unsere Lebenserwartung steigt. Und zwar ständig. Übrigens eine Tatsache, die viele am eigenen Alter nicht messen können. Die meisten Menschen unterschätzen ihre Lebenserwartung deutlich, stellt eine Studie des Munich Center for the Economics of Aging (MEA) fest. Bis zu 7 Jahre liegen Männer und Frauen bei der Erwartung des eigenen Sterbealters daneben. Übrigens kein deutsches Phänomen: Grundsätzlich falle es auch Amerikanern schwer, die eigene (statistische) Lebenserwartung abzuschätzen. Das jedenfalls belegt eine Erhebung der University of California in San Francisco aus dem Jahr 2015. Jeder dritte Befragte tippt beim statistisch errechneten Lebensende falsch. Nicht zuletzt dank des medizinischen Fortschritts werden Frauen heute im Schnitt 83,4 Jahre alt, Männer 78,6 Jahre. Dabei wird es nicht bleiben. „Jedes zweite Kind, das heute geboren wird, erlebt seinen 103. Geburtstag," prognostizierte James W. Vaupel, Direktor des Max-Planck-Instituts für demografische Forschung in Rostock, bereits 2014.

Neben dem medizinischen Fortschritt ist eine zweite Ursache für unser Älterwerden in der bewussteren Gestaltung des individuellen Lebens zu finden: Wir ernähren uns bewusster und leben gesünder als es noch unsere Eltern getan haben. So sinkt der Fleischkonsum der Menschen seit Jahren, Obst und Gemüse stehen dagegen immer öfter auf dem Speiseplan. Das belegen auch die Zahlen: Mit über

95 Kilogramm Obst und Gemüse pro Jahr und Kopf hat sich der Konsum der gesunden Lebensmittel seit 1935 nahezu verdoppelt. Neben einer ausgewogeneren Ernährung setzen wir heute auch alle auf eine gesündere Lebensweise: Wir setzen auf Sport und Fitness, bewegen uns mehr und geben der Gewichtszunahme kaum noch eine Chance. Früher war der Wohlstandsbauch durchaus gesellschaftlich akzeptiert – zeigte er doch, dass man was hatte... Heute ist das deutlich anders: Wer gelten will, ist sportlich aktiv, hält sich fit, spielt Tennis oder Golf. Der Wohlstandsbauch ist passé.

Ein weiterer wesentlicher Aspekt führt zu wachsenden Lebenserwartungen: Uns geht es immer besser. Unser Wohlstand nimmt beständig zu. Die unschöne Begleiterscheinung (auch das übrigens ein besonderes Phänomen unserer Tage): Die Reichen werden immer reicher, die Armen immer ärmer. Fakt ist aber: Uns als Gesellschaft geht es in Summe gut. Wir können uns eine angemessene Gesundheitsversorgung leisten – selbst bei allen Abstrichen, die wir hier in den vergangenen Jahren hingenommen haben, ist unser Gesundheitssystem immer noch eines, das deutlich besser funktioniert als in vielen anderen Ländern dieser Welt. Und: Nahezu jeder kann davon profitieren. Das gilt auch für unser annähernd gut funktionierendes Sozialsystem, das sicherstellt, dass möglichst keiner durch das gesellschaftliche Auffangnetz fliegt.

Ein letztes Teil im Lebenserwartungspuzzle ist unser Bildungsniveau. Das nämlich steigt seit Jahren. Und führt zu längerem Leben. Denn je höher dieses Niveau, desto eher steigt auch die Lebenserwartung. Gebildete Menschen, das jedenfalls belegen die Statistiken, leben gesünder – und länger. Auch arbeitstechnisch haben wir uns zum Wohle unseres Lebens weiterentwickelt. Waren 78-Stunden-Wochen

um 1870 eher die Regel denn die Ausnahme, haben es Arbeitnehmer heute deutlich leichter. Die 40-Stunden-Woche
maximal und ein umfangreiches Arbeitsschutzgesetz erlauben einen deutlich entspannteren Arbeitsalltag als damals.
Auch unser Sozialsystem ist mit seinen Aufgaben gewachsen, bietet Schutz vor Armut und ein menschenwürdiges
Existenzminimum.

Das Gesicht der Welt verändert sich

Die Bundeszentrale für politische Bildung (bpb) stellt in
ihrem Dossier zum demografischen Wandel fest: Migration,
Urbanisierung und demografischer Wandel verändern das
Gesicht der Welt. Die Weltbevölkerung wird bis zum Jahr
2050 von heute 8 Milliarden Menschen auf voraussichtlich
10 Milliarden anwachsen. Dabei werden mit Ausnahme von
Europa alle Kontinente stärker bevölkert werden, vor allem
Afrika. Zugleich wandelt sich die Altersstruktur der Weltbevölkerung: Wird sie in der ganzen Welt immer älter, bleibt
sie gleichzeitig in Subsahara-Afrika jünger. Dort, so stellt
die bpb fest, sind noch 43 Prozent der Bevölkerung jünger
als 15 Jahre.

Wie es weitergehen wird, wie sich das Gesicht der Welt
langfristig verändern wird, das wissen die Vereinten Nationen – und hier ein Team aus 12 Wissenschaftlern. Dieses
Team, mit Sitz in New York und unter der Leitung eines
deutschen ehemaligen Bildjournalisten, wertet regelmäßig
die relevanten Daten zur Entwicklung der Weltbevölkerung
aus. Das statistische Modell, das diesen Berechnungen
zugrunde liegt, ist kompliziert, aber eigentlich auch nicht,
stellt die bpb fest. Denn es lässt sich auf diese schlichte Formel herunterbrechen: Die Bevölkerungszahl des nächsten
Jahres entspricht jener des derzeitigen Jahres plus Geburten

minus Todesfälle. Das lässt sich dann, basierend auf Wahrscheinlichkeiten, Jahr für Jahr weiterrechnen. Bis zum Jahr 2100 zeigen die Vereinten Nationen, wie es weitergeht. Alle zwei Jahre lassen sie die Welt an ihren Erkenntnissen teilhaben. Die letzten Zahlen zeigen sehr deutlich vor allem eins: Während die westliche Welt immer älter wird und nur noch wenig wächst, wachsen andere weiter und werden so zum Objekt der Begierde. Es beginnt ein Wettbewerb um Einwanderer. Um junge Menschen, die vor allem aus Afrika kommen werden.

Wir müssen uns darauf vorbereiten und die Zuwanderung als das neue Normal akzeptieren

Man bedenke, dass zur Zeit vor Christi Geburt gerade einmal knapp 0,2 Milliarden Menschen den Globus bevölkerten, um 1800 die erste Milliarde und 1928 die zweite Milliardengrenze überschritten wurde.

Damit dauerte es keine 100 Jahre, bis im November 2022 die 8-Milliarden-Grenze erreicht war. Laut UN werden bis Ende des Jahrhunderts über 4 Milliarden Menschen allein in Afrika leben, das entspricht etwa 40 Prozent der Weltbevölkerung, wobei 50 Prozent aller neugeborenen Menschen vor allem aus der Subsahara-Region aus den Ländern Nigeria, Mali, Tschad, Sudan oder Äthiopien stammen werden. Nur mit hohen Investitionen vor Ort in Bildung, Gesundheit und wirtschaftliche Entwicklung wird man den prognostizierten Höchststand der UNO von 10,4 Milliarden Menschen in 2080 deutlich früher unterschreiten und reduzieren können.

Dem Alter eine Chance –
gegen den Fachkräftemangel

„Gebt den Älteren eine echte Chance!", so titelte die Stuttgarter Zeitung in einem Kommentar am 14. Dezember 2022. Im Fokus des Beitrags: der Fachkräftemangel. Unternehmen, so der Kommentar des schwäbischen Blatts, klagen über den Fachkräftemangel – doch sie tragen mitunter selbst dazu bei.

Der Fachkräftemangel wirkt sich zunehmend auf den Standort und die Wettbewerbsfähigkeit in Deutschland aus. Überall wird über den Mangel an spezialisierten Fachkräften geklagt. Und die Stellschrauben, an denen noch gedreht werden kann, sind überschaubar. Natürlich kann man noch weiter und gezielter aus dem vorhandenen Potenzial von Frauen schöpfen und ihren Anteil an Berufs- und Erwerbstätigkeit weiter stärken. Das setzt aber voraus, dass es noch mehr Angebote zur Vereinbarkeit von Beruf und Familie gibt. Daneben halten die Wirtschaftsweisen in ihrem diesjährigen Jahresgutachten 2022 eine höhere Erwerbsmigration zur Stabilisierung des Erwerbspersonenpotenzials für unverzichtbar. Und sicherlich ergeben sich aus annähernd 2 Millionen Arbeitslosen durch Vermittlung, Weiterbildung und Umschulung weitere Reserven.

Aktuell gibt es in vielen Branchen bereits einen enormen und beträchtlichen Fachkräftemangel, der den Wirtschaftsstandort gefährdet, Wachstum reduziert und Sozialversicherungen belastet. Eckpunkte hat die Bundesregierung auch für die Einwanderung präsentiert, wobei der Bundesarbeitsminister darauf verwiesen hat, dass Deutschland „kluge Köpfe und helfende Hände" auch aus anderen Ländern braucht, um wirtschaftlich erfolgreich zu bleiben. Allerdings bin ich überzeugt, dass das Problem mit Fast-Food-

Angeboten zu rascher Einbürgerung nach 3 Jahren nicht gelöst werden kann. Einbürgerung sollte auch am Ende des Integrationsprozesses und nicht am Anfang stehen. Natürlich muss auch die Bundesregierung in Sachen Anerkennung ausländischer Berufsabschlüsse oder Visa rascher handeln als bislang. Ein Beispiel: Gerade bei Fachkräften aus dem Balkan habe ich erlebt, dass Facharbeiter für eine Landschaftsgartenbaufirma nicht nur Monate, sondern Jahre auf ihr Visum gewartet haben, weil das Auswärtige Amt nicht in der Lage war, vor Ort, zum Beispiel im Kosovo, schnell genug ein Visum zu erteilen. Dabei müssen wir vermeiden, dass wir immer stärker in eine Welt der Knappheit – auch bei den Fachkräften – rutschen. Dazu gehört, dass wir in Deutschland für begehrte Fachkräfte vor allem bei der Zuwanderung in den Arbeitsmarkt attraktiver werden. Bislang rangiert Deutschland in Bezug Attraktivität der Fachkräftezuwanderung im europäischen Vergleich lediglich auf Platz 14.

Und noch ein Aspekt erscheint mir in diesem Zusammenhang wesentlich: Wenn wir weniger Menschen im Erwerbsalter haben, dann muss auch das Rentenalter steigen – besonders vor dem Hintergrund einer steigenden Lebenserwartung. Jeden Tag steigt die Lebenserwartung um 4 Stunden. Das heißt, die Zahl der über 100-Jährigen nimmt zu. Wir werden älter. Logische Konsequenz für mich: Auch das Rentenalter muss steigen.

Dabei ist das tatsächliche und nicht das gesetzliche Rentenalter entscheidend. Bereits vor über einer Dekade hatte ich (damals als Bundesratsminister in der Landesvertretung Baden-Württemberg) mit dem damaligen Bundespräsidenten Horst Köhler einen Demografie-Kongress in Berlin als Gastgeber mitorganisiert. Und schon bei dieser Veranstaltung haben wir drei Tage lang mit Experten das immer bri-

santer werdende Thema diskutiert und auf die Folgen hingewiesen. Unsere Gesellschaften „veralten", die jüngeren
Generationen schrumpfen. Und das bei wachsender Weltbevölkerung, die seit Kurzem über 8 Milliarden Menschen
umfasst. Zur Erinnerung: Als Jesus geboren wurde, hatte der
Planet 0,2 Milliarden Menschen, vor nicht einmal 100 Jahren
hatten wir gerade die 2-Milliarden-Grenze überschritten.

Die Bevölkerung hat sich also in den letzten rund 100
Jahren vervierfacht. Und es wird weiterhin einen größeren
Zuwachs geben. Etwa in Afrika, insbesondere im Sub-Sahara-
Gebiet, wo eine Frau im Durchschnitt zwischen fünf und
sechs Kinder auf die Welt bringt. Im weltweiten Vergleich
sind es zwischen zwei und drei, in Deutschland zwischen eins
und zwei. Fakt ist: Wir werden nicht nur immer älter, sondern auch mehr. Vor diesem Hintergrund ist der Ruf nach
Anpassung des Rentenalters für mich nicht verwunderlich
und findet immer mehr prominente Fürsprecher.

Klar ist, dass das Umlagesystem in der Rente durch den
demografischen Wandel ins Wanken geraten ist und alle Ver-
antwortlichen, Parteien, Regierungen, Verbände, die Gesellschaft, Sozialversicherungen, wissenschaftliche Beiräte
gefordert sind, das Reformthema nicht länger aufzuschieben.
Jüngst wies Kanzler Olaf Scholz darauf hin, dass der Trend
zur Frühverrentung gestoppt werden müsse. Recht hat er.
Ein Trend, der allerdings in der Merkel-Regierung gemeinsam mit der SPD noch befeuert wurde. Ich erinnere mich, als
ich in Berlin bei einem Treffen anlässlich der Verabschiedung
des Koalitionsvertrages nach den Bundestagswahlen 2013 die
Verabredungen über abschlagsfreie Rente nach einer Versi-
cherungszeit von 45 Jahren – und damit die Möglichkeit mit
63 abschlagsfrei in Rente zu gehen – kritisiert habe. Denn
schon damals war absehbar, dass der demografische Wandel

das Rentensystem vor enorme Belastungen stellen wird, erst recht, wenn die Menschen erfreulicherweise immer älter werden und weniger Jüngere nachrücken, die die Beiträge zahlen. Erst recht, wenn die jetzigen Babyboomer-Jahrgänge in der kommenden Dekade nach und nach in Rente gehen und damit das Verhältnis von Arbeitnehmern zu Rentnern zunehmend unausgewogener wird.

Während 1960 noch sechs Arbeitnehmer auf einen Rentner kamen und die durchschnittliche Zeit im Rentenalter unter 10 Jahren lag, so hat sich dies völlig verändert und beläuft sich bereits jetzt nur noch auf rund zwei Beitragszahler auf einen Rentner mit der Tendenz zu weiterer Verringerung.

Die Stiftung Marktwirtschaft und ihr wissenschaftlicher Beirat hatten auch vor der Wahl 2021 erneut zur Diskussion gestellt, dass man das Rentenalter dynamisch an die steigende Lebenserwartung koppeln soll. Mein Vorschlag dazu war immer, dass man bei einem Jahr zusätzlicher Lebenserwartung zwei Drittel in die Erwerbszeit und ein Drittel in die Rentenzeit geben sollte. Bislang scheuen sich immer noch alle Parteien, mit konkreten, klaren, zielführenden Gesetzesvorschlägen die Debatte mit zukunftsfähigen Lösungen zu Ergebnissen zu führen. Ein Drama angesichts der demografischen Lage, wie ich finde.

Auch die Frankfurter Allgemeine Sonntagszeitung (F.A.S) titelte im Februar dieses Jahres: „Wir arbeiten immer weniger." Die Arbeitszeit gehe seit Jahrzehnten immer weiter zurück auf mittlerweile durchschnittlich 1.349 Arbeitsstunden in Deutschland. Demgegenüber arbeite man in den USA 1.791 und in Mexiko gar 2.128 Arbeitsstunden im Jahr. In Deutschland hängt dies natürlich auch damit zusammen, dass die Zahl der Teilzeitbeschäftigten seit der Wiedervereinigung um über 10 Millionen gewachsen ist, bei den Lehrerinnen und Lehrern mittlerweile sogar auf 41 Prozent.

Mögliche Lösungsansätze: Fachkräfte aus dem Ausland
Auf dem richtigen Weg befindet sich aktuell das Goethe-Institut, das Fachkräftezuwanderung aus dem Ausland nach Deutschland unterstützen möchte. Der Schlüssel zu einer erfolgreichen Zuwanderung sei allerdings das Erlernen der deutschen Sprache und die „Vor-Integration" der Menschen, räumte dessen Generalsekretär Johannes Ebert kürzlich in Berlin ein. Im Herbst 2022 hatte die Bundesregierung eine neue Fachkräftestrategie beschlossen, bei der es um eine erleichterte Zuwanderung für qualifizierte Fachkräfte geht. Als Minister für Internationale Beziehungen des Landes Baden-Württemberg habe ich oft vor Ort im Ausland erlebt, wie wichtig es ist, dass Deutschunterricht auch an ausländischen Schulen angeboten und gefördert wird. Genauso gehören dazu Fortbildungen für Lehrkräfte im Ausland. Ich habe hier sehr motivierte Lehrerinnen und Lehrer aus Deutschland erlebt, die vor Ort in den Schulen Deutsch unterrichtet haben. Das Goethe-Institut ist derzeit mit 158 Einrichtungen in 98 Ländern präsent. Sein Auftrag ist die Förderung der deutschen Sprache im Ausland und die Pflege der internationalen Zusammenarbeit sowie die Vermittlung eines aktuellen Deutschlandbildes. Gerade wenn zielorientiert die richtigen, begehrten Fachkräfte vor Ort schon mit dem Erlernen der deutschen Sprache ausgebildet werden, kann das aus meiner Sicht eine optimale Brücke für den späteren Eintritt in den deutschen Arbeitsmarkt und damit eine Lösung für den Fachkräftemangel darstellen, zumal wir in Deutschland bei der Zuwanderung von wirklichen Fachkräften in Sachen Attraktivität bislang nur auf Platz 14 rangieren.

Kleiner Exkurs: Best Practice

Ein etabliertes Programm zur Gewinnung ausländischer Fachkräfte, zum Beispiel Pflegefachkräfte, unterstützt das Land Baden-Württemberg zusammen mit der Bundesagentur für Arbeit. Neben Aus- und Fortbildung bei der Rekrutierung von Fachkräften aus dem Ausland ist das Programm „Triple Win" aufgelegt worden. „Triple Win" verfolgt zwei Ansätze, um den Voraussetzungen in den Herkunftsländern und den Anforderungen in Deutschland gerecht zu werden: Aus verschiedenen Drittstaaten werden bereits ausgebildete Fachkräfte, wie zum Beispiel Pflegefachkräfte, vermittelt. Sie durchlaufen in Deutschland eine sogenannte Anerkennungsqualifizierung. So kommen zum Beispiel aus Vietnam junge Menschen mit Vorerfahrungen in der Pflege für eine dreijährige generalistische Pflegeausbildung und spätere Weiterbeschäftigung. Aktuelle weitere „Triple Win"-Partnerländer sind Bosnien-Herzegowina, Indonesien, die Philippinen, Tunesien und Jordanien. Träger des Programms sind die Zentrale Auslands- und Fachvermittlung (ZAV) der Bundesagentur für Arbeit und die Deutsche Gesellschaft für internationale Zusammenarbeit (GIZ). Organisiert werden außerdem Deutschkurse für potenzielle Pflegefachkräfte in deren Herkunftsland, die den Integrationsprozess nach der Ankunft dann erleichtern und beschleunigen sollen. In Baden-Württemberg wird sich künftig auch die Landesregierung an „Triple Win" beteiligen. Mit dieser Beteiligung sollen die Sprachkurse in den Herkunftsländern finanziert werden, wie im August 2022 auch in einer Landespressekonferenz bekannt gegeben wurde. Dieser Weg ist aus meiner Sicht eine zielführende Möglichkeit, gute Fachkräfte aus dem Ausland für den Arbeitsmarkt vorzubereiten und dann zu integrieren. Allein im Bereich der Pflegefachkräfte wurden in den vergangenen

4 Jahren immerhin mehr als 770 Menschen auf diese Weise zusätzlich gewonnen und rekrutiert.

Aber auch neue Vorschläge zur Bekämpfung des Facharbeitermangels dürfen kein Tabu sein. Dazu zähle ich Steuerfreiheit für arbeitende Rentner oder zumindest besondere Anreizsysteme. Zunehmend wird in der Politik endlich die Frage gestellt: Wieso lassen wir es zu, dass jedes Jahr 100.000 Fachkräfte vorzeitig in Rente gehen, obwohl sie häufig noch topfit sind, Spaß an der Arbeit haben und sogar gerne länger arbeiten würden und wollen? Oft lohne es sich jedoch nicht mehr. Gäbe es hier mehr Steueranreize oder -befreiungen, sodass nur noch die Sozialversicherungsbeiträge zu entrichten wären, könnte auf jeden Fall ein Win-win-Prinzip entstehen für: Die Fachkraft selbst, aber ebenso Arbeitgeber, Gesellschaft und zusätzlich noch Staat und Wirtschaft könnten von der zunehmenden Kaufkraft und Wertschöpfung profitieren.

Ohnehin wird Arbeit demografisch bedingt auch teurer werden – und zwar auch ohne Streiks. Denn auf die Inflation wird eine Inflation der Lohnforderung, sei es mit oder auch ohne Streiks, ähnlich wie bereits in Großbritannien und Frankreich – in Deutschland auf uns zukommen, was Ralph Bollmann in der F.A.S. am 12.02.2023 prognostiziert. Denn Arbeitsnachfrage und Arbeitsangebot werden sich ausgleichen wie auf anderen Märkten auch, da die Macht der Demografie ein Faktum ist und damit sogar mehr als eine Lohn-Preis-Spirale traditioneller Art die Wucht der Gehaltsforderungen verstärken wird, ob mit oder ohne Gewerkschaften. Die Generalstreiks von ver.di bei Bus, Bahn und Flughäfen im Frühjahr 2023 gaben hierzu einen ersten Vorgeschmack.

Auch der Verband Deutscher Maschinen- und Anlagenbau wies über seinen Präsidenten Karl Haeusgen darauf hin, dass prall gefüllte Auftragsbücher vorliegen, aber zu wenige Mitarbeitende da sind, um die Bestellungen abzuarbeiten. Nur wenn man dem Fachkräftemangel begegnet, wird sich diese Situation nicht weiter verschärfen. Allein 680.000 unbesetzte Facharbeiterstellen meldete die Wirtschaft bereits im April 2023.

Neben der weiteren Zunahme der Produktivität (s.o.) um 18 Prozent in den letzten 20 Jahren wird die Zukunft auch weitere Jobs durch den Computer und Künstliche Intelligenz ersetzen. ChatGPT kann hier nur ein Beispiel sein. KI wird damit in manchen Bereichen den Fachkräftemangel durchaus lindern können. Schon immer haben Automatisierung und technologischer Fortschritt oder auch Robotik den Menschen schwere oder auch wiederkehrende Arbeiten abgenommen. Arbeit verändert sich ständig. Veränderungsbereitschaft war hier – jetzt auch bei der KI – schon immer gefordert. Deshalb ist es an der Zeit, Ängste vor der Digitalisierung abzulegen und auch ihre zahlreichen Vorteile zu erkennen. Die Digitalisierung hat unsere Arbeitswelt verändert, aber auch eine Fülle von Chancen eröffnet, von denen insbesondere auch der Mittelstand profitieren kann. Eine der faszinierendsten Entwicklungen in diesem Bereich ist eben auch die Einführung von Künstlicher Intelligenz – und hierbei zum Beispiel eben ChatGPT – die das Potentzial hat, die Art und Weise, wie Unternehmen kommunizieren und interagieren, grundlegend zu verändern. Beispielgebend ist hierbei eine Initiative des Bundesverbands mittelständische Wirtschaft (BVMW) in Zusammenarbeit mit Microsoft Deutschland. Dort wurde als innovative, digitale Bildungsplattform der Business Campus Digital (BCD) ins Leben gerufen, um die Digitalisierung der betrieblichen Weiterbildung im Mittelstand zu revolutionieren, die Attraktivität kleiner und mittlerer Unternehmen zu steigern und dabei zu helfen, den Fachkräftemangel zu bekämpfen. Vergleichen wir nur, was eine Sekretärin im letzten Jahrhundert gemacht hat, mit den Aufgaben des persönlichen Assistenten von heute, meinte kürzlich zu Recht die F.A.S. (05.03.2023). Über 50 Prozent der Berufe, die die Schüler von heute einmal ausüben werden, gibt es noch gar nicht.

Und natürlich wird man Digitalisierung, Demografie und Automatisierung in Zukunft stärker zusammenführen. Ähnliches gilt für die Frauenerwerbstätigkeit: Es sind zwar 72 Prozent der Frauen berufstätig, aber „bei der Frage, wie viele Stunden sie arbeiten, liegen wir EU-weit nur im unteren Mittelfeld, so dass weniger Teilzeit schon mal ein Anfang wäre", meinte kürzlich die neue Chefin der Agentur für Arbeit, Andrea Nahles in der F.A.S. (05.02.23).

Allerdings wird man beim zunehmenden Facharbeitermangel (und wir stehen hier erst am Anfang) auch in Deutschland an weiteren Stellschrauben ansetzen müssen. Denn bei 1,8 Millionen offenen Stellen reicht es nicht aus, wenn der Bundesarbeitsminister wie in diesem Jahr nach Ghana fährt, um dem Problem Herr zu werden. Neben den erwähnten 1.349 Stunden Jahresarbeitszeit, die ein durchschnittlicher Beschäftigter in Deutschland arbeitet (im Übrigen weniger als in jedem anderen Industrieland) kommt ein demotivierendes Steuersystem hinzu. Es demotiviert viele Ehepartner, ihre Erwerbstätigkeit auszuweiten, und ebenso viele Beschäftigte, Überstunden zu machen, da sich diese aus ihrer Sicht nicht lohnen. Viele Arbeitnehmer ziehen wegen der höchsten Steuer- und Abgabenlast Länder wie die USA, die Schweiz oder Kanada gegenüber Deutschland vor. Leistungsgerechtigkeit ideologiefrei unter dem Gesichtspunkt der Standortattraktivität zu diskutieren, würde hier in der Diskussion gegen den Personalmangel schon weiterhelfen (vgl. WELT vom 06.02.2023).

Hinzu kommt die weitere stille Reserve der Teilzeit

Trotz Höchststand der Beschäftigten hat die Zahl der Vollzeitbeschäftigten um drei Millionen abgenommen, während die Zahl der Teilzeitbeschäftigten in Deutschland in den letzten drei Dekaden um rund zehn Millionen gewachsen ist.

Debatten um Steuererklärungen und Beitragserhöhungen im Hochsteuerland Deutschland betrachte ich deshalb als kontraproduktiv. Denn bekanntlich ist der zunehmende Steuerregen ohnehin der einzige Regen, der schon verdunstet ist, bevor er den Boden erreicht.

Angesichts der demografischen Entwicklung sind die nachhaltige Gewinnung und Sicherung qualifizierter Fachkräfte die zentrale Herausforderung für unseren Wirtschaftsstandort, aber auch für unsere Wettbewerbsfähigkeit und die Stabilität unserer Sozialversicherungssysteme. Trotz aktuell höchstem Beschäftigungsstand – eine Zunahme von rund 30 Prozent der sozialversicherungspflichtig Beschäftigten allein von 2006 bis 2022, zum Beispiel in Baden-Württemberg – wird es enorme Anstrengungen bedürfen, mit Weiterbildung und Qualifizierung die Chancen der technologischen Transformation, Digitalisierung und Dekarbonisierung wahrzunehmen.

„Die Rentenreform ist nötig, um das Sozialsystem zu erhalten und dabei Steuererhöhungen zu vermeiden. Franzosen sollten mehr arbeiten."

Frankreichs Staatspräsident Emmanuel Macron in seinem „Bewerbungsschreiben" zur Wiederwahl, März 2022

Der Blick über den Zaun

Wie halten es unsere Nachbarn mit der Rente. Und: Können wir davon lernen?

Nicht selten hilft der Blick über den eigenen Tellerrand – dann jedenfalls, wenn man nach praktikablen Lösungen für ein hausgemachtes Problem sucht. Und wir müssen gar nicht weit blicken, wenn es um Modell-Lösungen geht. Einmal nach Westen: Hier ist es vor allem Belgien, das mit einem soliden Rentensystem auftrumpfen kann. Auch die Niederlande tauchen immer wieder in den Best-practice-Übersichten zur Rente auf. Im Norden werden wir ebenfalls fündig: Hier sind es Schweden und Dänemark, aber auch Norwegen, deren Rentner und Rentnerinnen von einem durchdachten System profitieren können. Basis für die Bewertungen sind verschiedene Untersuchungen, die die Rentenmodelle der westlichen Welt unter die Lupe genommen haben. Eine Studie kommt von der Allianz. Der Versicherungskonzern hat sich in seinem „Allianz Global Pension Report 2020" in 70 Ländern umgeschaut und die existierenden Ansätze miteinander verglichen. Zwei Fragen geht diese Studie nach: Sorgt das jeweilige Modell für einen auskömmlichen letzten Lebensabschnitt? Und: Ist es zukunftsfähig? Das heißt, ist es langfristig finanzierbar? Vor allem der Norden mit Dänemark und Schweden ist hier bestens aufgestellt, konstatieren die Studienmacher. Auch Belgien landet in den Top 3. Deutschland ist mit Platz 26 eher abgeschlagen im Mittelfeld zu finden. Frankreich liegt auf Platz 51 – noch hinter Ägypten oder Kolumbien. Trotz dieser Platzierung wehren sich die Franzosen mit Demonstrationen vehement gegen Macrons Vorschläge einer auch dort dringenden Rentenreform. Die wurde durchgesetzt – allerdings per Ausnahmevorschrift und gegen breiteste Widerstände auf der Straße. Es gibt, so ein weiterer Schluss der Studie, ein deutliches Gefälle zwischen dem reichen Westen auf der einen Seite und den Entwicklungsbeziehungsweise Schwellenländern auf der anderen Seite. Mit einigen Ausnahmen: Vier der sechs am schlechtesten bewerteten Systeme stammen aus den reichen Ölstaaten Saudi-Arabien, Bahrain, Katar und den Vereinigten Arabischen Emiraten. Die Ölstaaten rangieren damit neben deutlich ärmeren Staaten wie Kenia, Laos oder dem Libanon, die die Schlusslichter des Renten-Rankings bilden.

Basis der Erhebung sind etwa 30 Kriterien in drei Kategorien. So prüften die Studienmacher zunächst den Status quo und fragten etwa nach dem Alter der Bevölkerung und dem finanziellen Spielraum des jeweiligen Staates für weitere Reformen. Nicht verwunderlich: Die europäischen Sorgenkinder Griechenland, Italien, Portugal und Spanien sind auch in Sachen Rente eher schlecht aufgestellt. In der zweiten Kategorie betrachtet die Studie das Thema Nachhaltigkeit, fragt also danach, wie gut und ob das Rentensystem auf steigende Belastungen vorbereitet ist. Mitgedacht werden in diesem Zusammenhang vor allem der demografische Faktor und der Altersquotient: Wer arbeitet wie lange? In dieser Kategorie punkten vor allem die Länder, die das Renteneintrittsalter bereits an die demografischen Gegebenheiten angepasst haben. Tschechien etwa, das die Altersgrenze für den Bezug der Rente bereits auf 68 Jahre ausgeweitet hat. Auch Schweden macht hier Boden gut: Hier beginnt das Rentnerdasein bei vollen Bezügen erst mit 69 Jahren. Die Begründung der Schweden für diese Anpassung: die steigende Lebenserwartung. Auch Italien hat das Eintrittsalter so weit angepasst, dass das Verhältnis zwischen Erwerbstätigen und Pensionären zumindest ungefähr stabil bleibt. Immerhin. Deutschland schafft es in diesem Zusammenhang lediglich auf Platz 21 im Allianz-Ranking. Um hier entsprechend gegenzusteuern, bedarf es einer Anpassung des Eintrittsalters – wie in dem bereits erwähnten Vorschlag der Bundesbank formuliert. An der Rente mit 70 werden wir wohl mittelfristig nicht mehr vorbeikommen.

In einer dritten Kategorie prüfte der Report die Angemessenheit des Lebensstandards und untersuchte in diesem Zusammenhang, ob die Renten für einen angemessenen Lebensstandard reichen. So fragten die Autoren: Deckt das Rentensystem ein auskömmliches Einkommen, und zwar für möglichst viele alte Menschen? Gibt es neben der umlagefinanzierten Rente auch eine kapitalgedeckte Vorsorge? Auch die Höhe des Vermögens der Menschen war hier ausschlaggebend. Wieder sind es die Niederlande, die mit ihrem Modell ganz oben im Ranking landen. Neben Neuseeland und Japan übrigens. Auch Österreich und die Schweiz agieren so vorbildlich, dass sie in den Top 10 landen. Deutschland landet auch hier erneut im Mittelfeld: Mehr als Rang 24 ist nicht drin. Deutliche Empfehlung der Studie: Anhebung des Renteneintrittsalters. Allerdings nicht um jeden Preis, sondern kombiniert mit zusätzlichen Maßnahmen, wie etwa der Ausdehnung der Gesundheitsvorsorge, dem Aufbau lebenslanger Qualifizierungsmaßnahmen und entsprechender Regelungen des Arbeitsmarktes.

Das Modell der Einheitsrente+

Unsere dänischen Nachbarn (ebenso wie die Niederländer) setzen auf die Einheitsrente. Sie ist für alle gleich und nicht an das ursprüngliche Einkommen gekoppelt. Einzige Bedingung: 40 Jahre (beziehungsweise 50 Jahre in den Niederlanden) muss man im Land gelebt haben. Schon diese Bezüge liegen höher als die deutsche Durchschnittsrente. Die dänische Volkspension zahlt pro Nase etwa 842 Euro, je nach Familienstand mit ergänzenden Zulagen. Ergänzt und aufgestockt wird der Sockelbetrag durch verpflichtende private und betriebliche Vorsorge gespeist aus dem Kapitalmarkt. Im Schnitt, errechnet die OECD, erhalten dänische Bürger eine Rente, die in etwa 80 Prozent ihres letzten Nettoverdienstes entspricht. Für die Nachhaltigkeit des dänischen Erfolgsmodells wird das Renteneintrittsalter schrittweise auf 68 angepasst. Auch das 70. Lebensjahr denken die Dänen bereits an.

Ähnlich agieren auch die Schweden – die übrigens in der Allianz-Studie (und nicht nur dort) den absoluten Spitzenplatz belegen. Das Modell der Nordlichter ist simpel und sieht zumindest auf dem Papier erst einmal so aus wie das deutsche: Drei Säulen tragen die Rente, staatliche Rente, Betriebsrente und private Vorsorge. Anders als in Deutschland aber fließen hier Teile der Rentenbeiträge in den Kapitalmarkt, in Fonds. Welche das sind, ist den Schweden selbst überlassen. Lediglich die Verpflichtung, dort zu investieren, hat jeder Bürger des Landes. Wer sich übrigens nicht aktiv entscheidet, dessen Anteile fließen in den staatlichen Fonds AP7, der inzwischen über 65 Milliarden Euro schwer ist. Leben müssen die Menschen damit, dass der Fonds in der Ansparphase (bis zum 55. Lebensjahr der Beitragszahler) zu 100 Prozent in Aktien investiert, erst dann konzentriert sich die Anlage auf festverzinsliche Papiere. Die lange Ansparphase ist risikoreich – aber natürlich auch renditeträchtig. Die meist vorsichtigen Deutschen hätten sicher mit dem risikoträchtigen Aktieninvestment ihre Schwierigkeiten, die Schweden allerdings kaum. Die meisten setzen ohnehin auf den allgemein anerkannten AP7.

Die Skandinavier haben ihr Rentensystem übrigens bereits in den 1990er-Jahren umgekrempelt. Standen sie doch damals, ebenso wie fast alle europäischen Länder, vor dem Problem der zunehmenden Überalterung und immer leerer werdenden Rentenkassen. Im Positionspapier der deutschen Versicherer heißt es dazu: „Während sich Deutschland kurz nach der Jahrtausendwende dafür entschied, die private Altersvorsorge staatlich zu fördern und damit die gesetzliche Rente zu ergänzen, steuerte Schweden in eine grundlegend andere Richtung und leitete Teile der gesetzlichen Rentenbeiträge an den Kapitalmarkt um. Und es gibt noch einen weiteren wichtigen Unterschied: Die schwedische Prämienrente ist für jeden Rentenversicherten verpflichtend, während es den Deutschen freisteht, sich für ein privates Vorsorgeprodukt wie etwa die Riester-Rente zu entscheiden." Hinzu kommt: Die Schweden haben einen Alterskorridor angelegt, also einen Zeitraum definiert, in dem man in Rente gehen kann, aber nicht muss. So gilt aktuell ein Korridor von 62 bis 68 Jahren. Der Nachteil dabei: Wer sich früher in den Ruhestand verabschiedet, muss Abschläge hinnehmen – bis zu 18 Prozent weniger erhält, wer drei Jahre früher als mit 65 Jahren, dem üblichen Pensionsalter, in Rente geht. Und noch ein Aspekt in Schweden ist bemerkens- und erwähnenswert: Während in Deutschland der potenzielle Ruheständler eher selten weiß, wie hoch seine Rente in welchem Renteneintrittsalter ausfällt, können die Schweden das transparent jederzeit online nachvollziehen. Immerhin: Innerhalb des Jahres 2023 plant auch Deutschland die Einführung einer digitalen Rentenübersicht.

Auch wenn das schwedische Modell hochgelobt wird und als vorbildlich gilt: Nicht alles ist so optimal, wie es scheint. Das wissen auch die Schweden, bei denen ähnlich wie bei uns die Rentendiskussion immer wieder anschwillt. Für körperlich anstrengende Berufe, die schlicht das Renteneintrittsalter aufgrund der beruflichen Herausforderungen nicht so ohne Weiteres nach hinten verschieben können, hat auch das Nachbarland keine Lösung parat. Und für Frauen, die viel öfter Teilzeit arbeiten als Männer und damit ebenso wie in Deutschland vom Rentensystem per se vernachlässigt werden, fehlt es ebenfalls an Lösungen.

Auch die Niederlande dienen oft als Blaupause für ein gelungenes Rentenmodell. Hier erhält jeder, und zwar unabhängig davon, ob er in die Rentenkasse eingezahlt hat oder nicht, eine staatliche Basisrente, die heute bei etwas über 1.200 Euro monatlich liegt. Finanziert wird der Betrag aus den Sozialabgaben der Arbeitnehmer und teilweise aus Steuereinnahmen. Für jedes Jahr, das ein Bürger in den Niederlanden arbeitet oder wohnt, erwirbt er einen Anspruch von 2 Prozent, nach 50 Jahren ergibt sich damit der volle Anspruch. Mit einer betrieblichen Zusatzrente oder einer ergänzenden privaten Vorsorgelösung können Niederländer diese finanzielle Basis aufstocken. Allerdings: Auch unsere holländischen Nachbarn haben das Renteneintrittsalter inzwischen auf 67 angehoben. Denn auch hier gilt: Vielen Rentnern stehen immer weniger Erwerbstätige gegenüber.

Im jährlich erscheinenden „Global Pension Index" (GPI) sorgt neben den erwähnten Beispielen ein weiteres Land mit seinem Rentenmodell für Furore: Island. Erstmals 2021 bescheinigten die Analysten des Beratungshauses Mercer, die den Index anlegen, den Isländern ein Rentensystem der Spitzenklasse. Auffällig ist: Ob Arbeitnehmer, Selbstständiger oder Beamter – im isländischen Rentensystem sind alle gleich (das gilt übrigens auch für die anderen Vorzeige-Rentenländer). Und: Die betriebliche Altersvorsorge ist – ebenso wie in Dänemark – Pflicht. Der Arbeitsgeber gibt zu diesem Beitrag etwas hinzu, das Geld fließt in einen Pensionsfonds und wird angelegt. Auch im GPI schafft es Deutschland lediglich ins

Mittelfeld und kann sich knapp behaupten. Der GPI legt ähnlich wie das Allianz-Ranking ein Bewertungssystem zugrunde, das neben Nachhaltigkeit und Angemessenheit auch die Integrität, also das Vertrauen der Menschen in ihre Rentensysteme, bewertet. Rangiert Deutschland in Sachen Nachhaltigkeit nicht gerade auf den vordersten Plätzen, so kann es immerhin bei der Angemessenheit und Integrität punkten. Auch in Island ist nicht alles Gold, was glänzt. Müssen die Isländer doch im Schnitt erheblich länger arbeiten als ihre europäischen Nachbarn. 45 Jahre beträgt die isländische Lebensarbeitszeit im Durchschnitt, die deutsche dagegen knapp 40 Jahre. In der Türkei arbeiten die Menschen lediglich 27,3 Jahre, bevor sie eine Rente beziehen können.

Fakt ist: Die umlagebasierte deutsche Rente trägt so nicht mehr lange. Warum machen wir es nicht wie die Schweden und setzen – verbindlich für alle, auch für Selbstständige und Freiberufler – einen Pensionsfonds auf, in den ein Mindestbetrag eingezahlt werden muss und die freiwillige Aufstockung dieses Betrages ermöglicht wird? Ein Fonds, der in Aktien ebenso investiert wie in Wertpapiere? Der Renditen erwirtschaftet und diese später wieder einsetzt zum Wohl der einzahlenden Menschen. Transparent und für jedermann nachvollziehbar. Die Bundesregierung nimmt mit ihren Rentenplänen genau diese Gedanken auf und setzt zum einen auf die Sicherung eines stabilen Rentenniveaus von 48 Prozent und zum anderen auf die Einrichtung eines Fonds, der zusätzliches Kapital in die Kassen spülen soll. Der Kapitalstock dafür: 10 Milliarden Euro aus Haushaltsmitteln. Ein Anfang, wenn auch ein bescheidener. In meinen Augen ein sogar viel zu bescheidener Anfang. So kommentiert die Präsidentin der Deutschen Rentenversicherung, Gundula Roßbach, das Milliarden-Paket gegenüber der dpa mit den Worten: „Klar ist, dass 10 Milliarden Euro ein Beitrag sind, der die Finanzierung der Rentenversicherung nur in einer kleinen Weise flankieren kann. Wir haben einen jährlichen Haushalt von 340 Milliarden Euro." Immerhin: Trotz Ukraine-Krieg will die Regierung an ihrem Plan der Rentenstabilität und -zukunft festhalten und keine Abstriche machen. „Wir geben unsere Werte nicht auf", wird Arbeitsminister Hubertus Heil in der ZEIT vom 19. April 2022 zitiert.

„*Ältere Arbeitnehmer werden nicht für das geschätzt, was sie ihren jüngeren Kollegen voraushaben. Dabei können sich Unternehmen Altersdiskriminierung aktuell weniger leisten als jemals zuvor.*"

Johannes Bauer für die Süddeutsche Zeitung, September 2022

Oldie-Ökonomie?

Die verpasste volkswirtschaftliche Chance?

Das Jahr 2018: ein wahrlich stürmischer Start, ein unfassbar heißer Sommer, die Gelbwesten in Frankreich, eine britische Traumhochzeit (mal wieder), ein Gipfeltreffen zwischen Donald Trump und – wir hörten, sahen und staunten – Kim Jong-un. Und: das Jahr, in dem die Gruppe der über 65-Jährigen das erste Mal in der Geschichte der Menschheit größer ist als die Gruppe der unter 15-Jährigen. Eigentlich nicht überraschend und doch ein Ereignis von großer Tragweite. Denn mit der Umkehrung der Bevölkerungspyramide (immer mehr ältere Menschen, immer weniger junge) verändern sich unsere Gesellschaft, unsere Volkswirtschaft und unser Miteinander. Die Japaner – das Land mit den meisten über 65-Jährigen – haben das bereits in den 1970er-Jahren erkannt und sich intensiv mit einem Modell der Seniorenwirtschaft, der Silver Economy, und dem Seniorenmarkt auseinandergesetzt. Nicht verwunderlich: Die Silver Economy wird nahezu alle wirtschaftlichen Sektoren betreffen. Ob Energie, Telekommunikation, Wohnungsbau, Freizeit und Tourismus – sie alle tun gut daran, sich auf die älter werdenden Konsumenten, Produzenten und Arbeitnehmer einzustellen. So gilt es, spezielle Angebote zu stricken, aber auch die Arbeitsplätze und -bedingungen so zu gestalten, dass Senioren partizipieren können. Besonders attraktiv: der ältere Konsument. Denn, so stellt das Population Reference Bureau der Vereinten Nationen 2019 fest, die über 65-Jährigen sind solvent – und zwar deutlich solventer als etwa die Millennials. Mit den Oldies ist zu rechnen.

Früher umschrieb man die letzte Lebensphase gern als Phase des Rückzugs. Der Ruhestand, so schreiben dann auch die Herausgeber, Norbert F. Schneider, Andreas Mergenthaler,

Ursula M. Staudinger und Ines Sackreuther, im Vorwort zu ihrem 47. Beitrag zur Bevölkerungswissenschaft, galt als ein von sozialer und ökonomischer Zurückgezogenheit geprägter Lebensabschnitt. Das Bild ist lange überholt. Die jungen Alten sind deutlich produktiver und aktiver als die Generation meiner Großeltern etwa. Woran es liegt, habe ich bereits skizziert: Mit wachsender Lebenserwartung und hohem gesundheitlichen Standard werden wir nicht nur älter, sondern bleiben vor allem auch länger gesund. Heißt: Je gesünder ich mit zunehmendem Alter bin, desto eher bin ich auch geneigt, mich noch aktiv einzubringen – sei es in meinem gesellschaftlichen Umfeld oder als Teil der arbeitenden Bevölkerung (und zwar unabhängig ob als Angestellter oder Selbstständiger). Und: Diese jungen Alten, die Silver Surfer oder Best Ager – und auch das ist ein Fakt, den es zu berücksichtigen gilt – sind deutlich selbstbewusster als die bereits zitierte Generation meiner Großeltern. Sie wissen um ihre Bedeutung in der Alterspyramide, um ihre Rolle im Arbeitsleben über die Rente hinaus und um ihre Bedeutung als Konsumenten.

Die Macht der Silver Consumers

Menschen zwischen 50 und 70, so stellt die österreichische Wirtschaftskammer 2022 fest, sehen sich selbst in der Mitte des Lebens und wollen die besten Jahre genießen. Und das tun sie vor allem mit Produkten, die ihren Alltag und ihre Gesundheit verbessern. Vor diesem Hintergrund etwa wird sich der zweite Gesundheitsmarkt, also der, der privat finanzierte Gesundheitsprodukte und -leistungen adressiert, zu einem Milliardenmarkt entwickeln. Davon jedenfalls geht die Wirtschaftskammer unseres Nachbarlandes aus. Ganz vorn und sehr begehrt in diesem Markt: Nahrungsmittelergänzungen, gesunde Lebensmittel, Naturkosmetika und ergänzend dazu Lieferservices und Catering. Auch technologisch setzen die Best Ager inzwischen auf neueste Technologien. Muss mein Sohn seinem Großvater noch die Welt des Internets erklären, ist das für meine Generation inzwischen eine Selbstverständlichkeit geworden. Eine Selbstverständlichkeit, die ich regelmäßig nutze, etwa dann, wenn ich mir einen täglichen Überblick über die Nachrichtenlage dieser Welt verschaffe. Natürlich nutze ich das World Wide Web auch, um Lernangebote abzurufen, zu recherchieren (für dieses Buch zum Beispiel) oder um Reisen zu buchen. Fest steht: Die Nutzerzahlen der Best Ager, die vor 10 Jahren noch erschreckend gering waren, wachsen. Und: Die jungen Alten setzen dort auf neueste Technologie, wo sie den Alltag leichter macht. Das Zuhause wird nicht selten zu einem „Smart Home", das ich per App auf dem Handy elektronisch steuern kann. Auch Spielekonsolen, die den Geist und die Muskeln trainieren, sind ein Trend, den die Best Ager mitnehmen. Ein trainierter Geist steht für lebenslanges Lernen und das sorgt, wie wir wissen, für ein längeres mental gesundes Leben.

Auch in Sachen Wohnen beeinflussen die Älteren Trends und Entwicklungen. Geht es doch mit zunehmendem Alter auch darum, möglichst problemlos und lange in den eigenen vier Wänden bleiben zu können. Kein Wunder also, dass „Ambient Assisted Living" ein weiterer Megatrend für Menschen im besten Alter ist. Leicht bedienbare Küchengeräte gehören ebenso in dieses Angebot wie technische Helferlein, die das Wohnen barrierefrei machen. Wenn allerdings neuerdings die Bundesministerin häufig davon spricht, dass im Alter die vorhandenen Wohnungen und der damit verbundene Wohnraum nur besser verteilt werden müssten, wird das den Wohnungsmangel nicht beseitigen. Natürlich entstehen Probleme, wenn die Kinder ausziehen und die Eltern in der größeren Wohnung verbleiben. Aber die Wohn- und Generationenbedürfnisse ändern sich ebenso wie die

Mobilität der Generationen. Das Scheitern der Neubauprogramme von jährlich 400.000 Wohnungen kann man deshalb nicht einfach mit dem Apell „zieht auf's Land, wo Wohnungen leer stehen oder wechselt in kleinere Wohnungen" lösen. Allein schon die höhere Lebenserwartung sowie die Tatsache, dass Banken ab einem bestimmten Alter keine Sanierungs- und Wohnbaukredite mehr vergeben, bedarf neuen Denkens und Reformen mit klügeren Lösungen.

Auch die Nachfrage nach Hausmeister- oder Lieferservices wächst. Für all das nehmen ältere Menschen ab 50 bewusst mehr Geld in die Hand als mit 20 oder 30. Das jedenfalls stellt die deutsche Onlineplattform für Statistik, Statista, 2022 fest. Danach erklären 64 Prozent der vom Institut befragten über 50-Jährigen, dass sie Markenprodukte schätzen, und 50 Prozent sagten, dass sie für ein Markenprodukt auch gern etwas mehr Geld in die Hand nehmen. Zum Vergleich: In ihren Zwanzigern hätten das lediglich 19 Prozent getan, in ihren Dreißigern immerhin schon 32 Prozent. Mit zunehmendem Alter wächst also, wenn wir dieser Statistik Glauben schenken, das Bedürfnis nach Markenprodukten. Wohl den Anbietern, die das verstanden haben.

Verstanden haben es offensichtlich Reise- und Tourismusunternehmen. Immer mehr Anbieter dieser Branche stricken besondere Angebote für das beste Alter, setzen etwa auf Kombipakete, die Kultur mit Gesundheit verknüpfen. Auch das Hotelgewerbe hat die ältere Zielgruppe für sich entdeckt und bietet etwa Aufenthalte an, die sich explizit an Zielgruppen ohne Kinder richtet. Die Offerten kommen an: Laut einer Befragung von Statista aus dem Jahr 2017 wollten 80 Prozent der befragten 50- bis 70-Jährigen in den folgenden 12 Monaten Geld für Reisen ausgeben. Tendenz steigend. Für all diese speziellen Best-Ager-Angebote nutzen die Silver Surfer übrigens zunehmend das Internet. Beschleuniger für diese Entwicklung, wen wundert's, war die Pandemie. Die Verlockung der elektronisch verfügbaren Waren, bequem zu ordern aus dem Wohnzimmer, lockte zusehends auch die ältere Generation ins Netz. Jeder dritte Onlinekunde, so stellt der Bundesverband E-Commerce und Versandhandel Deutschland e.V. (bevh) 2022 fest, ist heute schon älter als 60 Jahre. Absehbar wird jeder zweite Kunde aus dieser Altersgruppe stammen. Die größte Käuferschicht, die im Internet shoppen geht, kommt heute schon aus der Gruppe der über 50-Jährigen. Marketeers wie das Onlineportal Herbstlust unterscheiden drei Zielgruppen der Silver Consumers: die berufstätigen Konsumenten bis 65, pensionierte Konsumenten, die noch fit und unternehmenslustig sind, und die passiven Best Ager ab Anfang 70, die gesundheitlich beziehungsweise körperlich eingeschränkt sind. Klar, dass es für jede dieser Zielgruppen besondere Angebote gibt, die in die Lebenssituation passen und die jeweiligen Bedürfnisse in diesen Phasen abdecken. Die jüngste der drei Zielgruppen setzt vor allem auf Produkte und Angebot, die Zeit sparen, die mittlere Zielgruppe setzt dagegen darauf, das Leben zu genießen, während die älteste der drei Zielgruppen möglichst beschwerdefrei und bequem durch den Alltag surfen möchte. Für all das haben clevere Unternehmen passgenaue Angebote und Lösungen entwickelt, die eine komfortable Marge versprechen.

Auf dem Renten-Abstellgleis: Arbeitnehmer im besten Alter

Für all das braucht es Arbeitskräfte. Arbeitskräfte, die heute schon schwer zu bekommen und die – der demografische Wandel lässt grüßen – künftig noch schwerer zu finden sein werden. An der Beschäftigung beziehungsweise – Weiterbeschäftigung älterer Arbeitnehmer werden wir mittelfristig nicht vorbeikommen. Das scheint in der Wirtschaft inzwischen auch angekommen zu sein: Die Erwerbstätigenquote der 55- bis unter 65-Jährigen hat sich von 2000 bis 2019 um 37 Prozent auf 73 Prozent verdoppelt, stellt Eurostat 2020 fest. In keinem anderen EU-Land mit Ausnahme von Schweden geht ein größerer Anteil älterer Menschen einer Erwerbstätigkeit nach als bei uns. Das lässt hoffen. Allerdings: So lange wir eine Rentenpolitik verfolgen, die ein vorzeitiges Ausscheiden aus dem Berufsleben goutiert, so lange haben wir nicht verstanden, dass ältere Arbeitnehmer volkswirtschaftliches Kapital darstellen, das es unbedingt zu nutzen gilt. Ein erster Schritt in die richtige Richtung ist das Flexirentengesetz aus dem Jahr 2017, das den Übergang vom Erwerbsleben in die Rente flexibler gestalten soll. Auch wenn das Gesetz für mehr Flexibilität bei älteren Erwerbstätigen sorgt, reicht es meiner Meinung nach noch lange nicht aus. So fehlt bis heute ein Rahmen, der es älteren Arbeitnehmern, die es noch einmal wissen und neue Wege gehen wollen, erleichtert, zurück in den Arbeitsmarkt zu gelangen. Denn trotz mannigfacher demografischer Herausforderungen tun sich Unternehmen bis heute schwer damit, Menschen ab Mitte 50 oder gar ab Anfang 60 einzustellen. Martin von Hören von der Unternehmensberatung Kienbaum erklärt gegenüber der Rheinischen Post: „Unternehmen stellen sich oft viele Fragen, etwa ob ein solcher Bewerber noch flexibel genug sei, sich auch durch Jüngere führen lasse und trotz Gehaltsabstrichen noch zufrieden sei." Mit anderen Worten: Je älter, desto unattraktiver für den Arbeitsmarkt. Erst wenn Unternehmen, wie etwa die Deutsche Bahn, feststellen, dass es auf dem Markt für Arbeitskräfte immer enger wird, setzen sie auch auf ältere Arbeitnehmer. Für von Hören sind sie ein Gewinn. Denn: „Zahlreiche Unternehmenskulturen leben von ihrer Diversität. Das gilt nicht nur für Männer und Frauen, Deutschstämmige und Migranten, sondern auch für

Alt und Jung." Reservepotenzial hat ein Autobauer einmal die Gruppe der älteren Arbeitnehmer genannt. Kein schöner Begriff, wie ich finde, und eigentlich auch unzutreffend. Denn derselbe Autobauer hat in einem werkseigenen Versuch festgestellt, wie dieses „Reservepotenzial" im Vergleich zu einer 10 Jahre jüngeren Produktionstruppe arbeitet. Das Ergebnis: Die älteren Fachkräfte arbeiteten ebenso schnell wie die jüngeren und erzielten dabei noch eine deutlich bessere Qualität.

Fakt ist: Wir brauchen sie, die Älteren. Wir brauchen ihre Erfahrung, ihr Wissen und ihre Arbeitskraft. Auch wenn viele der Best Ager den Ruhestand bevorzugen, gibt es doch einige, die gern länger arbeiten möchten. Das jedenfalls konstatiert eine Studie des Demographie Netzwerks e.V. (ddn). Die Mehrheit der Erwerbstätigen, so ein wesentliches Ergebnis, wolle zwar früher als mit 67 in Rente gehen, ein kleiner Prozentsatz aber fühle sich noch mit 69 und älter fit genug und wolle weiterarbeiten. Ich bin überzeugt, dass es künftig noch deutlich mehr über 65-Jährige geben wird, die eine erfüllte Tätigkeit suchen. Allerdings nur dann, wenn wir mit einem flexiblen und passenden Rahmen für die nötige Akzeptanz bei Unternehmen und in der Gesellschaft sorgen. Der Referatsleiter Personalkonzepte/Strategien der AOK Baden-Württemberg und Vorstand des ddn Frank Böhringer erklärt dazu: „Es braucht ein flexibles Rentenalter – und auch die derzeitigen Altersgrenzen müssen aus einer anderen Perspektive betrachtet werden." Gemeint ist: Nur die, die es auch können, sollten länger erwerbstätig bleiben, jene, die einer körperlich anstrengenden Berufstätigkeit nachgegangen sind, sollten dagegen früher ausscheiden können. Mit gefällt das Modell: Keine generelle Anhebung des Renteneintrittsalters, sondern ein flexiblerer Umgang damit und ein viel breiterer Korridor.

„*Die Unterstützung und Integration von älteren Menschen in Wirtschaft, Gesellschaft und Politik ist ein Meilenstein bei dem, was nachhaltig Zukunft schafft.*"

Prof. Dr. Anabel Ternès von Hattburg, geschäftsführende Direktorin des Berliner SRH-Instituts für Nachhaltigkeitsmanagement

Nachhaltigkeit endet nicht bei der älteren Generation oder: Warum wir ältere Menschen stärker in die digitale Welt integrieren sollten

Ein Gastbeitrag von Prof. Dr. Anabel Ternès von Hattburg

1. Szenarien statt einer Einführung

Szenario I

Christian Müller ärgert sich, dass er beim Versuch, ins Internet zu kommen, immer wieder Probleme hat. Er wollte das erste Mal den Urlaub auf Ibiza online buchen und jetzt das. Sein Enkel ist gerade zu Besuch. Carl, 8 Jahre, steht neben seinem Großvater: Soll ich mal machen, Opa? Was funktioniert denn nicht? Ein, zwei Handgriffe und das Internet läuft. Wie hast du denn das gemacht? In Christian Müllers Stimme schwingt Verwunderung wie Bewunderung. Weiß ich nicht, Opa, hab halt mal ein bisschen hier und da optimiert, erklärt sein Enkel.

Szenario II

Ein deutscher Konzern möchte Reverse Mentoring einführen. Die Idee ist: Die jungen Mitarbeitenden haben so viel Digital-Know-how. Damit könnten sie doch MentorInnen sein für die Älteren, also mal umgekehrt, als es sonst üblich ist. Die Idee findet nur teilweise Zuspruch – die Jüngeren finden es zum Teil albern, den älteren KollegInnen von ihren Social-Media-Aktivitäten zu erzählen. Die Älteren dagegen fühlen sich vorgeführt – sie sind doch die Erfahrenen, diejenigen, von denen die Jüngeren zu lernen haben. Nach der Pilotphase wird das Projekt nicht weitergeführt. Das Feedback der Älteren lautet: Wo die Jüngeren scheinbar Digital-Know-how haben, fehlt es doch vielen an Wissen rund um

Datenschutz, Netiquette und professioneller Recherche. Und nebenbei: Viele der „Älteren" sind absolute Internetprofis, vertraut mit komplexer Software, in der Nutzung von Cloud-Diensten, mit Recherche im Internet und vielem mehr.

2. Wie digital Deutschlands Best Ager sind und worin die Hemmnisse liegen

Der Umgang mit Smartphones, Internet und Social Media ist für junge Menschen zumeist selbstverständlich, für ältere deutlich weniger. In einer aktuellen Studie unter Ü-75-Jährigen von Avast gemeinsam mit Forsa und YouGov von Oktober 2021 zeigt sich:

- 51 Prozent der Befragten fühlen sich fürs Internet schlicht „zu alt".
- 47 Prozent sehen keinen Bedarf oder keinen Nutzen darin, sich das Internet zu erschließen.

81 Prozent aller 60-Jährigen sind online, bei den über 85-Jährigen ist es noch jeder 3. Die Studien zu den Silver Surfern zeigt allerdings auch: Groß sind die Unterschiede in der Nutzung der Altersgruppe der über 60-Jährigen. Während manche mehrmals täglich im Internet sind, gehen andere nur einmal die Woche online.

Das Szenario 1 zeigt: Herr Müller, stellvertretend für viele seiner Altersgruppe, nutzt das Internet und versteht sich als reiner User. Was er tun muss, wenn das Internet nicht funktioniert, erschließt sich für ihn nicht unbedingt. Er hat auch nicht den Anspruch. Das Internet muss funktionieren und dient vor allem der unregelmäßigen Kommunikation mit Bekannten und der Suche für Freizeitaktivitäten oder Einkaufsvorbereitungen. Da werden Testergebnisse verglichen oder auch Preise. Gekauft wird allerdings meist noch analog, denn diese Zielgruppe schätzt den beratenden Verkäufer vor Ort, der den Kaufinteressenten mit Fachwissen und emotional im Kauf bestärkt.

Szenario II zeigt dahingegen eine Situation, die immer häufiger anzutreffen ist: Während die jüngeren Generationen intuitiv mit allem Digitalen umgehen, scheinen die Älteren eine größere Distanz dazu zu haben. Die behindert nicht nur, sondern schützt auch – in Sachen Datenschutz beispielsweise. Hier kommt der älteren Generation die eigene Erfahrung aus der analogen Welt zugute. Neues wird erst einmal geprüft, Qualität ebenso, genauso wie die Verfasserin, deren Text dann als Fake News entlarvt wird. Distanz wird hier zum Vorteil, wenn die Verhaltensweisen der analogen Welt in die digitale Welt übertragen werden.

Die Hemmnisse bei den älteren Generationen in der Nutzung von digitalen Technologien sind unterschiedlich.

- Da sind die mangelnden Kenntnisse: Viele haben sich mit digitalen Themen wenig bis nicht auseinandergesetzt: Das brauch ich doch nicht mehr, ich bin doch schon aus dem Arbeitsleben ausgeschieden, ist oft die Entschuldigung, die sich fatal auf den Alltag auswirken kann. Mit der Abwendung von der digitalen Welt fühlt sich diese Zielgruppe zwar kurzfristig erleichtert, denn sie muss keine Zeit in das Aneignen neuer Technologien verwenden. Zum anderen aber wird ihnen im Alltag klar, dass sie nicht alles mitbekommen und in einer Art abgehängt sind.
- Die Angst vor Betrügern ist ebenso deutlich sichtbar: Nicht nur, dass in den Medien immer wieder davor gewarnt wird. Viele haben selbst schon einmal die Situation gehabt, dass sie fast oder wirklich einem Betrüger auf den Leim gegangen sind. Wie schnell das geht, haben

auch schon viele Jüngere selbst erfahren. Es muss keine E-Mail mit vielen Rechtschreibfehlern und einer seltsamen Absenderadresse sein – die neueren Fake-E-Mails sind oft so gut gemacht, dass man schon zweimal genau hinschauen muss, um sie als Fake zu entlarven. Hinzu kommen verlockende Gratisangebote im Internet. Sie wollen für diesen Download nicht zahlen – hier geht es zur Gratisversion: Einmal angeklickt, die eigenen Daten eingetragen und schon kann es sein, dass man kurze Zeit später erklären muss, wie eine fremde Adresse die eigenen Daten für einen Bankkonto-Missbrauch verwenden konnte. Einmal passiert, ist das Gefühl noch mulmiger, was alles im Internet passieren kann, wenn man nicht gut aufpasst. Das führt eher zu mehr Distanz zum Digitalen als zu einer Annäherung.

- Fehlende Unterstützung: Älteren Generationen fehlt es oft an Menschen, die ihnen geduldig das Internet zeigen. Der Schwerpunkt liegt bei geduldig, denn wer Interesse hat, aber nicht digital aufgewachsen ist, braucht mehr als eine Technikeinführung, um sich mit der digitalen Welt wohlzufühlen. Und das ist wichtig. Die Fähigkeit, Geräte bedienen zu können, ist es nicht allein. Vielmehr ist es eine eigene digitale Welt, die mit Spaß entdeckt werden kann. Gerade für ältere Menschen, die nicht uneingeschränkt mobil sind, können digitale Devices eine große Hilfe sein. Statt Reisebüro, Apotheke und Discounter ist das Onlinebestellen bequemer, schneller und oftmals auch günstiger. Alles gute Argumente, um mehr digital zu machen – wenn denn eine gute Einführung stattgefunden hat, die die digitale Welt eröffnet.
- Bedienerfreundlichkeit ist meist nicht gegeben: Während sich kleine Kinder oftmals sehr intuitiv digitale Technik erschließen, haben ältere Menschen einen

schwierigeren Zugang dazu. Was Kinder beim Auspro-
bieren erschließen, finden ältere Menschen häufig eher
durch Bedienungsanleitungen, persönliche Unterstützung oder Lehrgänge heraus.

- Schlechte Infrastruktur: Wer dabei ist und Freude am
  Digitalen gefunden hat, wird nicht selten an einem
  Punkt der Enttäuschung ankommen, wenn er beispielsweise Videocalls mit guter Qualität führen möchte oder
  neben einem Filmstreaming Informationen für eine
  Reise recherchiert.
- Hohes Tempo des digitalen Fortschritts: Wer nicht dabei-
  bleibt, wird schnell abgehängt. Um auf dem neuesten
  Stand zu bleiben, ist mehr notwendig, als immer die aktuelle Software auf dem Computer und dem Smartphone zu
  verwenden. Vielmehr ist es wichtig, in Fragen des Daten-
  schutzes Bescheid zu wissen, die eigenen Daten sicher
  abgelegt zu haben, von Zeit zu Zeit die eigenen Passwörter
  zu wechseln, aber auch zu wissen, welche großen Trends
  gerade besprochen werden. Das kann mühsam werden,
  sollte aber eher sportlich genommen werden, um digitales
  Know-how nicht als Last zu empfinden. Viele ältere Menschen nutzen deshalb für diese Themen den Austausch
  mit Jüngeren, um auf dem Laufenden zu bleiben.

3. Welche Vorteile die Digitalisierung älteren Menschen bietet

Wer körperlich eingeschränkt ist, dem bieten digitale Lösungen, wie schon angedeutet, viele Erleichterungen. Dazu gehören Onlinebanking, Onlineeinkäufe, Kontaktpflege mit anderen von überallher und Austausch von Bildern und Nachrichten
beispielsweise mit der eigenen Familie, die nicht vor Ort wohnt
oder auch die Onlinesprechstunden von Ärzten.

Für die Suche nach Informationen ist das Internet alter-
nativlos. Wobei Digitalisierung in diesem Fall auch nur für

diejenigen ein Vorteil ist, die wissen, wie die Suche im Internet abläuft. Dass man verzweifeln kann, wenn man sich nicht damit auskennt, wissen nicht nur ältere Menschen zu gut.

Die Lieblingsmusik speichern und hören, Videos anschauen, individuelle Voreinstellungen vornehmen, Information mit anderen teilen, ist mit dem Internet sehr viel einfacher als analog. Wenn körperliche Einschränkungen vorliegen, kann das Internet wirklicher Ersatz für Livekonzerte, Lesungen, Kino und Bücher – für das gesamte kulturelle Leben – werden und mehr. Denn daneben ist auch die Teilhabe am gesellschaftspolitischen Leben digital gut möglich – von Briefwahlen, Onlinepetitionen bis hin zu Onlinezeitungen –, die Information über das Zeitgeschehen und die Teilhabe an der Meinungsbildung kann auch digital stattfinden. Der digitale Zugang in den eigenen vier Wänden eröffnet Möglichkeiten, um das Leben im Alter aktiv und flexibel zu gestalten und auf Autonomie nicht zu verzichten.

Neben dem kulturellen Bereich bietet Digitalisierung für die Älteren gerade in ländlichen Gebieten einen deutlichen Zuwachs an Lebensqualität. Wo der nächste Arzt lange Wegstrecken entfernt ist, die nur mit dem Auto zurückgelegt werden können, bieten Apps und Telemedizin gute Alternativen.

Abgesehen von einer guten digitalen Infrastruktur, finanziellen Ressourcen, um sich mit der Hard- und Software auszustatten, braucht es auch digitale Kompetenzen, den Teil der Future Skills, um die Zukunft aktiv gestalten zu können. Sie sind ein wichtiger Baustein für lebenslanges Lernen, um auf dem Laufenden zu bleiben, aber auch um die eigenen Potenziale zu entwickeln und jung zu bleiben.

Dafür stehen viele Plattformen zur Verfügung, die es ermöglichen, von zu Hause aus zu studieren, Berufe zu erlernen oder einfach bestimmte Fähigkeiten und Fertigkeiten zu trainieren – von einer Software bis hin zu Yoga, von digitaler Souveränität bis Achtsamkeit. Die Fähigkeit der Bedienung von Geräten und Tools ist dabei wichtig, aber eben nur ein Teil. Es geht vor allem um das Verständnis der Zusammenhänge und im Zuge lebenslangen Lernens um das Erlernen neuer Kompetenzen, die in einer digitalisierten Welt immer wichtiger werden. Dazu gehören zum einen Achtsamkeit, Konfliktfähigkeit, Stressresistenz, auch oft Resilienz genannt, dann Intuition, Teamfähigkeit, schon begonnen bei der Beziehungsfähigkeit, Feedback und das adäquate Ausdrücken von Emotionen, Selbstwirksamkeit und vieles mehr. Relevant ist auch das Gefühl dafür, was „richtige" Posts und E-Mails, Fakes oder sogar E-Mails mit krimineller Intention sind, was man wo veröffentlichen sollte oder wo nicht, bei welchen Kreuzen man ein Häkchen setzen und wo man beruhigt seine Adresse eingeben kann und wo nicht, und welche Wirkung die eigenen Handlungen im Internet haben, also Bestandteile der digitalen Souveränität.

4. Was getan werden muss, um ältere Menschen stärker in die digitale Welt zu integrieren und warum

Es gibt immer noch viele ältere Menschen, die Angst haben, sich mit der digitalen Welt auseinanderzusetzen. Das Internet ist ihnen fremd. Die Berichte über Hackerangriffe, Fake-Identitäten, Stalking, Mobbing machen ihnen Angst. Oft steht die Frage im Raum: „Warum soll ich mich mit dem Internet auseinandersetzen, wenn es doch unberechenbar ist, teuer und mich zudem noch viel Zeit kostet?"

Hinzu kommt die Angst vor Misserfolg: Was, wenn ich den Einschaltknopf nicht finde und es mir peinlich ist, meine Familie zu bitten, mir das zu zeigen. Was, wenn ich an einer Stelle meine Adresse eintrage und damit unwissentlich einen Abovertrag abschließe?

Um diese Menschen für das Internet zu interessieren, ist es wichtig, ihre Sorge abzubauen, jeder wüsste es besser als sie und ihnen zu zeigen, wie einfach es ist, sich im Internet zurechtzufinden. Ein Zugang zum Internet ist auch dann einfacher, wenn Inhalte verständlich, ansprechend und übersichtlich präsentiert werden, wenn sie Bezug haben zur eigenen Lebenswelt und in der jeweiligen Situation sinnvoll erscheinen.

Es gibt immer noch Stimmen in Unternehmen, die an der Sinnhaftigkeit, ältere Menschen digital fit zu machen, zweifeln. Sie führen folgende Gründe an: Die älteren Mitarbeitenden seien doch nicht mehr so lange im Erwerbsleben, das lohne sich also nicht mehr, sich Neues anzueignen sei im Alter zunehmend schwierig oder, wer in dem Alter noch nicht digital sei, der habe auch kein Interesse daran.

Mehr Diversität am Arbeitsplatz heißt auch die Benachteiligung älterer Mitarbeitender zu stoppen. Um diese bei Beförderungen, Kompetenzerwerb, Potenzialentfaltung und freiwilliger Weiterarbeit zu unterstützen, ist das Angebot von Weiterbildung in digitalen Kompetenzen unverzichtbar.

Ältere Menschen können bei ihrem Zugang zur Digitalisierung durch folgende Möglichkeiten unterstützt werden:
- Altersähnliche Personen als Rollenvorbilder: Wenn es andere schaffen, die einem ähnlich sind, macht dies Mut, es ebenfalls auszuprobieren und sich mehr zuzutrauen.
- Best Cases für Mitarbeitende und für Unternehmen: Auch hier gilt – wenn es andere geschafft haben, warum nicht auch wir?
- Bildung von Lern-Tandems mit Jüngeren: Im kleinen Kreis trauen sich viele eher, Fragen zu stellen.

- Niederschwellige Zugänge zu Lernmaterialien: Die Inhalte sollten verständlich sein, die Lebenswelt ansprechend und von den Themen möglichst lebensnah.
- Auch die Form sollte den Zugang vereinfachen: übersichtliche Abläufe, große Schrift, verständliche Sprache, wenig Anglizismen.

5. Good Practice – was bereits getan wird, um ältere Menschen mitzunehmen

Einer der Megatrends sind die Silver Surfer – die älteren Menschen, die über genügend finanzielle Mittel verfügen, die sich für Digitalisierung interessieren und die sich jung fühlen.

Daneben gibt es allerdings weiterhin eine signifikante Gruppe an älteren Menschen, die bisher noch nicht digital sind und Vorbehalte haben, sich mit der digitalen Welt auseinanderzusetzen.

Für sie sollte es barrierefreie Angebote geben. Ein gutes Beispiel sind dabei die Angebote von älteren Menschen für ältere Menschen, deutschlandweit in über 1.000 Vereinen und Verbänden, um ältere Menschen fit für das Netz zu machen. Ein Beispiel hierfür ist der Digital-Kompass von Deutschland sicher im Netz e.V. (DsiN) und der Bundesarbeitsgemeinschaft der Seniorenorganisationen (BAGSO): Dieser stellt kostenfreie Angebote für Senioren rund um Internet und Co. bereit.

Initiiert vom Bundesministerium für Familie, Senioren, Frauen und Jugend (BMFSFJ) und der BAGSO gibt es ein weiteres Beispiel – den DigitalPakt Alter, eine Initiative zur Stärkung von gesellschaftlicher Teilhabe und Engagement Älterer in einer digitalisierten Welt. Der Fokus liegt auf einem selbstbestimmten und selbstständigen Leben im Alter. Die Handlungsfelder sind Wohnen, Mobilität, soziale Teilhabe, Gesundheit und Pflege sowie Quartier und Nachbarschaft. Der Initiative geht es darum, vielfältige Maßnahmen zur

Stärkung der digitalen Teilhabe kooperativ und sektorenübergreifend voranzutreiben.

Es gibt weitere Beispiele und doch sind es noch zu wenige Initiativen, die sich dafür einsetzen, dass ältere Menschen digitale Kompetenzen erlernen und auch in ihrer Potenzialentfaltung unterstützt werden. Eine Wirtschaft, die unter Fachkräftemangel leidet, die Erfahrung oft erst in Krisensituationen schätzt, die Jungsein per se als Qualität definiert, die soziale Nachhaltigkeit ausblendet und in der Menschen oft nur bis zur Rente zählen, diese Wirtschaft lebt keine Nachhaltigkeit und wird es schwer haben, eine integrative, lebenswerte Zukunft zu schaffen.

Diversity heißt Vielfalt, Vielfalt eröffnet Kreativität. Vielfalt kann nur dann produktiv und innovativ sein, wenn sie ein Miteinander ist, ohne Stereotype und Schubladen auskommt. Die Unterstützung und Integration von älteren Menschen in Wirtschaft, Gesellschaft und Politik ist ein Meilenstein bei dem, was nachhaltig Zukunft schafft.

Prof. Dr. Anabel Ternès von Hattburg gilt als eine der führenden Köpfe für Nachhaltigkeit und Digitalisierung. Die geschäftsführende Direktorin des Berliner SRH-Instituts für Nachhaltigkeitsmanagement hat sich auch einen Namen als Zukunftsforscherin, Keynote Speakerin und Autorin gemacht. Sie ist Gründerin nachhaltiger Start-ups, unter anderen GetYourWings, CoCarrier und HealthMedo. Anabel Ternès von Hattburg engagiert sich als Vorstandsvorsitzende des Zukunftsrats Circular Economy, Verwaltungsrätin der Britischen Handelskammer und Beirätin bei Plant-for-the-Planet. Sie wurde für ihr Engagement mehrfach ausgezeichnet, darunter mit dem Award CEO eLearning 2022, als Botschafterin der Bundeswirtschaftsministeriums-Initiative FRAUEN Unternehmen, und mit dem Google Impact Challenge Award für ihr Lernspiel „Code and save the planet".

„Wissenschaftliche Studien deuten darauf hin, dass nur etwa 25 Prozent unserer Lebenserwartung von den Genen bestimmt werden, wie eine berühmte Studie an dänischen Zwillingen zeigt. Die anderen 75 Prozent werden durch unseren Lebensstil und die Entscheidungen, die wir täglich treffen, bestimmt."

Dan Buettner, The Blue Zones: 9 Lessons for
Living Longer From the People Who've Lived the Longest

Ikigai – Das, wofür es sich zu leben lohnt

Das Land der Unsterblichen

Es existiert: das Land der Unsterblichen. Natürlich sterben auch hier die Menschen irgendwann – aber: deutlich später als sonst irgendwo auf der Welt. Zu finden ist dieses „Land" auf Okinawa, einer Inselgruppe, die südlich des japanischen Festlandes liegt. Weltweit findet man hier die meisten über Hundertjährigen. Okinawa gehört zu den sogenannten „Blauen Zonen", den Bereichen auf der Welt, in denen die Menschen im Durchschnitt deutlich älter werden als anderswo. Geprägt wurde der Begriff 2009 von Dan Buettner, einem Bestsellerautor der New York Times und von National Geographic. Buettner identifizierte fünf dieser blauen Zonen: Neben Okinawa gehören außerdem Sardinien, die Nicoya-Halbinsel (Costa Rica), Ikaria (Griechenland) und eine Gruppe der „Siebenten-Tags-Adventisten" (eine evangelische Glaubensgemeinschaft) in Loma Linda, Kalifornien, dazu (Wikipedia). Den Begriff der „Blue Zones" hat Buettner sich übrigens schützen lassen. Okinawa, unser Land der Unsterblichkeit, hält von all diesen Regionen den Altersrekord: Nirgends leben die Menschen länger als dort. Buettner hat für seinen Ansatz zahlreiche Interviews mit den Menschen vor Ort geführt, um dem Geheimnis des Älterwerdens auf die Spur zu kommen. Und das Geheimnis hat einen Namen: Ikigai. Ikigai, zusammengesetzt aus Iki für Leben und Gai für Grund, heißt in etwa „für das, wofür es sich zu leben lohnt" – so erklärt es der japanische Wissenschaftler Ken Mogi. Und Buettner stellt fest: „In Okinawa gibt es nicht einmal ein Wort für Ruhestand. Stattdessen gibt es Ikigai." Diese besondere japanische Lebensart gibt es seit dem 8. Jahrhundert nach Christi und wurde in der Heian-Periode perfektioniert. Dabei ist Ikigai kein kollektives Patentrezept, sondern vielmehr ein sehr individueller, persönlicher Lebensangang, der ganz unterschiedlich sein kann. Buettner schreibt: Für die einen ist es die tägliche Umarmung der Urururenkelin, für die anderen die Möglichkeit, drei Mal in der Woche den Fisch für die Familie zu fangen. Ein 102-Jähriger Karatemeister benennt als sein Ikigai die Möglichkeit, Karate zu lehren. Ikigai, so Buettner, beschreibe den Grund, warum es sich lohne, morgens aufzustehen. Das Geheimnis dieser Lebensart: Finde einen Grund, eine Motivation, einen Sinn, einen Zweck, der sich für dich persönlich lohnt, der dir morgens das Aufstehen leichter macht und damit das Leben lebenswert. Klingt erstaunlich einfach, hat aber natürlich, wie jedes Rezept, seine Tücken. Und doch lohnt es sich, hier genauer hinzuschauen. Denn Ikigai begründet nicht nur ein sinnerfüllteres langes Leben, sondern begünstigt auch die Gesundheit eines Menschen. Das jedenfalls stellt die japanische Universität Tohoku in einer Studie fest. 2008 befragt sie 50.000 Menschen im Alter von 40 bis 79 Jahren nach ihrem Gesundheitsstatus. Dabei fragt die Studie explizit auch nach Ikigai. So konnten die Probanden angeben, ob sie danach leben oder eben nicht. Das Ergebnis: Die, die nach dem Sinnprinzip lebten, wiesen erstens 8 Jahre nach der Studie eine niedrigere Sterblichkeitsrate auf und zweitens erkrankten sie seltener an Herz-Kreislauf-Krankheiten. Nun ist das sicher noch kein Indikator dafür, dass Ikigai prinzipiell ein Garant für ein langes Leben ist. Aber fest steht: Ein sinnerfülltes Leben trägt erheblich dazu bei, gesünder und aktiver und sicher auch glücklicher alt zu werden.

Die 5 Prinzipien für ein sinnerfülltes Leben

Ikigai ist eine ganz persönliche Geschichte. Und doch gibt es Prinzipien, die man erlernen kann, um seine individuelle Lebensart zu finden und zu leben. Ken Mogi hat sie in einem

Buch über Ikigai zusammengefasst und schreibt, wer danach lebe, könne sein Ikigai für sich entdecken und perfektionieren. Nach Mogi gibt es fünf Säulen:

- Klein anfangen
- Loslassen lernen
- Harmonie und Nachhaltigkeit leben
- Freude an kleinen Dingen entdecken
- Im Hier und Jetzt sein

Das „Klein anfangen" bedeutet nichts anderes, als das im Blick zu behalten, was letztlich zu einem guten Ergebnis führt. So sind es die kleinen Schritte, die ein Produkt, ein Buch, ein Konzept oder eine Idee erst richtig rund machen. Oder anders ausgedrückt: Mit dem Ziel vor Augen die Einzelschritte dorthin im Blick behalten. Will ich ein neues politisches Thema treiben, denke ich im Vorfeld natürlich über das Für und Wider nach, habe den politischen oder medialen Gegenwind im Auge, finde Argumente für meine Idee und Ansätze für den Diskurs. Kurz gesagt: Das „Klein anfangen" steht immer für die kleinen, vielen Einzelschritte, die für das Gelingen des Endproduktes, was immer es auch sein mag, sorgen.

Auch das „Loslassen lernen" ist eine Übung, die das persönliche Glück begünstigt. Wie oft lassen wir uns im Leben von Randbedingungen aus der Bahn werfen? Wie oft verfolgen wir Ziele, von denen wir schon im Vorfeld wissen, dass sie nicht zum eigenen Lebensentwurf passen und an denen wir doch festhalten? Wie oft rennen wir einer Idee hinterher, die schön, aber leider nicht umsetzbar ist? Oder setzen auf eine Beziehung, die uns unglücklich macht und von der wir wissen, dass wir sie nie so hinbekommen werden, wie es uns gut täte? Ikigai sagt: Lass Dinge, Menschen, Ideen „gehen", verfolge sie nicht weiter, wenn sie nicht zum eigenen Weg passen.

Auch im dritten Ikigai-Prinzip steckt ein Aspekt, der unser Leben vollkommener, oder sagen wir: besser machen kann. Ich bin von Haus aus ein Mensch, der Harmonie zu schätzen weiß. Auch wenn ich in der Politik oder als Rechtsanwalt der einen oder anderen harten Auseinandersetzung nicht aus dem Weg gehen kann – ich bin immer bestrebt, Konflikte zu lösen, einen gangbaren Weg für alle zu finden. Ein harmonisches Miteinander, auch und gerade in meinem privaten Umfeld, trägt mich, macht mich stark und gibt mir den notwendigen Rückenwind, den es braucht, um auf dem politischen Parkett auch nach so langen Jahren noch bestehen zu können. Vor allem Beziehungen, Familie, Freunde geben aus meiner Sicht einen stabilen Rahmen, um auch in Krisen zu bestehen. Auch eine Harvard-Studie ermittelte, dass genau dieses Beziehungsgefüge aus Familie, Freunden, guten Kollegen oder der Nachbarschaft das Wohlbefinden stärker als Erfolg oder Geld am nachhaltigsten steigern. So seien zum Beispiel zwei enge Freundschaftsbeziehungen neben der eigenen Beziehung effektiver als zahlreiche bloße Bekanntschaften. Zeit für Familie und Freunde und Gemeinschaft ist damit ein ganz wesentlicher Faktor des erfüllenden, gesunden und glücklichen Älterwerdens auch über die Blue Zones hinaus.

Der Hirnforscher Manfred Spitzer stellt in seinem Bestseller: „Einsamkeit: Die unerkannte Krankheit" fest: „Nichts ist gesünder im Sinne der Verlängerung des eigenen Lebens als die aktive Teilnahme an der Gemeinschaft mit anderen Menschen. Aus der Sicht jeder funktionierenden Gemeinschaft ist daher alles, was das Miteinander und die Kooperation von Menschen fördert, von existenzieller Bedeutung.

Das Ehrenamt ist unbezahlt, aber unbezahlbar. Gerade bei Sport, Musik, Kultur, Nachbarschaftshilfe, Stammtisch, gemeinsamem Wandern oder gemeinsamem Reisen fördert man dieses gesunde Miteinander. Denn, wer einsam ist, erkrankt häufiger als andere an Krebs, Herzinfarkt, Schlaganfall, Depressionen und Demenz. Deshalb meint der Wissenschaftler Manfred Spitzer: „Einsamkeit ist tödlich."

Frühlingserwachen, die Sonne nach einem schweren Gewitter, die Tasse Kaffee nach einer langen Parlamentssitzung oder schlicht das Lächeln meiner Frau, wenn ich nach Hause komme – all das sind die kleinen Dinge, die mein Leben reicher machen, die es glücklicher machen. Ich lebe damit (allerdings bislang eher unbewusst) ein weiteres Ikigai-Prinzip: „die Freude an den kleinen Dingen des Lebens". An Momenten, die die Alltagsroutine durchbrechen, an Ereignissen, die überraschend Licht in dunkle Zeiten bringen. Ganz einfach, sollte man meinen. Man muss es nur beherzigen, sich von Zeit zu Zeit darüber bewusst werden, welche Kleinigkeiten bereichernd wirken können.

Auch die letzte Ikigai-Säule hat es in sich: „im Hier und Jetzt leben", nicht mit Wehmut zurückblicken oder ängstlich nach vorne schauen. Klingt simpel, oder? Ist es auch. Mogi hat dafür eine ganz einfache Gebrauchsanweisung: Lebe achtsam und das jeden Tag. Gemeint ist damit die Konzentration auf die Gegenwart und der achtsame Umgang mit seinen Mitmenschen und sich selbst. Wie oft vergessen wir bei all unseren täglichen Herausforderungen, auf uns zu achten? Darauf, dass es uns gut geht, dass wir den Moment genießen? Oder, wenn er nicht besonders genussvoll ist, einen Ausgleich zu finden, der das Ganze erträglicher macht? Eine schöne tägliche Übung in diesem Zusammenhang: Sich einmal fünf Minuten pro Tag zurücklehnen und sich die positiven Dinge des eigenen Lebens bewusst machen. Alles in allem ist Ikigai ein spannendes Modell, das, wenn vielleicht auch kein Garant für ein längeres erfülltes Leben, wohl aber Richtschnur sein kann, das eigene Handeln, seinen persönlichen Umgang mit dem Leben zu überprüfen oder auch zu hinterfragen. Fakt ist: Für jeden ist dieses Sinnkonzept ein ganz individuelles, das man in Nuancen so ausrichten kann, dass man sein persönliches Lebensglück, seinen ganz eigenen Sinn im Leben entdecken kann. Würde jeder auch nur eines der Prinzipien konsequent ausleben, könnten wir uns sicher über ein harmonischeres Miteinander freuen. Und über ein längeres Leben. Denn zufriedene Menschen gelten als gesünder, erkranken seltener an den üblichen Volkskrankheiten.

Schlusslicht Deutschland

Dazu trägt natürlich nicht nur diese individuelle Seite des Altwerdens bei, sondern auch die in den vergangenen Jahrzehnten immer besser gewordene Gesundheitsversorgung. So konstatiert die OECD (Organisation für wirtschaftliche Zusammenarbeit und Entwicklung): Je höher die Ausgaben für die Gesundheit eines OECD-Landes sind, desto höher die Lebenserwartung. Damit einher gehen nach OECD-Einschätzung aber auch andere Faktoren, etwa eine gesündere Lebensgestaltung, Umweltfaktoren, ein hoher Lebensstandard. Noch besser wäre es um die Lebenserwartung bestellt, wenn das öffentliche Gesundheitssystem auch für benachteiligte Gruppen leichter nutzbar wäre. Hier, darüber sind sich alle Parteien einig, haben wir durchaus noch Anpassungsbedarf. Und offenbar auch bei den „weichen" Faktoren, die das Ikigai-Modell beschreibt. Beträgt die Lebenserwartung eines Neugeborenen doch bei der Geburt 84 Jahre und liegt damit drei Jahre über OECD-Durchschnitt.

Deutschland nimmt übrigens unter den westeuropäischen Ländern den letzten Platz in Sachen Lebenserwartung ein. Deutsche leben kürzer, sind ungesünder, dicker und kränker als der westeuropäische Durchschnitt. Nur in Osteuropa, stellt eine der größten Gesundheitsstudien, die „Global Burden of Disease Study", fest, sieht es noch düsterer aus. Für die Studie wurden 8.200 Daten aus 195 Ländern ausgewertet – man kann also davon ausgehen, dass die Conclusio belastbar ist. Warum die Deutschen hier das Schlusslicht bilden, dafür hat Pavel Grigoriev, Wissenschaftler am Max-Planck-Institut für demografische Forschung in Rostock, eine ganz einfache Antwort: Die Deutschen lebten einfach ungesünder, sagt er. Und ich ergänze dazu: Die Deutschen leben nicht nur ungesünder, sondern auch deutlich unzufriedener als andere Nationen. Auch wenn ich im Normalfall nicht auf Plattitüden oder Vorurteile zurückgreife, in diesem Fall will ich das ausnahmsweise einmal tun: Wir Deutschen sind – im Gegensatz zu den Italienern etwa, die ja bekanntlich auch länger leben als wir – weniger lebensfreudig, hinterfragen uns und unsere Lebensumstände deutlich häufiger als andere. Über die Gründe kann man nur spekulieren, aber irgendetwas scheint dran zu sein an dieser Beschreibung der deutschen Lebensart. Dass die Deutschen unzufriedener sind als der Rest der Welt, konstatierte dann auch schon eine Studie der Publicis Sasserath Brand Consultancy aus dem Jahr 2002: Danach gaben 60 Prozent der Befragten an, mit Bereichen ihres Lebens unglücklich zu sein. Besonders unzufrieden sind, wenig erstaunlich, wie ich finde, Menschen, deren materielle Situation wenig Spielraum lässt. Realität in Deutschland: Nirgends in der Eurozone außer in Litauen, so stellt die Hilfsorganisation Oxfam unter Verweis auf einen Bericht der Europäischen Zentralbank fest, sei das Vermögen ungleicher verteilt als bei uns in Deutschland. Zahlen belegen: Arme Menschen sterben deutlich früher als reiche. Und es ist nicht nur ein riskanteres Gesundheitsverhalten, das hier zu niedriger Lebenserwartung führt, sondern vor allem, wie der Vorsitzende des Paritätischen Wohlfahrtsverbandes Rolf Rosenbrock weiß, „weil sich der psychische Druck durch die insgesamt beengte Lebenssituation und meist auch schlechtere Arbeitsbedingungen oder auch durch Arbeitslosigkeit negativ auf das eigene Leben und die Möglichkeiten der Teilhabe auswirkt".

Auch wenn ich ein großer Fan des Ikigai-Modells bin, diesen Menschen muss ich mit diesem Ansatz nicht kommen. Hier ist auch die Politik gefragt. Hier braucht es absehbar Ansätze, die Lebenssituationen dieser Art deutlich verbessern. Eine gerechtere Gesundheitsversorgung etwa, die Gesundheit wieder bezahlbar macht, die Anreize für ein gesünderes Leben bietet. Ein erneuertes, aber auch bezahlbares Sozialleistungsmodell, das Menschen in prekären Lebenssituationen nicht ausgrenzt, sondern ihnen die Chance für Teilhabe einräumt. All das müssen wir angesichts einer immer älter werdenden Bevölkerung und einer wachsenden Kluft zwischen arm und reich angehen und in den kommenden Jahren mit klugem Fördern und aber auch Fordern umsetzen.

Der Traum und das Geheimnis
von ewiger Jugend

„Man ist jung, solange man sich für das Schöne begeistern kann und nicht zulässt, dass es vom Nützlichen erstickt wird", sagte einst Jean Paul. Unsere Lebenserwartung hat sich in den vergangenen 140 Jahren verdoppelt. Jeder möchte alt werden, aber keiner möchte alt sein. Beiträge oder Bücher mit den Titeln „Das Altern heilen" oder jüngst der Titel „Alt werden ist ein Vergnügen, wenn Sie es richtig anstellen" oder „Kann jeder 100 Jahre alt werden?" wie auch „Quallen altern rückwärts, was wir von der Natur über ein langes Leben lernen können" mit neuesten Forschungsergebnissen für ein längeres Leben sind ebenso aktuell wie Fragestellungen von Professoren nach gesunder Lebensverlängerung mit teilweise erstaunlichen neuen Erkenntnissen. Auch die Longevity-Forschung kümmerte sich um die immer gleiche Frage und Sehnsucht nach einem langen, gesunden Leben und um das Rätsel des Jungbrunnens und der ewigen Jugend.

Gerade die neue Anti-Aging-Medizin und Langlebigkeitsforschung befasst sich mit dem rasanten Fortschritt auf diesem Gebiet des Traums vom langen Leben. Während ich an diesem Buch schreibe, melden die Stuttgarter Nachrichten, Charlotte Kretschmann sei mit 113 Jahren aktuell die älteste Person in Deutschland und lebt in Baden-Württemberg, in Kirchheim unter Teck. Noch im vergangenen Jahr 2022 konnte in meinem Wahlkreis zum 108. Geburtstag gratuliert werden. Gerne erinnere ich mich auch an die Begegnung mit dem damals 105-jährigen Johannes Heesters in einer „Wetten, dass...?"-Sendung mit Thomas Gottschalk. Ein großes Geschenk, wie ich finde, wenn man in diesem Alter noch live mit Gesang, wach im Kopf und ausgestattet mit einem gewissen Schalk teilnehmen kann. Auch Herr

Künstler aus Niederstetten in meinem Wahlkreis, dem ich zum 107. Geburtstag gratulieren durfte, ist so ein Mensch, der mich nachhaltig beeindruckt hat (siehe auch das Kapitel „Lebensmut – 100 Jahre & mehr").

Der Präsident der German Society of Anti-Aging Medicine (GSAAM) Professor Bernd Kleine-Gunk meinte auf die Frage, ob jeder 100 Jahre alt werden könne: „Ja!" Unsere durchschnittliche Lebenserwartung liegt aktuell bei rund 80 Jahren. Gründe hierfür sind eine bessere Versorgung mit Nahrungsmitteln, eine fortschrittliche Medizin und eine verbesserte Hygiene. Dazu kommt in unserer Zeit ein steigendes Gesundheitsbewusstsein, sodass in zwei bis drei Jahrzehnten die durchschnittliche Lebenserwartung bei 100 Jahren liegen wird.

Es sind also nicht nur genetische Faktoren, sondern es ist eher eine Frage des Lebensstils, die uns gesund alt und älter werden lässt. Allerdings ist das Leben nicht beliebig verlängerbar. Die maximale Lebenserwartung betrage heutzutage etwa 120 Jahre, so die öffentliche Verlautbarung von Kleine-Gunk. Tatsächlich sind 120 Jahre bislang eine Art magische Grenze, die erstmals überschritten wurde, als die Französin Jeanne Calment im biblischen Alter von 122 Jahren im Jahr 1997 starb. Zu einem noch längeren Leben werde es wohl nicht mehr reichen, meinen internationale Forscher. So kommt der Wissenschaftler Timothy Pyrkov mit seinem Team zu dem Ergebnis, dass zwischen 120 und 150 Jahren endgültig Schluss sein wird. Schlicht, weil die Fähigkeit des Körpers, sich zu regenerieren, nach und nach komplett verschwindet. Damit ist ein natürliches Limit der menschlichen Lebensspanne erreicht, so die Studie von Pyrkov.

Kalt und hungrig – aber älter

Auch wenn ewiges Leben nur im Märchen existiert, fokussiert sich die Altersforschung auf immer neue Ansätze, die unser Leben gesund verlängern. Die Forschung hat ihren Grund: Entstehen doch gerade in den letzten Lebensjahren und der damit einhergehenden Zunahme altersbedingter Erkrankungen für das Gesundheitssystem und die Sozialversicherungen (Rente, Krankenversicherung, Pflegeversicherung) höhere Kosten. Während der Geriatrie-Arzt Dr. Jürgen Bludau Altern nicht als Krankheit betrachtet, ist der Harvard-Professor David Andrew Sinclair hier ganz anderer Meinung und vertritt die These: Alter ist sehr wohl eine Krankheit – aber eine, die behandelbar ist! Gerade bei den typischen Alterskrankheiten wie Bluthochdruck, Arthrose, Demenz oder Osteoporose will er dieselben an der Wurzel, sprich vor ihrem Entstehen, bekämpfen. Sein Rezept ist simpel: Frieren, Hungern, Bewegung (neben Ausdauer- auch Kraftsport), bessere Ernährung, kein Nikotin, Zucker, Nudeln, Fleisch und Fertiggerichte gilt es genauso zu vermeiden wie Röntgen- oder UV-Strahlung. Umstritten, aber bekannt geworden sind seine Medikamenten- und Nahrungsergänzungsmitteleinnahmen, die die Zellalterung positiv beeinflussen sollen. Jeden Tag nimmt er je ein Gramm Nicotinamidmononucleotid sowie Resveratrol zu sich. Auch das Diabetes Medikament Metformin, die Vitamine D und K2 sowie 83 Milligramm Aspirin stehen auf seinem „Speisezettel". Vollmundig vertritt er die Auffassung, dass diese Medizin und sein Lebensstil sein biologisches Alter bereits um 20 Jahre gesenkt hätten. Der Altersanzug, den er bei seinen Auftritten zu präsentieren pflegt, simuliere die altersbedingten Belastungen des Körpers, etwa eines eingeschränkten Seh- und Hörvermögens, Bleigewichte zeigten, wo es zwickt und zwackt bei der Beanspruchung älterer Gelenke.

Auch der Fastenexperte Professor Andreas Michalsen, Chefarzt für Naturheilkunde am Immanuel Krankenhaus Berlin, sieht die Möglichkeit, durch einen besonderen

Lebensstil das eigene lange Leben zu ermöglichen. In einem Interview, das er der WELT im November 2022 gab, zitiert er die Erkenntnisse einer Gruppe norwegischer Forscher. Die Wissenschaftler fanden heraus, dass bei optimaler Ernährung eine Lebensverlängerung von bis zu 13 Jahren möglich ist. Das Rezept klingt simpel und erinnert an Sinclair: Fasten oder die verringerte Nahrungsaufnahme. Belegt ist: Fasten kurbelt die Stammzellenneubildung und die Zellreinigung (Autophagie) an und bremst damit nachweislich den Alterungsprozesse in den Zellen.

Wundermittel? Pillen für die Langlebigkeit

Die erwähnten und in den USA von Sinclair propagierten Nahrungsergänzungsmittel sind vor allem Versuche, Teileffekte des Fastens zu imitieren. Derzeit testet das Albert Einstein College mit 3.000 Probanden, welche Wirkungen oder auch Nebenwirkungen in diesem Zusammenhang auftauchen. Man darf auf die Ergebnisse gespannt sein. Interessant sind in diesem Zusammenhang auch die Schlagzeilen rund um die Abnehmspritze „Semaglutid", die sich angeblich auch Elon Musk hat spritzen lassen. So titelt etwa eine große deutsche Boulevard-Zeitung: „Diabetes-Medikament knapp wegen Internettrend" oder auch „Prominente heizen Nachfrage nach Abnehmspritze an". Die Spritze scheint ein Wundermittel zu sein, reduziere das Hungergefühl und erhöhe die Sättigung. Und mache damit schlank. Quasi über Nacht ... In Deutschland steht sie allerdings noch vor der Markteinführung. Medikamente mit dem Wirkstoff Semaglutid ermöglichten 17 Prozent Gewichtsreduktion. Gegen Adipositas gedacht kaufen aber derzeit Amerikaner und Araber laut FOCUS den Markt leer.

Diabetologen empfehlen allerdings, nach dem Abnehmen den Lebensstil zu verändern, gesund zu essen und Sport zu treiben, um nicht weiterhin zum Beispiel Ozempic mit dem Wirkstoff Semaglutid spritzen zu müssen. Pharmafirmen wie Novo Nordisk oder Eli Lilly hoffen auf eine Lifestyle-Droge, die auch wenig Übergewichtige wie derzeit bereits in den USA nutzen, und auf Umsatzperspektiven in den kommenden 10 Jahren vergleichbar mit dem Krebsmedikamentenmarkt. Die neuen Diätrenner - zum Beispiel das Medikament Mounjaro - haben laut FOCUS ein Abnehmpotenzial von bis zu 22 Prozent. In Deutschland wiegen 52 Prozent der Bevölkerung zu viel, in Japan ist der Anteil der Übergewichtigen nur etwa halb so groß – bei längerer Lebenserwartung.

Ergänzend zu Sinclair setzt der Berliner Michalsen neben Pillen vor allem auch auf Biogemüse, Obst und Schutzstoffen von Pflanzen. Gerade die äußeren Hüllen, Schalen von Pflanzen, bildeten eine natürliche Schutzwand, die Schädlinge, Pilzbefall oder UV-Licht abwehren können. Diese Stoffe seien nachweislich Aktivierer der Schutz- und Reparaturstoffe in unseren Zellen, ist der Professor für Naturheilkunde Michalsen überzeugt. Biogemüse trainiere die Abwehrkräfte, weil es eben keinen Pestiziden ausgesetzt ist. Eine Pflanze, die natürlich wächst, sei stressresistenter – weil sie diese neuen (natürlichen) Schutzmechanismen entwickeln müsse. Eine Blaupause für den Menschen, ist Michalsen überzeugt. Daneben nimmt er selbst Spermidin und NAD-Booster in Form von Tabletten und versucht so gezielt, bestimmte sekundäre Pflanzenstoffe optimiert über die Nahrung zu sich zu nehmen. Denn: Der Spermidin-Spiegel im Körper sinkt ebenso wie der NAD-Spiegel etwa ab dem 25. Lebensjahr. Durch die künstliche Zufuhr dieses Stoffes steige der Spiegel nach wenigen Wochen wieder an und solle so die Funktionsfähigkeit des Körpers verbessern. Das gehe, so Michalsen, in Teilen auch über die Ernährung: Weizenkeime, Pilze, Erbsen, Brokkoli, Äpfel, Birnenschalen – all das sind gute Spermidin-Transporteure. Auch Fisetin gilt als Anti-Aging-Wunderwaffe. Enthalten ist der Stoff beispielsweise in Erdbeeren, Gurken, Trauben oder auch Zwiebeln. Er soll die Zellgesundheit steigern und damit die Langlebigkeit unterstützen. 25 Prozent weniger Sterbefälle durch Herz-Kreislauf-Erkrankungen jedenfalls können erreicht werden, wenn man sich mediterran ernährt, so eine im Fachjournal „Heart" veröffentlichte Metastudie der University of Sydney. Eine solche mediterrane Ernährung ist reich an Vollkorn, Gemüse, Obst, Hülsenfrüchten, Nüssen, Olivenöl und moderatem Weingenuss. Ebenso wichtig seien aber auch eine positive Lebenshaltung und gute Gefühle als Schlüssel für ein erfülltes, gesundes Leben.

Auf Pillen verzichte ich zwar, auf das Fasten aber nicht. Ich bin ein großer Fan der 16:8-Methode, dem sogenannten intermediären Fasten. In der Regel versuche ich mit meiner Frau – wenn nicht unabdingbare Termine es verhindern – deshalb das Abendessen vor 18.00 Uhr einzunehmen und am nächsten Vormittag nicht vor 09.00 oder 10.00 Uhr die erste Mahlzeit zu genießen. Wenn das aufgrund von Auswärtsterminen schwierig ist, so versuchen wir wenigstens die 14:10-Variante durchzuhalten. Um die Zuckerspeicher komplett zu entleeren, treibe ich morgens vor dem Frühstück Sport (wenn es der Kalender zulässt) – 30 Minuten auf dem Crosstrainer oder Ergometer mit den neuesten Nachrichten via iPad.

Neben dem Fasten gilt auch die Kälte als probates (und vor allem natürliches) Mittel gegen das Altern. Wenn es mit der Kältekammer nicht klappt, so die Experten, hilft schon eine kalte Dusche oder das Saunabaden. Kälte hält den Stoffwechsel aktiv und stärkt die Immunabwehr. Während des Saunagangs erwärmt sich der Körper über die Haut sehr schnell, das so hervorgerufene Hitzegefühl regt die Schweißproduktion, die natürliche Abwehr des Körpers gegen Hitze, an. Bei einem längeren Saunaaufenthalt steigt auch die Temperatur im Körperkern an. Unbestritten verhilft der Wechsel zwischen Hitze und Abkühlung des Organismus deshalb dem Immunsystem – schlicht, weil der Körper mit den Einflüssen von Hitze und Kälte „kämpft". Klar, dass ein Saunagang auch das allgemeine Wohlbefinden steigert und für körperliche und seelische Entspannung sorgt.

Vor diesem Hintergrund empfiehlt auch Sinclair, immer ein wenig zu hungern und zu frieren, um Automatismen im Körper für lebensverlängernde Wirkung auszulösen. Zur Kälteabwehr schaltet der Körper, so Sinclair, wie bei Nahrungsknappheit Sirtuine ein – multifunktionale Enzyme, die in allen Lebewesen existieren. Menschen haben sieben verschiedene davon. Sinclair hat mit seiner Forschungsgruppe vor einigen Jahren ihre Wirkungsmechanik untersucht und ist dabei auf das Sir2-Gen gestoßen, das er in Hefepilzen aufspürte, als Grundlage für den Überlebensmechanismus. Es sorgt – schlicht ausgedrückt – dafür, dass der Organismus auch unter ungünstigeren äußeren Bedingungen (etwa bei Diäten) gedeiht. In solchen Phasen der Knappheit laufen natürliche Zellreparaturprogramme ab und schützen vor Schäden. In der Folge der unterschiedlichen Forschungsansätze entstand ein breites Sortiment an Sirtuin-Präparaten und eine Diät, ganz ohne Pillen, mit der die Sängerin Adele spektakuläre Abnehmerfolge erzielt haben soll. Die Sängerin setzte auf eine bunte Palette von Lebensmitteln (und Rotwein), die alle eins gemeinsam hatten: die natürliche Zellregeneration anzuregen und so die Pfunde purzeln zu lassen. Auf dem Speiseplan: Zitronen, Blaubeeren, dunkle Schokolade, Himbeeren, Soja, grüner Tee, Cashew-Nüsse, Kurkuma, Chili, Brokkoli, Knoblauch, Äpfel. Und: Rotwein.

Milliardenmarkt: Die Langlebigkeit

Die Langlebigkeitsforschung ist mehr als ein Trend und hat sich längst zum Renner auch in der Start-up-Szene entwickelt. So kümmert sich etwa Cambrian BioPharma, das 2019 von dem Deutschen Christian Angermayer in den USA gegründet wurde, um die Entwicklung von Mitteln, die Fehler bei der Teilung und Funktion von Körperzellen sowie Degeneration von Gewebe verhindern sollen. Auch Biontech, das Unternehmen, dem wir den ersten Covid-Impfstoff zu verdanken haben, setzt bei den Zellen und Genen des Menschen an. Auch wenn sich die beiden genannten Start-ups um ganz andere Themen kümmern als das eher profan anmutende Anti-Aging – eine Erkenntnis bleibt: Wer die Zellen und ihre Regenerationsfähigkeit im Blick behält, der könnte so auch die Formel für ein langes Leben entschlüsseln.

Wie interessant der Markt tatsächlich ist, das fand unlängst die Investmentbank Merrill Lynch heraus. Der Wert solcher Firmen, die an der Lebensverlängerung arbeiten, wird sich schon in wenigen Jahren, so die Banker, auf über eine halbe Milliarde Dollar verfünffachen. Spannend findet Merrill Lynch vor allem die Seneszenz–Forschung, also die Forschung rund um die Zellalterung. Grundlagenforschung etwa zu Telomeren, aber auch zu Stoffen wie Spermidin, die potenziell einen Einfluss auf die Zellalterung haben, gehören hier unerlässlich dazu. Erwähnenswert: die Forschung zu Cellular Engineering – aus alt, mach' jünger. Am „Reprogramming" von Zellen arbeitet unter anderem das amerikanische Biotechnologie-Unternehmen Altos Labs und nennt das Cellular Editing oder „Gen-Chirurgie". Gemeint sind Techniken zur zielgerichteten Veränderung der DNA, etwa mithilfe der Genschere CRISPR-Cas9 (eine Schere aus Enzym und RNA). Ebenfalls spannend ist das Bioprinting, mit dem es den Forschern der Universität Tel Aviv gelungen ist, Organe aus menschlichen Zellen im 3D-Drucker (so etwa ein biogedrucktes Herz samt Blutgefäßen) zu produzieren.

All das soll uns dem Traum vom ewigen, zumindest erheblich längeren Leben näherbringen. Auf die Vaterschaft von Bernie Ecclestone mit nahezu 90 Jahren will ich an dieser Stelle gar nicht näher eingehen ...

„*Studien belegen, dass der vorüber-*
gehende Verzicht auf Nahrungs-
aufnahme die Selbstheilungs- und
Regenerationsmechanismen des Körpers
anregt – und das offenbar ohne
schädliche Nebenwirkungen."

Thierry de Lestrade & Sylvie Gilman
für arte, November 2022

Einblicke: Forever young ... and healthy

„Das Rätsel der ewigen Jugend" – so betitelt im November 2022 der Fernsehsender arte eine Dokumentation um das Altwerden, pardon: um das Jungbleiben. Denn das, so die Autoren, sei ja ein Wunsch, der so alt sei wie die Menschheit selbst. Nicht von ungefähr ranken sich Mythen und Märchen um den Jungbrunnen, von dem ein Schluck reicht, um die Gebrechen des Alters hinter sich zu lassen. Und heute? Existieren eine Vielzahl an Pillen, Elixieren und Wirkstoffen, die alle eins versprechen: die Faltenfreiheit im Alter bei gleichzeitiger bester Gesundheit. Ganz vorne mit dabei: die Nahrungsergänzungsmittel. Jeder dritte, so stellt das ZDF 2020 fest, nimmt täglich eine Pille dieser Art und kurbelt damit den existierenden Milliardenmarkt für diese „Lebensmittel" – denn so werden sie klassifiziert – weiter an. Vor den Risiken warnen nicht nur Ärzte oder Apotheker: Auch wenn sie im besten Fall wirkungsfrei bleiben, bei Überdosierung kann es eng werden.

Fakt ist: Der Trend geht zum Wundermittel – sehr zur Freude der Hersteller, die sich alljährlich über satte Wachstumsraten freuen können. So geht eine Studie von Mordor Intelligence aus dem Jahr 2021 in Europa von etwa 5,5 Prozent durchschnittlichen jährlichen Wachstumsraten bis 2027 aus. Die Studie stellt fest: „Die zunehmende Alterung der Bevölkerung hat die Nachfrage nach Nahrungsergänzungsmitteln angeheizt, da sie angeblich zur Vorbeugung oder Überwindung von Gesundheitsproblemen beitragen." Italien ist in Europa Spitzenreiter unter den Abnehmern der verheißungsvollen Ergänzungsmittel für das Jungbleiben. Hier war es vor allem Corona, wie übrigens in den anderen europäischen Ländern auch, das dem Markt noch einmal einen ordentlich Schub verpasst hat. Vor allem fünf Anbieter, unter ihnen Bayer, beherrschen diesen Markt und investieren flei-ßig in Forschung und Entwicklung zum Thema. Allerdings: Anders als bei Medikamenten sind die Präparate nicht zulas-sungspflichtig, der Hersteller ist selbst zur Einhaltung der lebensmittelrechtlichen Bestimmungen verpflichtet.

Längst beschäftigt sich natürlich auch die medizinische Forschung mit dem Thema des gesunden Alterns. Allen voran die Berliner Charité, die sich vor allem im Rahmen der Ver-sorgungsforschung um die jungen Alten kümmert (siehe auch Interview mit Prof. Dr. Adelheid Kuhlmey). Ihr Auftrag: Das Gesundheitssystem für die entstandenen und kommen-den gesellschaftlichen Veränderungen so fit zu machen, dass es den Herausforderungen heute und morgen gerecht wird. Denn, so heißt es auf der Website der Charité: „Der demogra-fische Wandel, immer mehr Menschen mit einem hohen und sehr hohen Lebensalter sowie die Veränderung des Krank-heitsspektrums hin zu chronischen Erkrankungen fordern die Gesundheitsversorgung schon seit vielen Jahren heraus. Parallel dazu erweitern der schnell voranschreitende medizi-nische Erkenntnisfortschritt zur Krankheitsentstehung und ihrer Verhütung sowie der Einsatz neuer digitaler Technolo-gien die Möglichkeiten in Diagnostik, Therapie und Rehabi-litation auf eine bislang nicht gekannte Art und Weise."

Wie brisant die Thematik ist, zeigen auch die Förderan-sätze der Bundesregierung. Sie unterstützt über das Bundes-ministerium für Bildung und Forschung etliche übergrei-fende Forschungsvorhaben auf diesem Feld. Neben der Grundlagenforschung und Nachwuchsförderung ist ein zen-traler Förderansatz auch der Aufbau eines Kooperationsnetz-werkes, das „dazu dient, die vorhandenen Kapazitäten an den einzelnen Standorten effektiv und nachhaltig zu bündeln und die Vernetzung zu verbessern".

Auch die Medizin geht seit geraumer Zeit neue Wege. Denn hier zeichnet sich, wie der Fernsehsender arte in der zitierten Dokumentation feststellt, ein Paradigmenwechsel ab. „Altern", so heißt es im Begleittext der Autoren, „wird nicht mehr ausschließlich als irreversibler Vorgang betrachtet. Demnach ist unser rechnerisches Alter nicht länger der bestimmende Indikator, sondern das biologische." Mit unterschiedlichen Ansätzen können Alterungsprozesse verlangsamt oder sogar aufgehalten werden. Forscher weltweit setzen sich mit dieser Frage auseinander. Eine verheißungsvolle Idee setzt bei den Zellen an. Die nämlich teilen sich mit zunehmendem Alter immer langsamer, stellen mithin ihr Wachstum ein. Das wiederum beeinflusst unser biologisches Alter und so die funktionalen Eigenschaften unseres Organismus. Das nennt sich Seneszenz. Auf Basis dieser biologischen Gesetzmäßigkeit beschäftigt sich ein Feld der Grundlagenforschung, die Senotherapie, damit, wie man diesen Zellveränderungen entgegenwirken kann. Eine Idee ist dabei, das weltweit am häufigsten bei Diabetes verschriebene Medikament Metformin einzusetzen, um vor altersbedingten Krankheiten zu schützen. Noch ist eine solche Therapie gegen das Altern über die Grundlagenforschung nicht hinausgekommen. Immerhin: In vorklinischen Studien fanden die Wissenschaftler Hinweise darauf, dass Metformin Effekte auf altersbedingte Krankheiten (Krebs, Herz- und Kreislauferkrankungen) haben könnte.

Tatsache ist: Die Fachwelt diskutiert und forscht emsig am Jungbrunnen. Neben dem Ansatz, die Zellen wieder auf Wachstum zu trimmen oder zumindest ihren Wachstumsstopp zu bremsen, existiert auch ein Ansatz, der darauf setzt, dass junges Blut einen alten Organismus wieder auf Trab bringen könnte. Die Mediziner, die diesen Ansatz verfolgen, sprechen vom „Boostern" und halten ihn für evolutionär. Die

Genforschung hat in Sachen Jugend (oder jung bleiben) sicher noch einiges in petto. Einen Einfluss auf unser biologisches Alter kann auch unsere Ernährung nehmen. Der letzte Schrei bei diesem Thema: die Askese – also der vorübergehende Verzicht auf die Nahrungsaufnahme.

Fakt ist: Der Ruhestand beschleunigt den geistigen Abbau. Das jedenfalls weiß eine Studie des RWI – Leibniz-Instituts für Wirtschaftsforschung. Ein frühzeitiger Rentenbeginn mache müde, die Menschen bauten schneller ab, heißt es dort. Auch die geistige Fitness nehme ab. Durchschnittlich verdoppele sich der kognitive Abbau durch den Renteneintritt gerade zwischen dem 60. und 70. Lebensjahr. Klar kommen dazu auch körperliche Einschränkungen (Herz, Hüfte etc.), die mit dem Alter und der ausgeübten Tätigkeit einhergehen und die kognitiven Fähigkeiten älterer Menschen deutlich und anhaltend beeinträchtigen können. Auch wer früher in den Ruhestand eintritt, aber im Ruhestand aktiv ist und bleibt, erleide keine solchen starken Einbußen der geistigen Fitness, so die Studie von Prof. Dr. Hendrik Schmitz (RWI).

„*New Work ist eine andere Art, Arbeit zu organisieren. Die Absicht ist, Arbeit so zu organisieren, dass sie nichts Gezwungenes ist, sondern man Arbeit tut, die man wirklich, wirklich will. Das ist, was ich seit vielen Jahren predige.*"

Frithjof Bergmann, t3n, 2021

New Work

Wie können wir arbeiten, wie wollen wir arbeiten? Was braucht es dafür?

Unser Rentensystem wackelt – die viel beschworene Generationengerechtigkeit ist uns abhandengekommen. Und: Arbeit allein, so eine weitere bittere Erkenntnis, sorgt im Alter nicht unbedingt für gesicherte Verhältnisse. Kein Wunder also, dass die heute frisch auf den Arbeitsmarkt drängenden Generationen Y (gemeint sind die Millennials, die laut McKinsey zwischen 1981 und 1995 geborenen Menschen) und Z (zwischen 1995 und 2010 geborene Jahrgänge) ein ganz anderes Verständnis von Arbeit und Leben haben als die Generationen vor ihnen. Bewerteten die Babyboomer – also die Menschen, die heute nach und nach in Rente gehen – ihre Arbeit und ihren Arbeitsplatz für das Leben als essenziell, denken unsere Nachkommen darüber ganz anders. So strebt die Gen Y nach einer ausgewogenen Work-Life-Balance, setzt auf sinnerfüllende Lebensmodelle. Arbeit ist zweckerfüllend und nicht Sinn des Lebens. Allerdings: Die Grenzen zwischen dem Broterwerb und dem Leben nach Feierabend sind hier nach wie vor fließend. Begründet von den Eltern und Großeltern dieser Generation hält sich dieses Modell hartnäckig – trotz viel beschworener Ansätze der Work-Life-Balance. Eine strikte Trennung zwischen den beiden Welten gelingt erst der Gen Z: Mit dieser Generation entsteht der Begriff des Work-Life-Cut – also der strikten Trennung von Arbeit und Leben. Das Unternehmen für Arbeitssicherheit und Arbeitsmedizin AuA24 AG stellt dazu fest: „Grundsätzlich kann man sagen, dass Gen Z deutlich mehr Wert auf ihre eigenen Bedürfnisse und private Entfaltung legt als ihre Vorgängergeneration. Der Work-Life-Cut ist damit ein wichtiger Bestandteil, um die Zufriedenheit der Generation Z im Beruf zu gewährleisten." Die Randstad-Studie „Workmonitor 2022" bestätigt diese These: „Lieber arbeitslos als unglücklich", fasst eines der Teilergebnisse die neue Denke zusammen. 40 Prozent würden sich aus einem unbefriedigenden Job zurückziehen wollen, 41 Prozent der Befragten würden sogar aktiv kündigen, wenn die Arbeit das Privatleben unangenehm tangiert. Das Thema Rente, das die Babyboomer bis heute umtreibt (okay, Mick Jagger, der bekanntlich auch dazu gehört, wohl eher nicht), ist für diese Generation eher keins. Oder wie die SPIEGEL-Autorin Lea Schönborn im Mai 2022 schreibt: „Wir Jungen haben einen Vorsprung, weil wir wissen, wie wir nicht leben wollen. Wir haben gesehen, wohin es führt, wenn sich unsere Eltern kaputtarbeiten: Burn-out und sehnsüchtiges Warten auf die Rente. Deshalb wollen wir lieber jetzt glücklich sein." Ein berechtigtes Interesse, fürwahr. In der WirtschaftsWoche (WiWo 14 vom 31.3.2023) wird gefragt: „Was wollen sie denn nur?" Die Generation Z strömt auf den Arbeitsmarkt – und Führungskräfte begrüßen sie mit Unterstellungen: Der Nachwuchs sei verweichlicht, faul, zu anspruchsvoll. Flexibles Arbeiten als Argument für einen neuen Arbeitgeber sei Babyboomern und Vertretern der Generationen X und Y sogar noch deutlich wichtiger als der Generation Z, so die WirtschaftsWoche.

Deshalb greifen Unternehmen immer häufiger zu Antrittsboni trotz mehr Gehalt oder Zusagen, von zu Hause aus arbeiten zu können. Den Ausschlag gab in einem dieser Fälle eine Wechselprämie von 15.000 Euro, die der Kandidat als Zeichen von Wertschätzung empfand. Aber auch 1.250 Euro Empfehlungsprämie für einen Azubi machen sich bezahlt: Etwa 10 Prozent der Mitarbeiter werden über Mitarbeiterempfehlungen rekrutiert.

Ein aktuelles Beispiel aus meinem direkten Umfeld zeigt, wie dieser Ansatz konsequent gelebt wird. Ein Mittelständler sucht einen Mitarbeiter für das Marketing und hat (vermeintlich) Glück: Es bewirbt sich eine 24-Jährige, mit einem frischen Masterabschluss in der Tasche. Sie passt perfekt, ist hoch motiviert, engagiert und stellt in kürzester Zeit das Marketing des Unternehmens auf vernünftige Füße. Social Media gehört dazu ebenso wie eine funktionierende PR. Sie passt sich an, gehört zum Team, lässt nicht vermuten, dass irgendetwas nicht stimmen könnte. Nach fünf Monaten gibt's ein Feedbackgespräch. Eines, in dem der Chef die Probezeit der jungen Frau beenden möchte. Etwas, was unsere Generation mehr als erfreut hätte. In dem Gespräch kommt sie sehr schnell auf den Punkt: Das Umfeld wäre nichts für sie, man wäre zu unflexibel, setze zu wenig auf Nachhaltigkeit und überhaupt das Thema Diversity wäre zu wenig gelebt. Und legt mit diesen Worten die bereits formulierte Kündigung auf den Tisch. Klar, dass sie den nächsten Job (bei einem Start-up, das sich auf eben diese Themen spezialisiert hat) bereits in der Tasche hat. Das Beispiel ist nicht außergewöhnlich und zeigt: Die herangewachsene Generation, die auf dem Arbeitsmarkt erstmals präsent ist, geht andere, geht neue Wege. Wege, die glücklich machen und Sinn versprechen. Mit einer Konsequenz, die wir rückblickend nur selten an den Tag gelegt haben.

Aber: Auch diese Generationen werden irgendwann in Rente gehen. Und dafür braucht es funktionierende Konzepte. Konzepte, die über das bloße Rentendasein hinausgehen und Ansätze mitdenken, die ein neues Verständnis von Arbeit bei allen Generationen etablieren. Bereits im Koalitionsvertrag des Landes Baden-Württemberg, den ich unterschrieben habe, haben wir der neuen Entwicklung „3D" einen besonderen Schwerpunkt beigemessen: Digitalisierung, Dekarbonisierung und demografischer Wandel sind drei entscheidende Trends, die sich gegenseitig beeinflussen und als

Turbo verstärken. So verspricht der Autor und Digitalisierungsexperte Dr. Jens-Uwe Meyer dass durch ein regelmäßiges Reset ein Unternehmen zu den Gewinnern des Turbowandels gehören wird.

Arbeit wandelt sich

Ein Ergebnis der Corona-Pandemie: Die Menschen arbeiten anders als bislang. Es gibt neue Formen der Zusammenarbeit, das mobile Arbeiten ist salonfähig, das Homeoffice zum neuen Normal geworden. Gleichzeitig erleben wir seit Jahren eine Zunahme psychischer Leiden, von Stresserkrankungen und auch Burn-outs, die vor allem auf Belastungen am Arbeitsplatz zurückgeführt werden. Natürlich gibt es viele Tipps und Empfehlungen, wie man mit Entspannungstechniken zur Ruhe kommen kann oder Stress und negative Gefühle abschütteln soll. Techniken können helfen, die Resilienz zu stärken. Ein Thema, das uns in den kommenden Jahren zunehmend beschäftigen wird. Ist ein Unternehmen doch erst dann stark, wenn seine Mitarbeiter stark sind. Neuere Forschungen zeigen uns, wie wichtig die Wahrnehmung zum Beispiel von Sicherheit sowie das Training von Flexibilität, Beweglichkeit und Anpassungsfähigkeit sind. Auch Mobbing ist ein Thema, das in den letzten Jahren traurig populär geworden ist. Die Arbeitspsychologin und Gesundheitsmanagerin Barbara Karger empfiehlt Unternehmen einen offensiven Umgang mit dem Thema Mobbing. Etwa durch externe Mobbingbeauftragte, Psychologen oder professionell besetzte Beratungsstellen. Psychisches Wohlbefinden am Arbeitsplatz setzt Sicherheit, Widerstandsfähigkeit und damit Krisenfestigkeit bei den Mitarbeitern voraus. Nur wenn deren Stärken gefestigt werden und sie glücklich und sicher sind bei dem, was sie tun, werden sie es gerne tun und mit Loyalität und innerer Zufriedenheit den Arbeitgeber mit Leistungsfreude statt innerer Kündigung belohnen!

Meine oben beschriebenen neuen Währungseinheiten der neuen Arbeitswelt der Zukunft, nämlich Sinn, Zeit und Vertrauen, werden gerade in Zeiten des Nachwuchsmangels und des Fachkräftemangels eine immer höhere Kapitalisierung bedeuten. Nur wenn wir bei jedem einzelnen Mitarbeitenden die Stärken festigen, die Resilienz erhöhen und den persönlichen Weg ermöglichen, der ihn zur wahren, eigenen Erfüllung führt, wird derjenige seine innere Quelle gefunden haben und gerne auch viel arbeiten, ohne zu ermüden. Wenn er oder sie dagegen sich in eine Umgebung oder ein Team oder eine Aufgabe gezwungen oder gar gemobbt fühlt und sich dabei überfordert, wird er nicht nur seinem Glück, seinem Elan und Erfolg und seiner Erfüllung im Wege stehen und nicht nur sich selbst erschöpfen, sondern auch die Mitarbeiter und Menschen in seiner Umgebung. Pater Anselm Grün meinte dazu öffentlich, dass seine Arbeit in einem solchen Fall weder für ihn noch für andere zum Segen wird. Recht hat er!

„Wenn du Angst hast vor dem Versagen, dann wirst du wahrscheinlich versagen." (Kobe Bryant)

Schon deshalb sollte man die Stärken festigen, weil es stets davon abhängt, ob du glaubst, etwas zu schaffen oder eher befürchtest, zu scheitern. Auch hier gilt: Nur wer Mut hat, macht Mut! Alles beginnt im Denken! Nur so werden Mitarbeiter die Dinge mutig anpacken und vorankommen statt scheitern! In meinen Reden habe ich des Öfteren darauf hingewiesen, dass der Weg zum Glück nur über die Brücke der inneren Zufriedenheit geht. Zufriedenheit am Arbeitsplatz ist dabei ein wichtiger Baustein.

„Denn Erfolg – auch beruflicher Erfolg – beinhaltet nicht nur berufliche Aspekte, wie insbesondere Geld, sondern auch Freizeit, Familie, Freundschaften, ein gesundes Leben, Schlafhygiene und Work-Life-Balance. Wichtig ist, dass man einen guten Ausgleich findet! Denn, wenn ihr nur arbeitet, seid ihr erfolgreich auf einem unerfolgreichen Weg unterwegs", meint auch Carsten Maschmeyer in seiner aktuellen Lebensbilanz.

Ohnehin ist die Wunsch-Arbeitszeit der Deutschen laut F.A.S. unter Berufung auf das DIW auf einen Tiefstand von nur noch 32,8 Stunden gesunken. Eine Dekade zuvor lag sie noch bei 34,4 Stunden pro Woche. Gestiegen ist der Wert nur bei Frauen über 60, die mittlerweile über 26 Stunden in der Woche arbeiten wollten. In einer neuen Lebensphase mit Chancen und Flexibilität sehen sich die über 60-Jährigen heute in einer sich wandelnden Gesellschaft. Allerdings auch mit neuen Aufgaben und entsprechenden Fort- und Weiterbildungen. Ganz nach dem Motto: „Das Schönste am Lernen ist, dass niemand uns das Erlernte wegnehmen kann." (B. B. King)

Ganz und gar nicht in dieses Bild passen zwei jüngste Urteile zur Arbeitszeiterfassung. Denn eigentlich sollte die „Stechuhrtickzeit" längst überwunden sein. Fordern übrigens auch Arbeitgeber, da andernfalls den Beschäftigten ein Verlust an Flexibilität drohe, worauf Dietrich Creutzburg auch in der F.A.Z. vom 08.02.2023 hingewiesen hat. Der Anstoß kam 2019 vom EuGH, als er die EU-Staaten verpflichtet sah, ein objektives, verlässliches und zugängliches System einzurichten, mit dem die tägliche Arbeitszeit von jedem Arbeitnehmer gemessen werden kann. Daraus hatte dann das Bundesarbeitsgericht im September 2022 ebenfalls einen entsprechenden Rechtsgrundsatz für Deutschland abgeleitet. Sowohl Gewerkschaften als auch Arbeitsrechtskollegen haben hieraus – die aus meiner Sicht umstritten arbeitsrechtliche Pflicht zur lückenlosen Zeiterfassung abgeleitet. Natürlich gibt es die Arbeitnehmerschutzrechte, die aber im Falle günstigerer einvernehmlicher Verabredungen von Arbeitgeber und Arbeitnehmer eine Vertrauensarbeitszeit nicht verhindern sollten.

Auch der Bundesgesetzgeber kann im Rahmen der Normenhierarchie hier für Klarheit sorgen, bevor sich eine Überinterpretation des Europarechts in der deutschen Rechtsprechung verfestigt. Zumal die Ampel im Koalitionsvertrag angesichts der Rechtsprechung des EuGH zum Arbeitszeitrecht flexible Arbeitszeitmodelle wie Vertrauensarbeitszeit weiterhin ermöglichen möchte.

Dies ist aus meiner Sicht schon auch aus Rechtsklarheitsgründen bitter nötig, um auch hier der veränderten Arbeitswelt gerecht zu werden. Und um dem Vorurteil zu begegnen: „In Brüssel wird's erdacht, in Deutschland wird's gemacht, in Rom wird gelacht." Ohnehin beklagt nicht nur die Industrie, sondern auch der Mittelstand ein Zuviel an Bürokratie in Deutschland. Deshalb habe ich des Öfteren bei der Entbürokratisierung stärkeren Nutzen der Rebschere statt der Heckenschere in der Zeitschrift „Der Mittelstand" empfohlen (siehe auch mein Buch „Traubenweise").

Beeindruckt hat mich auch immer wieder der Trigema-Chef und Inhaber seines Familienunternehmens Wolfgang Grupp. Er war häufig zu Gast in Berlin in unserer Landesvertretung, als ich als Bevollmächtigter des Landes sowie als Bundesrats- und Europaminister Gastgeber war und auch bei Gesprächen über den Mittelstand mit ihm Kontakt hatte. Als Unternehmer mit 1.200 Mitarbeitern steht er mit 80 Jahren sehr vital noch seiner Firma vor und meinte zu der Diskussion zur Rente mit 63 oder 67: „Bei mir kann jeder arbeiten, solange er will." Wenn jemand über 35 oder 40 Jahre tätig sei, dann sei das eine gute Arbeitskraft. „Ich bin über jeden

Mitarbeiter froh, der dann zu mir sagt: Ich hänge noch ein paar Jahre dran", so Wolfgang Grupp zum Jahresbeginn 2023 selbstbewusst in der Bild am Sonntag. Dazu gehören für mich auch steuerliche Anreize für Einkünfte nach Erreichen des Renteneintrittsalters oder gar steuerfreier Verdienst für Rentner, wo nur noch Sozialabgaben vom Lohn einbehalten werden. Eine sinnvolle Überlegung – nicht nur angesichts des Fachkräftemangels, sondern auch angesichts der zunehmenden Sorge vor Altersarmut. Dass das ein Thema ist, zeigt auch eine INSA Umfrage: Danach macht sich weit über die Hälfte der Bevölkerung in Deutschland große Sorgen um die Sicherung der Renten. Bei den über 60-Jährigen sind es sogar zwei Drittel laut Hermann Binkert, dem heutigen INSA-Chef und meinem früheren Kollegen als Bevollmächtigter für Thüringen in Berlin, im Rahmen einer bundesweiten Umfrage zum Jahreswechsel für BILD.

Damit wird die verschleppte Reform der Sozialversicherungen im Mittelpunkt der politischen Diskussion der kommenden Jahre stehen. Das bestätigt Professorin Monika Schnitzer, Mitglied im Sachverständigenrat der Wirtschaftsweisen, und schlägt vor, den Anstieg der Renten nicht mehr wie bisher eins zu eins an die Lohnentwicklung zu kuppeln. Eine andere Forderung stellt die Wiedereinführung des Nachhaltigkeitsfaktors vor, den Arbeitsminister Hubertus Heil 2018 ausgesetzt hat. Denn: Wer bei steigender Lebenserwartung die Renten nicht kürzen und die Beiträge nicht erhöhen will, wird nicht umhinkommen, die Rente später zu zahlen. Heißt: Die Menschen müssen länger arbeiten. Obwohl sich noch viele gesellschaftliche Gruppierungen und Parteien sowie Gewerkschaften dagegen wehren, muss bedacht werden, dass das tatsächliche Renteneintrittsalter bei 64,1 Jahren liegt und das gesetzliche zwar auf 67 Jahre beschlossen, aber offenkundig in der Realität nicht umgesetzt ist. Schnitzer schlägt nun wohl in Anlehnung an Bernd Raffelhüschen vom Institut für Finanzwissenschaft in Freiburg vor, die Arbeitszeit an die Lebenserwartung zu knüpfen: pro jedem Jahr mehr Lebenserwartung acht Monate längere Arbeitszeit. Wenn wir so ein Modell umsetzen, dann wird in 40 Jahren das Renteneintrittsalter bei 69 Jahren liegen. Darauf kann man sich als junger Mensch heute bereits vorbereiten. Allerdings halte ich den Anpassungszeitraum von 40 Jahren für zu wenig ambitioniert.

Wie sich die Politik das Leben nach dem Arbeitsleben vorstellt
Alle Parteien des deutschen Bundestages haben Renten-Modernisierungsansätze in der Tasche und sie spätestens zum Wahlkampf 2021 auf den Tisch gelegt. CDU und FDP setzen dabei weiterhin auf Traditionelles und präferieren das klassische Drei-Säulen-Modell des deutschen Rentensystems, bestehend aus gesetzlicher, privater und betrieblicher Altersvorsorge. Vor allem auf das gesetzliche Rentensystem setzen SPD, Grüne und Linkspartei. Die Grundidee: Ganz gleich, ob angestellt oder selbstständig, alle zahlen in diese Kasse ein. Selbst die AfD macht sich Gedanken um den Ruhestand und möchte den Steuerzuschuss für das Rentensystem erhöhen. Auch das Thema Altersarmut treibt alle Parteien um. Diskussionen gibt es parteienübergreifend über das Renteneintrittsalter.

Die Rentenpläne der Bundesregierung
Bis Ende des Jahres 2022 sollte es kommen, das Rentenpaket II. Das jedenfalls stellte Arbeitsminister Hubertus Heil im April des Jahres in Aussicht. In der Wochenzeitschrift DIE ZEIT führte er die Pläne aus und erklärte: „Erstens: Wir sorgen

dafür, dass das Rentenniveau stabil bei 48 Prozent bleibt, und zwar langfristig. Und zweitens: Wir stellen die Finanzierung der Rente auf eine breite Basis mit dem Aufbau eines Kapitalstocks." Das Vorhaben der Bundesregierung ist im Koalitionsvertrag festgehalten. Ein zentrales Versprechen der Koalitionäre: Das Mindestrentenniveau (das Rentenniveau bezeichnet das Verhältnis der Rente zu den Löhnen und somit die Absicherungskraft der Rente) von 48 Prozent soll dauerhaft gesichert werden. Finanziert werden soll die Absicherung durch eine neue Kapitalanlage – zehn Milliarden Euro aus Haushaltsmitteln sollten dafür in einem ersten Schritt noch im Jahr 2023 bereitgestellt werden. 10 Milliarden könnten allerdings bestenfalls ein Anfang sein, sind sich die Teilnehmer (Alexander Leisten, Fidelity International, Prof. Dr. Tabea Bucher-Koenen, ZEW Mannheim/Universität Mannheim, Dr. Udo Müller, Mercer Deutschland) einer Expertendiskussion des Deutschen Instituts für Altersvorsorge einig. Zu einem ähnlichen Schluss kommt auch Dr. Jochen Pimpertz, Ökonom am Institut der deutschen Wirtschaft Köln (IW), der in der WirtschaftsWoche erklärt: „Damit eine kapitalgedeckte Säule substanziell zur Stabilisierung der gesetzlichen Rente beitragen kann", sagt er, „muss der Kapitalstock die Anschubfinanzierung binnen weniger Jahrzehnte um ein Vielfaches übersteigen". Auch die Präsidentin der Deutschen Rentenversicherung, Gundula Roßbach, äußert gegenüber der dpa Kritik und verweist auf den jährlichen Haushalt ihres Instituts, der mit 340 Milliarden Euro pro Jahr die angekündigte eine Milliarde mehr als deutlich überschreitet. Mit anderen Worten: Man muss schon genauer hinschauen, was auf die ersten 10 Milliarden folgt, wie also mit welchen Mitteln weiter investiert werden kann. Für die Babyboomer, das weiß auch der rentenpolitische Sprecher der Grünen, Markus Kurth, ist dieser Zug ohnehin abgefahren. Er gehe, so zitiert es die WirtschaftsWoche, von einem Zeitraum von 70 Jahren aus, bis diese Form der Kapitaldeckung greift. Der Bundesregierung ginge es bei den beiden Rentenpaketen vor allem um langfristige Stabilität bei der Alterssicherung, erklärt Heil.

Generationengerecht? Eher kaum, wie das Forschungszentrums Generationenverträge der Universität Freiburg feststellt. Sorgt die Reform der deutschen Rente doch für eine deutliche Mehrbelastung der nachwachsenden Generationen. Die stolze Summe von 1,56 Billionen Euro sollen vor allem die Beitragzahler übernehmen, das heißt: Wer heute arbeitet, wird künftig deutlich mehr von seinem Lohn oder Gehalt für die Rente abgeben müssen, als seine Eltern oder Großeltern es getan haben. Damit ist die bisherige klassische Lastenverteilung, also die etwa gleiche Verteilung auf Jung und Alt, aufgegeben. Insgesamt 1,56 Billionen Euro wird die Rentenversicherung für das Paket der Bundesregierung aufbringen müssen, errechnet das Freiburger Forscherteam um den Finanzwissenschaftler Bernd Raffelhüschen. In der WELT kritisiert er die geplante Sicherung des Rentenniveaus als „Bruch der Fairness zwischen den Generationen". Denn, wenn die Renten gleichermaßen wie die Löhne steigen, steigen auch Beitragssatz und Steuerzuschuss an die Rentenkasse, stellt Dorothea Siems in der WELT fest. Siems referiert auch auf den Juni-Bericht der Bundesbank, in dem es heißt, die Pläne der Bundesregierung würden bis 2070 zu einem Beitragssatz von 27 Prozent führen – der Satz liegt heute bei 18,6 Prozent.

Wie sich die Opposition aus CDU/CSU das Rentensystem der Zukunft vorstellt

„Die Rente", so heißt es im Juli 2021 im „Programm für Stabilität und Erneuerung. Gemeinsam für ein modernes Deutschland", „ist mehr als ein Einkommen im Alter. Sie ist Lohn für Lebensleistung. Für uns gelten dabei drei klare Prinzipien.

Erstens: Leistung muss sich lohnen. Wer ein Leben lang gearbeitet oder Kinder erzogen hat, muss mehr haben als jemand, der nicht gearbeitet hat, und er sollte nicht auf Sozialhilfe angewiesen sein. Deshalb haben wir mit der Grundrente dafür gesorgt, dass kleine Renten nach langer Erwerbstätigkeit bedarfsgerecht aufgestockt werden. Zweitens: Rente muss ein Leben in Würde ermöglichen. Sie muss immer mehr sein als nur Armutsbekämpfung. Und drittens: Die Rente muss nachhaltig, sicher und solide finanziert sein." Ebenso wie die FDP setzen auch die Unionsparteien auf das traditionelle Modell aus gesetzlicher, privater und betrieblicher Vorsorge. Dabei soll es aber nicht bleiben. Angepasst werden soll vor allem mit Blick auf Geringverdiener die betriebliche Vorsorge – sie soll für alle gelten. Auch die kapitalgedeckte Altersvorsorge soll angefasst werden. Als einen wesentlichen Baustein haben CDU und CSU hier eine sogenannte „Generationenrente" vorgesehen, ein Rentenmodell, das mit der Geburt beginnt. Geprüft werden solle, „ ... wie man die Generationenrente mit einem staatlichen Monatsbeitrag zur Anlage in einem Pensionsfonds – mit Schutz vor staatlichem Zugriff – ausgestalten kann." Für die private staatlich geförderte Altersvorsorge wünschen sich die Unionsparteien einen Neustart. Das Ziel: mehr Menschen für diese Form der Vorsorge gewinnen. Geplant sei ein verpflichtendes Standardprodukt, wie die Tagesschau-Redaktion im August 2021 die Überlegungen der Parteien zusammenfasst. Ganz so verpflichtend ist das Produkt dann aber offensichtlich doch nicht, denn vorgesehen ist, dass Arbeitnehmer die Möglichkeit haben, das Ganze abzulehnen.

New Work – auch im Alter neue Wege gehen
Ich halte allerdings ein noch weitreichenderes Modell für zielführender. Ein Modell, das etwa Flexibilität beim Renten-

eintrittsalter vorsieht und jedem die Möglichkeit offenlässt, so lange zu arbeiten, wie es die eigene Gesundheit erlaubt. Die Generation der neuen Alten, zu denen ich auch gehöre, ist heute deutlich fitter und länger aktiv als alle Generationen vor ihnen. Auch wenn das nicht für alle Berufsgruppen gilt, steht doch fest: Wir leben alle deutlich länger. Warum also passen wir unsere Lebensarbeitszeit nicht der Zeit unseres Lebens an? Warum ist es hierzulande offenkundig nicht möglich, über die Idee eines flexiblen Renteneintrittsalters nachzudenken? Bevorzugt der eine den frühen Ruhestand nach einem erfüllten Berufsleben, will der andere vielleicht noch einmal Neues wagen. Für beides sollten wir, wenn wir denn das Thema New Work ernst nehmen, Gestaltungsspielraum definieren und endlich aufhören, ein bestimmtes Alter als DEN Renteneintritt festlegen zu wollen. Dafür bedarf es neben gesetzlichen Regelungen, die diese Flexibilität zulassen, auch die Änderung des gesellschaftlichen Mindsets. Unser gelerntes Altersverständnis, das wir über viele Generationen hinweg gepflegt und etabliert haben, muss angepasst werden. Danach sollte sich das Altsein nicht mehr, gesellschaftlich akzeptiert, nach dem Geburtsjahrgang richten, sondern nach dem eigenen individuellen Verständnis beziehungsweise dem, was man noch zu leisten in der Lage ist (und möchte!).

Ab wann ist man denn eigentlich alt? Dieser Frage geht seit Jahren Professorin Dr. Adelheid Kuhlmey, die Direktorin des Instituts für Medizinische Soziologie und Rehabilitationswissenschaft an der Berliner Charité, mit ihrem Team nach. Sie stellt in einem Interview fest: „Biologisch definieren wir, dass ein Mensch alt ist, wenn die Hälfte seiner Geburtskohorte bereits verstorben ist. Daran sehen Sie, dass heute weder die 60- noch die 70-Jährigen alt in diesem Sinne sind. Bei heutiger Lebenserwartungssituation kann, der Definition folgend, ein Mensch als alt bezeichnet werden, wenn er über dem 80. Lebensjahr ist. In der Gerontologie unterscheiden wir zwischen dem dritten und dem vierten Alter. Also die 60- bis 85-Jährigen, die wir eher als die jungen Alten bezeichnen und die über 85-Jährigen als die alten Alten, die Hochbetagten." Diese Entwicklung bedingt auch ein neues Bild vom Alter und vom Altern. Denn: „Zwar binden wir noch immer sehr viele, auch rechtliche Dinge an das kalendarische Alter. Aber natürlich machen Menschen heute in Lebensaltern etwas, was wir früher nur ganz bestimmten anderen Lebensstadien zugeschrieben haben", so Kuhlmey. Die Gerontologin untermauert ihre These mit einem ganz konkreten Beispiel: So hat an der Berliner Charité vor einiger Zeit eine 60-Jährige Vierlinge entbunden. Gesellschaftlich rümpfen die meisten von uns an dieser Stelle die Nase: Muss das in diesem Alter noch sein? Und: Wie will sie in ihrem Alter diese Kinder aufs Leben vorberieten? Kuhlmey (und ich übrigens auch) vertritt da einen ganz pragmatischen Ansatz: „Warum eigentlich nicht? Alter verändert sich. Medizinisch ist es möglich, dass eine Frau in diesem Alter Kinder austrägt. Demografisch gesehen hat sie noch eine fernere Lebenserwartung von 30 Lebensjahren. Da kann sie gut noch Kinder aufziehen."

Was es also braucht, sind der Entwicklung des Alters und Alterns angepasste Bilder der Betrachtung. Kuhlmey: „Wir knüpfen uns sehr häufig noch an eine Lebenseinteilung in drei Abschnitte: Kinder-, Jugend- und Ausbildungszeit, dann das aktive Arbeitsleben und die Zeit der nachberuflichen Lebensphase. ... Wir brauchen neue Bilder vom Alter, was wir mit diesen gewonnenen Lebensjahren anfangen wollen. Sinnvoll wäre, nicht immer mehr vom immer Gleichen zu machen, sondern strukturierte Modelle zu haben. Nicht einfach nur länger weiterarbeiten, sondern da brauchen wir Fantasie."

Die goldenen Jahre sind vorbei

Adelheid Kuhlmey bringt es auf den Punkt: Wir brauchen Fantasie, um die Zukunft einer immer älter werdenden Gesellschaft zu gestalten. Denn: Die goldenen Jahre sind vorbei. Das hat man eine demografische Atempause genannt, waren es doch die geburtenstarken Jahrgänge, die den Brutto-Nettolohn verdient haben. Und jetzt kommt die finanzielle Last des demografischen Wandels. Einige Zahlen dazu: Noch 1951 betrug die Lebenserwartung bei den männlichen Neugeborenen 65 Jahre in Deutschland. Allerdings: Lediglich 65 Prozent haben dieses Alter dann auch tatsächlich erreicht. Zwischen 2015 und 2017 lag die Lebenserwartung für Neugeborene schon bei 78 Jahren – ein 65 Jahre alter Mann, so rechnet das Statistische Bundesamt vor, durfte sich im Durchschnitt noch auf weitere 18 Lebensjahre einrichten. Eine 65-jährige Frau sogar auf mehr als 21 weitere Jahre. Zum Vergleich: 1971 lebte der 65-Jährige etwa 9 Jahre länger. Heute werden etwa 86 Prozent der Bevölkerung mindestens 65 Jahre und älter. Auf die Rente bezogen: Noch 1960 bezog der Durchschnittsrentner ab 65 Jahren noch etwa zehn Jahre sein Ruhestandsgeld. Heute sind das bereits deutlich über 20 Jahre – mit steigender Tendenz.

Die bekannte New Yorker Geschäftsfrau, Innenarchitektin und Mode-Ikone Iris Apfel wurde unlängst 100 Jahre und sagte dazu: „Auf die nächsten 100 Jahre!" Apfel wurde erst mit 80 zu der schillernden Gestalt, die man kennt. Sie ist also in betagtem Alter nochmals so richtig durchgestartet. Wie auch die Stones, die, allesamt knapp 80, im Sommer 2022 eine weitere Welttournee beendeten. War es die fünfte Abschiedstournee? Egal – die beiden illustren Beispiele zeigen deutlich, dass das Alter heute keine Rolle mehr spielt und eben nicht mehr gleichbedeutend mit Rente oder Lebensabend ist. Im Gegenteil: Die jungen Alten von heute sind für die Gesellschaft, für die Wirtschaft, kurz: für die zukünftige Gestaltung unseres Lebens unverzichtbar. Dafür braucht es ein valides Konzept, das dem Alter eine echte Chance gibt, das die älter werdenden Menschen aktiv in das gesellschaftliche und wirtschaftliche Leben integriert und der These gerecht wird, dass die neuen Alten durchaus Produktives beizutragen haben.

Flexi-Gesetz sorgt für Flexibilität

Ein für mich spannendes Konzept in diesem Zusammenhang ist das Lebensarbeitszeitkonto, das bereits 1998 im sogenannten Flexi-II-Gesetz gesetzlich verankert wurde. 2009 wurde es zuletzt angepasst. Ich war zu dieser Zeit Bundesratsminister für das Land Baden-Württemberg im Bundesrat. Es war eine sinnvolle Ergänzung seinerzeit. Dadurch wurde eine Grundlage geschaffen, bezahlte Arbeitsfreistellung auch nach mehreren Jahren noch in Anspruch zu nehmen. Ein solches Konto bietet demnach die Chance, Zeit oder Geld für die erwähnte, längere Freistellung anzusparen, währenddessen das Beschäftigungsverhältnis dennoch weiterläuft. Natürlich können hierbei auch Weihnachts- und Urlaubsgeld, Überstunden oder Überstundenvergütung, sonstige Leistungen wie Tantiemen, freiwillige Zuwendungen oder auch nicht genommener Urlaub auf das Konto angerechnet werden. Vor diesem Hintergrund gibt es im Rahmen der zunehmenden Bedürfnisse während des Arbeitslebens durchaus neben der Überlegung eines Sabbaticals oder der Elternzeit auch die Möglichkeit einer „Auszeit" für Pflegezeit bei pflegebedürftigen Angehörigen oder eines längeren Urlaub beziehungsweise natürlich einer Frührente. Arbeitsrechtlich und vertraglich allerdings keine leichte Angelegenheit, auch wenn es eine bestehende Rechtsgrundlage dafür gibt (etwa die § 7b bis § 7f sowie der § 23b des SGB IV).

Vor allen Dingen sollten diese gesetzlichen Möglichkeiten stets in einer arbeitsvertraglichen Vereinbarung zwischen Arbeitgeber und Arbeitnehmer mit den Verabredungen und Rahmenbedingungen festgehalten werden. Ein Individualvertrag mit einer freiwilligen Zusage kann ebenfalls als Anspruchsgrundlage dienen wie auch eine Betriebsvereinbarung, die von Betriebsrat und Arbeitgeberseite vereinbart wird. Das gesparte Geld wird verzinst, die Zeit wird ohne Zinsen angespart und muss seit 2009, seit der Novellierung im Bundesrecht, in Geld ausgewiesen werden. Diese Beiträge werden steuer- und sozialabgabenfrei eingebracht, damit werden erst bei der Auszahlung des Wertguthabens Steuer und Sozialabgaben rechtlich fällig.

Während der Auszeit beziehen die Mitarbeitenden weiterhin Lohn oder Gehalt, und zwar aus dem angesparten Wertguthaben des Zeitwertkontos. Das Entgelt darf dann 70 bis maximal 130 Prozent dessen betragen, was im letzten Jahr bezogen wurde. Da arbeitsrechtlich das Arbeitsverhältnis während der Freistellung fortbesteht, bleiben auch die sozialversicherungsrechtlichen Ansprüche der Arbeitnehmerinnen und Arbeitnehmer in dieser Zeit bestehen. In der Novelle 2009 wurde auch festgehalten, dass das Wertguthaben insolvenzrechtlich vom Arbeitgeber abgesichert sein muss. Im Falle des Ausscheidens oder einer sonstigen Beendigung durch Auflösungsvereinbarung, Berufsunfähigkeit oder auch einseitige Willenserklärung wie eine Kündigung, kann das Guthaben mit sofortiger Wirkung ausbezahlt werden. Es kann deshalb von Vorteil für Arbeitnehmer sein, weil ein solches Lebensarbeitszeitguthaben gegenüber privaten Vorsorgemodellen eine interessantere Rendite bietet. Bei der heutigen Zunahme von Burn-out-Diagnosen, gerade auch in der Rushhour des Lebens, stellt es zusätzlich ein Stück Freiheit und Flexibilität in der individuellen Lebensgestaltung dar.

Natürlich hat man die individuelle Vereinbarung nur mit dem aktuellen Arbeitgeber. Deshalb ist mein Vorschlag, dass man diese Möglichkeit im Rahmen einer gesetzlichen Novellierung erweitert und damit auch künftige Arbeitgeber einbezieht. Bislang hat jeder neue Arbeitgeber bekanntlich nicht die Pflicht, ein solches Konto zu übernehmen. Die Zeitwertkonten sollten nicht nur von wenigen Unternehmen angeboten werden, an die man dann möglicherweise vertraglich zu sehr gebunden ist, sondern im Rahmen der zusätzlichen Mobilität und Flexibilität stärker in die individuellen Lebensentwürfe bis hin zu den Möglichkeiten im Rahmen der betrieblichen Vorsorge einbezogen werden.

Nur wer in Zeiten nicht mehr der Arbeitslosigkeit, sondern der Arbeiterlosigkeit in sein Personal wirklich investiert, wird in Zukunft am meisten wirtschaftlichen Erfolg haben.

Das Modell also, das es seit einigen Jahrzehnten gibt und das große Konzerne wie BASF, Siemens oder die Deutsche Bahn ihren Mitarbeitenden anbieten. Und das Modell kommt an: So stellt eine Studie der Gothaer Versicherungen fest, dass sich etwa 41 Prozent der Arbeitnehmer ein solches Konto wünschen würden. Allerdings – auch das stellt die Studie fest – bieten es bislang lediglich 5 Prozent der deutschen Unternehmen an. Dabei ist es eine attraktive Ergänzung für die private Daseinsvorsorge und kann per Individualverträgen für Arbeitnehmer äußerst spannend werden. Meistens geht es darum, in jungen Jahren so viel Arbeitszeit anzusparen, dass man – ohne Abschläge – früher in Rente gehen kann. Aber das Modell funktioniert natürlich auch umgekehrt und sollte ebenso für einen späteren Renteneintritt angeboten werden. Das Lebensarbeitszeitkonto dient dann dazu, längere Auszeiten, etwa die Elternzeit, das Sabbatical, also den Ausstieg auf Zeit, Pflegezeiten, zu „finanzieren". Das Modell sollte so flexibel gestaltet sein, dass es die individuelle Ausgestaltung je nach Lebensphase möglich macht. Sascha Grosskopf, Demand Generation Manager bei Cornerstone OnDemand, einem amerikanischen Anbieter von Talent Management Software, bringt es in einem Beitrag in der WirtschaftsWoche auf den Punkt: „Es gibt Phasen, wo einem die 60-Stunden-Woche nichts ausmacht und man für die Karriere alles gibt. Und dann gibt es Phasen, wo vielleicht Familie, Kinder und Hausbau im Vordergrund stehen und der Berufstätige nur noch 35 Stunden pro Woche arbeiten will." Mache ich pro Woche über 11 Jahre lang 4 Überstunden, habe ich nach 11 Jahren ein ganzes Jahr „angespart". Ein Jahr, dass ich dann so nutzen kann, wie es mir beliebt. Durchaus auch dazu, ein Jahr früher in die Rente zu gehen. Aber ebenso gut auch für die Weltreise mit der Familie. „Die Flexibilität muss möglich sein, dass man im Unternehmen bleiben, aber die Positionen und Aufgaben wechseln kann, ohne dass es einer Degradierung gleichkommt, wenn man einen Gang zurückschaltet", sagt Grosskopf im zitierten Artikel der WirtschaftsWoche. Somit wäre das Lebensarbeitszeitkonten-Modell nicht nur ein Weg, später, sondern auch ein Weg, früher in Rente zu gehen – ganz nach den jeweiligen individuellen Lebensplanungen.

Lebensarbeitszeitkonto versus Zeitkonto

Bedauerlicherweise, so zeigt eine Studie des Bundesministeriums für Arbeit und Soziales, ist das Lebensarbeitszeitkonto noch nicht wirklich angekommen, sondern ist bis heute vor allem ein Zeitkonto, auf dem man Überstunden und Sonstiges sammeln kann – meistens ist es auch noch zeitlich auf ein Jahr begrenzt. Heißt: Gesammelte Stunden verfallen nach einem Jahr, wenn man sie nicht abbaut. Und: Habe ich bei einem Unternehmen ein Zeitguthaben angespart, ist es nicht zwingend, dass bei einem Arbeitsplatzwechsel der neue

Arbeitgeber dieses Konto übernimmt. Hier gibt es also durchaus noch Nachholbedarf und viel Gestaltungsspielraum.

Besonders auch vor dem Hintergrund des demografischen Wandels. Der daraus resultierende Fachkräftemangel ist mit Zuwanderung allein kaum zu lösen. Wir müssten pro Jahr etwa 1,5 Millionen Menschen mehr aus anderen Ländern einwandern lassen, um das Demografie-Delta lösen zu können. Ein Lösungsansatz ist das höhere Renteneintrittsalter, das jetzt mit 67 Jahren festgeschrieben wurde. Der Präsident des Arbeitgeberverbandes Gesamtmetall, Stefan Wolf, plädiert im Sommer 2022 für den Rentenbeginn ab 70. Seine Begründung: Die Rentenkasse sei zu stark belastet, die Reserven seien aufgebraucht. Ganz unrecht hat er nicht: Schon jetzt ist einer der größten Posten im Bundeshaushalt der Zuschuss zur Rentenversicherung – Tendenz weiter steigend. In der Bevölkerung kommen solche Ideen nicht wirklich gut an. Der Blick zu den französischen Nachbarn zeigt, wie früh man dort mit einem beachtlichen Rentenpaket in den Ruhestand gehen kann. Vergessen wird dabei allerdings, dass sich die Franzosen diesen Rentenluxus nicht mehr lange werden leisten können. Verständlicher oder einsichtiger reagieren die Menschen, wenn man nicht mehr mit der magischen Zahl des Renteneintritts hausieren geht, sondern eine einfache Formel, die die gestiegene Lebenserwartung berücksichtigt, anwendet. Je nach Lebenserwartung sollten wir dann zwei Drittel unseres Lebens für eine längere Arbeitszeit ansetzen und ein Drittel für die längere Rentenbezugsdauer verwenden. Diese simple Formel könnte der Debatte um die Rente einen neuen Touch geben.

Der Streit um die Rente

„Streit um Rente immer heftiger", so titelte selbst die größte Boulevard-Zeitung in Deutschland BAMS in den letzten

Dezemberwochen 2022. Unter der Fragestellung „Wie lange sollen die Deutschen arbeiten? 63, 65, 67 oder bis 70 Jahre?" verlangt der Arbeitgeberpräsident Rainer Dulger, dass die Rente mit 63 nicht länger haltbar sei, weil sie zu einem sogenannten „Braindrain" (der Abwanderung von Fachkräften ins Ausland) führe. Und doch sind es immer mehr Menschen, die einen frühen Renteneintritt – auch mit Abschlägen – präferieren. Das belegt auch eine aktuelle INSA-Umfrage: Danach will eine Mehrheit der Deutschen (nahezu zwei Drittel der Befragten) gerne mit 63 oder noch früher aussteigen und nur 8 Prozent bis 67 Jahre oder noch länger arbeiten wollen. Im zitierten Bericht der BAMS lässt sich das IFW Kiel mit seinem Arbeitsmarktexperten Dominik Groll dahingehend zitieren, dass wir langfristig um die Rente mit 70 nicht herumkämen. Aktuell liegt das reguläre Renteneintrittsalter für den Jahrgang 1957 bei 65 Jahren und 11 Monaten. Auch der Kanzler hatte wenige Wochen zuvor gefordert, dass mehr Menschen bis zum regulären Renteneintritt arbeiten sollten. Der Bundesarbeitsminister äußerte sich in jenem Beitrag gegenüber der BAMS dahingehend: „Nicht das gesetzliche Renteneintrittsalter muss steigen, sondern das tatsächliche. Erfahrene Arbeitnehmerinnen und Arbeitnehmer dürfen nicht auf das Abstellgleis geschoben werden." Auch dort hat man mittlerweile erkannt, dass Ältere über wichtige Kompetenzen wie Erfahrung und Fachwissen verfügen. Und überdies ist mittlerweile auch in der Politik in Berlin angekommen, dass der Fachkräftemangel zur Wachstumsbremse zu werden droht. Damit muss man aus meiner Sicht die Einstellungspraxis und Wertschätzung gegenüber den Ü-55-Jährigen und den Ü-60-Jährigen schon bei der Akquise mit einer anderen Haltung angehen. Vor allen Dingen müssen Weiterbildung und Qualifizierung erst recht in diesen Altersklassen verstärkt angeboten werden. Aktuell gehen Männer und Frauen mit rund 64 Jahren im Durchschnitt in Rente, sodass für alle über 60-Jährige der durchschnittliche Rentenbezug derzeit bei 20,5 Jahren angesiedelt wird. Lediglich 1,3 Millionen arbeiten noch mit über 65 Jahren und 476.000 Frauen und Männer über 70. Eine weitere Stellschraube stellen die Abzüge und Zuschläge dar. Aktuell werden für jeden Monat, den man früher in Rente geht, 0,3 Prozent abgezogen, während es pro Zusatzmonat nach Erreichen der Altersgrenze 0,5 Prozent Aufschlag auf die spätere Rente gibt.

Die Rente gehört in die Verfassung

Solange die Rente bei jedem Regierungs- oder Ministerwechsel ein Spielball des politischen Interesses bleibt, müssen wir mit immer neuen Rentenpaketen und -vorstößen rechnen. Doch was wir in dieser Frage brauchen, ist vor allem eines: eine stabile Rentenpolitik, deren Grundsätze ebenso wie die Schuldenbremse in der Verfassung integriert werden. Derzeit ist es so, dass es lediglich eine einfache Mehrheit im Bundestag braucht, um die Rentenformel der Vorgängerregierung zu kippen und eine neue zu beschließen. Heißt: Jede neue Regierung „fummelt" an der Rente herum. Solange das so ist, bleibt die Rentenpolitik der politischen Beliebigkeit und Willkür ausgesetzt. Das muss dringend anders werden. Mit meinem Ansinnen bin ich nicht allein. Auch der Präsident des Münchner Ifo-Instituts, Clemens Fuest, hat 2021 vor der anstehenden Bundestagswahl dafür plädiert. Gegenüber dem Newsportal von T-Online erklärte er: „Man könnte eine Art Nachhaltigkeitsvorgabe für die Rente im Grundgesetz verankern, ähnlich wie bei der Schuldenbremse." Sein Vorstoß wurde von den meisten Politikern – quer über alle Parteigrenzen hinweg – nicht besonders gut aufgenommen und heftig kritisiert. Mir gefällt die Idee, den Generationenvertrag und damit die Rente im Grundgesetz festzuschreiben und so das Thema verbindlicher zu machen, als es bislang ist.

Mut gehört dazu

„Habt den Mut, eurem Herzen und eurem Gefühl zu folgen, denn die wissen bereits, was ihr wirklich werden wollt." Diesen Satz von Steve Jobs zitierte ich schon des Öfteren bei Graduierungsfeiern oder Abiturfeiern, bei denen ich in glückliche und herzensoffene Gesichter junger Abiturienten oder Hochschulabsolventen oder Auszubildender bei Glückwunsch- oder Festreden schauen durfte.

„Wenn du deine Berufung zum Beruf machst, dann arbeitest du nicht, dann lebst du", ist ein ebenso bekannter Satz von Michael Flately. Oder der oft zitierte Satz: „Tue, was du liebst, und du musst nie wieder arbeiten!"

Alle betreffen im Grunde genommen die Erkenntnis und die Motivation, dass das bloße Unterscheiden in Arbeitszeit und Freizeit für das Wohlbefinden und ein erfüllendes Leben eine verkürzte Trennung darstellt. Vielmehr geht es stets nicht um Arbeitszeit oder Freizeit, sondern um wertvolle Lebenszeit. Das wird in der Arbeitswelt der Zukunft einen noch größeren Raum einnehmen. Erfolg ohne Erfüllung ist kein Erfolg. In Zeiten von zurückgehender Arbeitslosigkeit und vielmehr zunehmender Arbeiterlosigkeit, also zunehmendem Fachkräftemangel, haben wir einen ungeahnten Wandel auch in der Arbeitswelt. Genauso wie der Dreiklang des Lebens in den Phasen Bildung, Arbeit, Ruhestand sich zunehmend auflösen wird, wird auch die Arbeitswelt in der neuen Lebensarbeitszeit mit völlig neuen Modellen und Herausforderungen, aber auch Wünschen der Generationen Y bis Z konfrontiert sein. Persönliches Wohlbefinden, Sinnhaftigkeit und Glück gehen nur über die Brücke der inneren Zufriedenheit. Die Arbeitswelt und auch der

Arbeitsmarkt ist nicht mehr der gleiche wie vor 20 Jahren oder früher. Deshalb wird es heute viel schwerer sein, Mitarbeiter zu gewinnen und am Arbeitsplatz zu halten. Nur wenn ihre Potenziale abgeholt und ihnen Perspektiven und Chancen aufgezeigt werden, wird man im Wettbewerb um die Talente bestehen können. Allein schon aus demografischen Gründen. Der Jahrgang 1958 geht in diesem Jahr 2023 in Rente. Einer der ersten Millionen-Jahrgänge. Auf diesen folgen dann noch größere Jahrgänge. Bereits in 6 Jahren, also 2029, gehen 1,4 Millionen 1964 Geborene in Rente, während nicht einmal 800.000 volljährig werden, was bedeutet, dass wir allein in jenem Jahr eine Lücke im Erwerbspotenzial von über 600.000 Menschen haben werden. Bedenken wir noch, dass pro Jahr circa 600.000 Menschen sterben, benötigen wir insgesamt 1,2 Millionen mehr Menschen pro Jahr zum Bestandserhalt.

Dies bedeutet, dass auf jeden Fall neue Lösungen und Konzepte auch in der Organisation der neuen Arbeitswelt notwendig sind, um der Arbeiterlosigkeit zu begegnen und die fitten älteren Menschen produktiv einzubringen.

Lena Marie Glaser, die zur neuen Arbeitskultur forscht, fordert von den Arbeitgebern deshalb, in dem Wohlbefinden und der Zufriedenheit der Mitarbeitenden einen wirklichen Wert zu sehen und endlich anzufangen. Gerade weil der Druck in den letzten 20 Jahren massiv angestiegen sei und die Geschwindigkeit sich im Arbeitsleben enorm verändert habe. Die Veränderungsprozesse hätten sich beschleunigt und gleichzeitig sei das Sprechen über psychische Belastungen, Erschöpfung und Burn-out oftmals noch immer ein Tabuthema, das sich erst sehr langsam ändere, meint die Autorin des Buches „Arbeit auf Augenhöhe". Ein Trend gehe in eine neue, andere Richtung, in der Empathie, Leadership und soziale Fähigkeiten zählten. Nicht, weil das ein Luxus sei, sondern weil unsere Zeit das erfordere. „Wenn Krisen und Unsicherheiten herrschen, benötigst du als Führungskraft emotionale Stärke und soziale Kompetenzen", meint Lena Marie Glaser in einem Interview am 17.09.2022.

Ich bin überzeugt, dass die neue Währung in der Arbeitswelt Zeit, Sinn und Vertrauen bedeutet. Arbeiten, um glücklich zu sein, wird in der Arbeitswelt der Zukunft ein neues Mindset bei Führungskräften ebenso wie in der ganzen Arbeitskultur bedeuten. Durch Corona, Home Office und eine neue, selbstbewusste Generation habe dieser Wandel in der Arbeitswelt ebenfalls einen zusätzlichen Schub bekommen, meint die Arbeitsforscherin. Während unsere Babyboomer-Generation noch vielmehr von der Vorstellung, Leistungen erbringen und Erwartungen erfüllen zu müssen, geprägt war, wird die demografisch bedingte neue Marktmacht der Millennials, aber auch einer postmateriellen Einstellung einen ganz anderen Führungsstil und Umgang in der neuen Arbeitswelt erfordern. Natürlich gehört dazu neben dem Thema der Work-Life-Balance zunehmend die Diskussion um die 4-Tage-Woche.

Die neue Führungsaufgabe lautet, Mitarbeiter mit Herz und Charisma zum gemeinsamen Erfolg zu führen. Die Tage kalter Karrieretypen, autoritärer Alphatiere oder machthungriger Manager sind ohnehin gezählt. Wer sich in Zukunft nicht am Wohl der Mitarbeiter und an grundlegenden Werten und respektvollem Verhalten auch mit Warmherzigkeit orientiert, wird die Loyalität nicht mehr gewinnen. So fordert der Autor Alexander Groth in seinem Buch „Der Chef, den ich nie vergessen werde. Wie Sie Loyalität und Respekt Ihrer Mitarbeitenden gewinnen", dass es nötig ist, dass ein Chef für seine innere Einstellung zu Recht, Vertrauen, Akzeptanz und Demut aufbauen sollte. Ferner sollte er eine von Liebe geprägte Geisteshaltung einnehmen und ehrlich die

Seiten seiner Persönlichkeit zeigen, die ihn zum Original machen. Denn viele große Lenker erfolgreicher Unternehmen hätten, gerade wie das Paradebeispiel Steve Jobs gezeigt habe, Ecken und Kanten, die sie zwar eigenwillig machten, aber eben auch besonders. Nur so würde der Stempel einer markigen Persönlichkeit aufgedrückt, den man sich selbst nicht geben könne. Wichtig, so der Autor, sei es aber auch, seinen Humor zu behalten, damit Lockerheit und Nähe geschaffen würden. Denn nicht Stärke, sondern Warmherzigkeit entscheide, ob dich deine Mitarbeiter respektierten. Vor allem gelte es, deinen Mitarbeitern durch Empowerment zu helfen, ihr volles Potenzial zu entfalten.

Die Arbeitswelt der Zukunft verlangt also mehr Flexibilisierung. Auch die Digitalisierung bietet dabei große Chancen. Allerdings wird eine Modernisierung des Arbeitszeitgesetzes dabei unumgänglich sein.

Das deutsche Arbeitszeitgesetz nutzt den durch die EU-Arbeitszeitrichtlinie gegebenen Spielraum derzeit nicht einmal aus. Dort wird nämlich statt einer täglichen Arbeitszeit von 8 Stunden (maximal täglich 10 Stunden) lediglich eine wöchentliche Arbeitszeit von 48 Stunden europaweit vorgegeben. Auch der Arbeitsort, mobiles Arbeiten und Homeoffice fordern Erneuerungen und Anpassungen an die neue Arbeitswelt im Zeitalter der Digitalisierung. Mehr Flexibilität, mehr Freiheit der Vereinbarungen werden deshalb im Individual- und Kollektivarbeitsrecht erforderlich sein.

Denn: Das Leitbild von dem einen für alle geltenden, normalen Arbeitsverhältnis entspricht schon lange nicht mehr der heutigen Wirklichkeit der Arbeitswelt. Vielmehr erhält der Megatrend New Work weiterhin einen gewaltigen Schub, der durch den zunehmenden Fachkräftemangel noch befeuert wird. Die Machtverhältnisse haben sich ohnehin wegen der Umkehr von Arbeitslosigkeit zur Arbeiterlosigkeit enorm verändert. Während die alte Arbeitsordnung zunehmend der Vergangenheit angehört, wird sich das neue Kapital auf die Währungseinheiten Zeit, Sinn, Vertrauen beziehen. Aus der Mitarbeiterperspektive sind es daneben flexible Arbeitszeiten für eine bessere Work-Life-Balance, eine exzellente IT-Ausstattung, ortsunabhängiges Arbeiten mit weniger Präsenzpflicht, mehr Kooperation und Teamwork verbunden mit flachen Hierarchien und Wohlfühlambiente sowie Nutzung eigener Endgeräte bis zu Dienstwagen auch jeweils zum privaten Gebrauch, so bereits eine Studie zum Arbeitsplatz der Zukunft noch vor Corona.

New Work muss gelebt werden mit mehr selbstbestimmter Lebens(arbeits)zeit! Damit werden Flexibilität und Agilität, in Zeiten von Ungewissheiten und Umbrüchen, Vertrauen und Empathie mit neuem Mindset und neuer Führungskultur in der neuen hybriden Arbeitswelt erfordern. Werte, Haltung, Respekt, Nachhaltigkeit, Sicherheit, Vertrauen, Transparenz, Sinn und Selbstentfaltung und neue Co-Working-Konzepte können für Unternehmen und Mitarbeitende ein neues Entfaltungs- sowie Wachstumspotenzial bieten.

II. Teil: „Altersleben"

„*Eigentlich brauchen wir für die, die sich mit den Kompetenzen, die sie haben, weiter einbringen wollen, Strukturen. Und zwar solche, die dem Nachwuchs ebenso eine Chance geben wie uns Alten.*"

Prof. Dr. Adelheid Kuhlmey,
Altersforscherin

Ein Leben für das Alter

Ein Gespräch mit Professorin Dr. Adelheid Kuhlmey

Sie gilt als eine der anerkanntesten Altersforscherinnen der Republik, ist Direktorin des Instituts für Medizinische Soziologie und Rehabilitationswissenschaft an der Berliner Charité, hat hier in der Universitätsmedizin einen Lehrstuhl inne, war vier Jahre Mitglied des Deutschen Ethikrats (bis 2020). Und: Sie ist in meinem Alter und denkt ebenso wie ich nicht wirklich daran, sich in den Ruhestand zu verabschieden. Allerdings: Als verbeamtete Professorin muss sie 2024 gehen, zwei Mal hat sie ihre Dienstzeit schon verlängert, dann ist Schluss – eine Tatsache, die ihr wenig schmeckt und angesichts der demografischen Entwicklung in Deutschland wie aus der Zeit gefallen scheint. Ich habe mich mit ihr über das Alter, das Altern und unseren Umgang damit unterhalten.

Frau Kuhlmey, was sind die Kernthemen, die Sie umtreiben, mit denen Sie sich hier am Institut beschäftigen?
Bei uns paart sich der Alterns-Forschungs-Aspekt mit den Themen Gesundheit und Krankheit. Wir beschäftigen uns also mit allen Fragen rund um die Gesundheitserhaltung, die Gesundheit im Alter. Zudem auch mit Fragen, die sich um typische Krankheiten im Alter oder besondere geriatrische Phänomene drehen. Dazu gehören die Demenz-Erkrankungen, die im Alter verstärkt auftreten, die Multimorbidität, also das gleichzeitige Auftreten mehrerer Krankheiten, und die damit oftmals einhergehende Polypharmazie, unerwünschte Zustände, die durch das Einnehmen von 10 oder gar 15 unterschiedlichen Medikamenten entstehen.

Und: Wir fragen danach, wie und ob sich Altersbilder verändert haben. Wie altern Frauen und Männer? Welche

Unterschiede gibt es hier und wie kann man sie beschreiben. Und vor allem, warum ist das so? Alle sozialen Aspekte im Altersgang interessieren uns und die Wirkungen sozialer Parameter auf das sehr individuelle Altwerden von Menschen. Dabei auch das Phänomen, demzufolge sich im Alter bestimmte sozial-strukturelle Differenzen wieder nivellieren. Das Alter selbst zu einem diskriminierenden Faktor wird.

Wie das?

Naja, man arbeitet nicht mehr, verlässt Positionen, verliert an Einfluss. Hinzu kommt, dass Menschen im Alter andere Prioritäten setzen – Familie wird wichtiger, der soziale Zusammenhalt ein anderer. Das ist die eine Seite, alle Fragen rund um das individuelle Älterwerden. Auf der anderen Seite beschäftigen wir uns am Institut auch mit den Versorgungsstrukturen. Also wir fragen, wie ist die pflegerische Versorgung, wie ist die Gesundheitsversorgung in einer vom demografischen Wandel geprägten Gesellschaft aufgestellt? Ist diese noch angemessen? Und leider ist sie das (noch) nicht.

Fakt ist: Wir als Gesellschaft sind auf das neue demografische Phänomen – Altwerden zu können – insgesamt (noch) nicht ausreichend vorbereitet. Wir haben zu wenige Rezepte entwickelt, wie wir mit den neuen Alten, den immer älter werdenden Menschen umgehen wollen. Wir haben ihnen/besser uns, die wir alt werden, schlicht noch keinen wirklichen Platz geschaffen. Wir leben immer noch nach der alten Dreiteilung des Lebenslaufs: Kindheit und Jugend mit Schule und Ausbildung, Erwachsenenalter mit der Berufstätigkeit und die nachberufliche Phase, also der Ruhestand. Vor 150 Jahren umfasste diese letzte Phase im Durchschnitt für die, die überhaupt so alt geworden waren, drei Jahre. Heute ist es für viele Menschen die längste Lebensphase geworden. Und in dieser Zeit machen wir dann immer mehr vom immer Gleichen – jedenfalls solange es geht. Und haben uns im Grunde genommen an ein so langes Leben mit unseren bestehenden Rollen, Rollenmustern und Strukturen noch gar nicht wirklich angepasst.

Menschen, die älter werden als andere, hat es ja eigentlich immer gegeben. Siehe beispielsweise Methusalem. Was ist denn heute anders? Und was muss sich eigentlich ändern?
Sie haben natürlich völlig recht, dass Menschen alt werden können und auch immer geworden sind – das ist kein neues Phänomen. Das neue Phänomen ist, dass heute fast jeder, der geboren wird, auch damit rechnen kann, ein langes Leben zu haben. Das war früher anders. Bei einer durchschnittlichen Lebenserwartung von 40 oder 60 Jahren war die Lebensbegrenzung für die meisten früh angelegt. Heute können wir für etwa 80 Prozent der neu geborenen Mädchen voraussagen, dass sie das 100. Lebensjahr erreichen. Neu ist also, dass diese Tatsache in meiner Biografie angelegt ist. Vor 150, vor 200 Jahren war das noch grundlegend anders. Als Bismarck 1891 in Deutschland eine Rentenversicherung einführte, lag die durchschnittliche fernere Lebenserwartung von Rentnern und Rentnerinnen bei nur 1 bis 2 Jahren. Die drei Lebensphasen waren damit sehr klar vorgezeichnet – und bestehen, wie gesagt, bis heute in unseren Köpfen fort. Jetzt ist das grundlegend anders: Die Phase des Rentenalters ist deutlich länger als gesellschaftlich gelernt und gelebt. Und: Es ist ein Massenphänomen, betrifft eben nicht mehr nur Ausnahmen wie Methusalem. Jetzt kann ich also in meiner individuellen Biografie ein langes Leben einkalkulieren. Theoretisch jedenfalls. Denn wirklich gelernt haben wir das noch nicht. Das alles macht

für mich – neben der Tatsache, dass auch weniger Kinder geboren werden – den demografischen Wandel aus.

Wie kann ich mich denn auf diese Lebensphase, also darauf, dass ich bestenfalls 100 werde, vorbereiten?
Es gibt zwei Aspekte bei dieser Frage. Der erste beschäftigt sich mit der mentalen Vorbereitung auf ein langes Leben. Nicht ganz leicht zu beantworten, denn, wenn ich jung bin, antizipiere ich das hohe Lebensalter wenig oder gar nicht. Das bemerke ich auch immer wieder hier bei meinen jungen Studierenden. Das fängt damit an, dass man sie nur selten für die Geriatrie begeistern kann. Für die Pädiatrie dagegen können wir sie alle begeistern. Fakt ist: Bin ich jung, antizipiere ich nicht so viele Jahrzehnte im Voraus. Wir sehen aber heute, dass Menschen zumindest in den mittleren Lebensjahren fast alle konfrontiert werden mit einer Generation, die älter ist – also mit 70-, 80- und 90-Jährigen. Das ist übrigens erstmals in dieser Form so ausgeprägt. Unsere Generation, die Babyboomer, also die, die heute zwischen 55 und 65 ist, erlebt als Gruppe, ja, als Generation fast geschlossen, was mit ihren hochbetagten Eltern passiert. Über diese Prozesse, die erstmalig in der Geschichte so sind, fange ich an, mich mit der Phase des hohen Lebensalters zu beschäftigen. Plötzlich fragt man sich also: Was mache ich eigentlich mit dieser langen Phase nach dem Berufsleben? Oder auch noch weitergedacht: Was mache ich, wenn ich von der Hilfe anderer abhängig werden sollte? Denn wer lange lebt, muss damit rechnen, dass er am Ende seines Lebens auch in eine Phase kommt, in der er/sie Hilfe für die Bewältigung des Alltags braucht. Ich antizipiere damit bereits in den mittleren Lebensjahren, also, wenn ich selbst schon älter bin, mit einer Generation, die noch älter ist als die meine. Heißt: Wir denken heute ganz anders über diese Lebensphase, über das Älterwerden, als es

noch unsere Väter und Mütter getan haben. Wir erleben etwas, was es in dieser ausgeprägten Form so noch nicht gegeben hat, und haben durch dieses Erleben plötzlich einen ganz anderen Zugang zum Prozess des Altwerdens. Allein durch Nachdenken über diese Lebensphase verstehe ich sie nicht – durch das tägliche Erleben und die Sorge um unsere hochbetagten Eltern und Großeltern aber schon.

Der andere wesentliche Aspekt bei der Vorbereitung auf ein hohes Alter ist dem Fakt geschuldet, dass Altern ein lebenslanger Prozess ist. Heißt: Vom ersten Tag meines Lebens an beginnt das Altern. Und mit diesem Bewusstsein kann ich etwas dafür tun, dass ich relativ gesund lebe. Alles, was ich an Ressourcen in den vielen Jahren meines Lebens aufbaue, darauf kann ich im Alter zurückgreifen.

Welche Ressourcen sind damit gemeint? Also, was gehört alles dazu?
Dazu gehört die Ernährung. Dazu gehört eine geistige Fitness. Lassen Sie mich das an einem Beispiel verdeutlichen. Wenn ich etwa über einen riesigen Wortschatz verfüge, vielleicht als Akademikerin, die jahrelang oder jahrzehntelang an einer Uni aktiv war und für die die Worte der Beruf sind oder einfach weil ich immer viel gelesen habe, dann habe ich einen Schatz, aus dem ich zehren kann. Etwa, wenn ich eine demenzielle Erkrankung bekomme – denn es ist ja niemand, egal, wie viele Ressourcen er besitzt, davor gefeit. Aber: Ich kann in einem solchen Fall, wenn mir zum Beispiel ein Begriff für eine Sache fehlt, ihn durch viele andere ersetzen. Begriffe, die ich aus meinen aufgebauten Ressourcen beziehe. Ich habe also Ressourcen angesammelt. Dieses Mehr erleichtert das Alter, erleichtert den Alltag, trotz Einbußen von Gesundheit. Und ich meistere ihn damit einfach besser als jemand, der diese Ressourcen eben nicht hat. Das ist genauso mit dem

Muskelaufbau im Körper. Das stellen wir auch immer wieder in unseren Untersuchungen fest. Seit Jahren beschäftige ich mich mit der Frage, was macht Menschen eigentlich pflegebedürftig?

Wir fragen: Was ist das für ein Zustand? Und wie kommt es, dass ein erwachsener Mensch in eine Situation kommt, die er als Kind verlassen hat? Mit dem Alltag nicht mehr allein fertig zu werden? Was macht das mit dem Menschen? Was ist es für ein Zustand? Warum komme ich da hin? Es ist nicht alleine die körperliche Verletzlichkeit. Es ist nicht alleine die Einbuße meiner mentalen Fähigkeiten. Es sind auch soziale Kompetenzen, die hier eine entscheidende Rolle spielen. Wir sehen mehr und mehr, dass ein guter Freundeskreis, ein Kreis von sozialer Einbettung, auch vor Pflegebedürftigkeit, also vor einem Zustand der Hilflosigkeit und dem Angewiesensein auf fremde Hilfe, um den Alltag zu bewältigen, schützt.

Wie muss ich mir das genau vorstellen? Was macht dieses soziale Netz und wie schützt es? Dass es mich vor Einsamkeit schützt, leuchtet mir ein. Aber: Wie kann es mich tatsächlich im Alter etwa vor der Pflegebedürftigkeit retten?

Also erstens gibt mir ein Eingebundensein in soziale Netze eine große Sicherheit, und diese Sicherheit ist eine Art Schutzfaktor vor Krankheit, vor Einsamkeit, vor Depression, also vor all diesen Dingen, die im Alter eine sehr wichtige Rolle spielen, auch beim Entstehen einer Pflegebedürftigkeit. Das heißt also, alleine dieses soziale Eingebundensein schützt mich davor, dass ich krank werde. Ich kann mich damit nicht direkt und determinierend vor einer Krebserkrankung schützen, aber vor einer Depression etwa, die wiederum andere Erkrankungen nach sich zieht. Das ist der eine Effekt. Der andere Effekt zeigt sich bei Paaren, die in dieser Konstellation, in ihrer Zweisamkeit Synergien nutzen können. So zeigen unsere Studien, solange beide Partner zusammen sind, ist das Alter auch mit gesundheitlichen Einbußen im Alltag gut zu bewältigen. So kann der oder die eine vielleicht schlecht laufen, ist also in der Mobilität eingeschränkt. Aber der Kopf arbeitet wie vor 30 Jahren. Der oder die andere hat vielleicht schon eine leichte Demenz, ist aber stark genug, weiter die Einkäufe zu machen und zu tragen. Solange die beiden also zusammen sind, können sie gemeinsam den Alltag bewältigen. Bricht eine/r weg zum Beispiel durch Tod, bricht auch für den/die andere/n das System zusammen und er oder sie wird pflegebedürftig. Das heißt abhängig von fremder Hilfe.

Unsere Studien zeigen auf das Wie, also die Ursachen für die Pflegebedürftigkeit. Das Ausmaß ist inzwischen groß. Wir sprechen hier von etwa 3,5 Millionen Menschen, die ab dem 70. Lebensjahr pflegebedürftig sind. Die körperlich erkrankt sind und kognitive Leistungseinbußen hinnehmen müssen, denen soziale Konstellationen wegbrachen, die es dann nicht mehr erlauben, den Alltag selbstständig zu bewältigen. Darum auch immer unser Appell: Wir müssen im Bauen, in der Stadtentwicklung, in Regionen Entwicklungen solcher Art mitdenken. Und zwar so, dass wir als Gesellschaft dieser wachsenden Gruppe Schutz bieten, sie und damit uns alle in die Lage versetzen, uns gegenseitig zu stützen und unterstützen zu können. Wir wissen inzwischen, dass die Babyboomer-Generation hochbetagt an das Lebensende kommen wird. 13 Millionen Menschen, die sich aus dem Erwerbsleben verabschieden, die unsere Gesellschaft aber weiterhin prägen werden. Denn diese Generation verschwindet nicht leise in den Ruhestand, sie wird deutlich aktiver in dieser Phase des Alters leben als Generationen vor ihr.

Wenn unsere Voraussagen und Berechnungen stimmen, werden davon im Minimum 7 Millionen zwischen 85 und 90 Jahre alt. Fakt ist: Wir hatten noch nie so viele alte Menschen, die ein so stattliches Alter erreichen werden. Auf der anderen Seite werden nachwachsende Jahrgänge immer schmaler, wir haben also deutlich weniger jüngere Menschen – und werden sie auch in den nächsten 100 Jahren nicht mehr haben. Aber: Wir sind darauf gar nicht eingestellt. Weder die Gesellschaft noch die älteren Jahrgänge, die jetzt vor einem Lebensabend stehen, der bei den meisten nochmals 20 bis 30 gute Jahre umfassen wird. Wir müssen umdenken, individuell planen und überlegen, wie wir diese Phase gewonnener Zeit gestalten wollen.

Wie soll das gehen? Wir sprachen ja schon darüber, dass man das Alter eigentlich erst dann antizipiert, wenn man es bereits erreicht hat.
Ich muss rechtzeitig umplanen und nicht bis zum allerletzten Punkt zum Beispiel in dem viel zu großen Haus, in dem ich schon 10 Jahre nicht mehr in die zweite Ebene komme, bleiben. Ich muss darüber nachdenken, wie ich diese Phase gestalten will – ganz bewusst, um autonom zu bleiben, auch mit über 90 und mit 100. Als Gesellschaft müssen wir begreifen, dass es nicht mit immer neuen Pflegeheimen getan ist, ganz zu schweigen davon, dass wir die dafür nötigen Pflegekräfte gar nicht haben. 15.000 Pflegeheime gibt es in Deutschland, ich will nicht im 20.000 leben – und viele meiner Generation ebenso wenig. Nein, ich möchte eigentlich eine andere, alternative Form des Wohnens und Lebens im Alter für mich finden.

Wie könnte denn so eine alternative Form aussehen und was kann, was muss die Gesellschaft hier tun? Sie sprachen es gerade an: Wir müssen umdenken. Aber in welche Richtung muss die Gesellschaft denken? Welche Modelle müssen wir diskutieren und

forcieren, damit die immer älter werdende Generation, also wir,
sich darin auch wohlfühlt?
Wir lernen ja bereits. Erstmalig in der Geschichte erleben wir,
was mit unseren alten Eltern passiert. Damit sind, wie gesagt,
Prozesse entstanden, die Raum für einen neuen Umgang mit
dem Alter schaffen. Bilder haben sich verändert, wir bleiben
alle länger gesund und insgesamt haben sich unsere Bilder
vom Alter „verjüngt". Aber – und das zeigen auch unsere Studien: Wir haben eine Kompression von Krankheit in immer
höheren Lebensjahren. Also: Wenn noch vor 5 Jahren der
Durchschnitt für den Eintritt in eine Pflegebedürftigkeit bei
82 Jahren lag, dann liegt er jetzt schon bei 84. Wir bleiben also
länger gesund, werden aber im hohen Alter immer kränker.
Wir nennen dies Kompression der Morbidität oder Kompression der Pflegebedürftigkeit. Das Leben wird also immer länger, aber wir verkürzen die Zeit mit Krankheit und Einbußen
nach hinten heraus dadurch nicht. Die gesunden Jahre des
Lebens nehmen zu, aber leider auch die Zeit mit gesundheitlichen Einbußen.

Wie federn wir das als Gesellschaft ab? Wie gehen wir damit um?
Also, wir können erst einmal damit leben, dass wir länger
gesund bleiben, sich auch das Alter verjüngt hat, müssen aber
an der Langfrist-Perspektive für die neuen Alten arbeiten
und nicht immer gleich aufschrecken, wenn es heißt, länger
zu arbeiten. Wir brauchen flexible Arbeitszeitmodelle.
Arbeitszeitmodelle, die es zum Beispiel mir als Professorin
erlauben, meinen Zeitpunkt des Ausscheidens selbst zu
bestimmen. So werde ich jetzt, weil der Gesetzgeber das so
will, einfach „vor die Tür gesetzt" – wie übrigens viele meiner
Kolleginnen und Kollegen, die eigentlich noch fit genug sind,
um weiter zu lehren und zu forschen. Das ist nicht klug
gedacht, das müsste viel flexibler werden. Denn das Modell

berücksichtigt die tatsächlichen Gegebenheiten nicht und ignoriert das Alter, wie es sich bis heute weiter entwickelt hat. Diese Flexibilität haben wir schlicht heute noch nicht. Ich wünsche mir, dass wir Lebenszeitkonten aufbauen können und damit nicht erst mit Mitte oder Ende 60 anfangen. Das ist nur eine Seite. Auf der anderen Seite müssen wir als ältere Menschen auch damit leben, dass die Kreativität nachlässt, wir aber über einen großen Erfahrungsschatz verfügen. Heißt: Wir müssen natürlich auch den jungen Menschen eine Chance geben, ihnen Platz machen. Aber das heißt ja nicht, dass man dann in die Privatheit zurückgeworfen wird. Sondern eigentlich brauchen wir für die, die sich mit den Kompetenzen, die sie haben, weiter einbringen wollen, Strukturen. Und zwar solche, die dem Nachwuchs ebenso eine Chance geben wie uns Alten. Klar, gibt es da bereits Modelle, in denen sich ältere Menschen einbringen können, ihre Expertise zur Verfügung stellen können – aber es sind viel zu wenige. Und: Das Ehrenamt alleine ist es eben auch nicht. Da müssen wir für deutlich mehr Flexibilität sorgen.

Wie kann diese Flexibilität, wie können denn solche Strukturen aussehen? Welche Modelle muss es geben?
Wir müssen eine Welt schaffen, in der Menschen, die sich noch einbringen wollen, einen Platz finden und haben. Denn die meisten wollen das schon. Natürlich brauchen wir auch eine Anpassung im gesamten Versorgungsbereich. Wir müssen alternative Wohnformen schaffen. Wir brauchen für diese verletzliche, diese vulnerable Phase im hohen Alter gute neue Konzepte und Ansätze. Und nicht zuletzt, machen wir uns nichts vor, brauchen wir auch eine öffentliche Debatte über Themen des Lebensendes. Aktuell hat der Ethikrat erneut Stellung zum Thema Tod und Sterben und begleiteter Suizid genommen – ein Thema, das für mich ebenfalls in den

öffentlichen Diskurs über das Alter gehört. Denn wir brauchen eine Diskussion darüber, was Menschen noch an Therapie und Behandlung am Lebensende haben wollen. Wie machen wir das? Wie stellen wir uns da auf? Ein schwieriges Thema, bei dem ich immer skeptisch war. Denn: Tot ist man ja noch lange genug. Aber wir müssen uns damit beschäftigen, überlegen, was in der persönlichen und individuellen Verantwortung bleibt, was wir anderen überlassen. Dazu gehört auch eine gute Positionierung zum Lebensende, eine, die bedeutet, dass wir eventuell nicht mehr alles medizinisch Mögliche machen. Auch wenn sich bei all diesen Themen viel bewegt hat: In den wirklich wichtigen Weichenstellungen Lebensarbeitszeit, Lebenszeit, Krankenversorgung setzen wir eigentlich im Alter die Prozeduren des höheren Erwachsenenlebens fort und haben keine eigenen, neuen, die Gesellschaft schon durchdringenden Ideen.

Woran liegt es denn, dass wir als Gesellschaft für diese Themen nicht gerüstet sind? Denn wir haben es ja alle gewusst. Wir wussten, es gibt einen demografischen Wandel. Warum sind wir darauf nicht vorbereitet? Was haben wir falsch gemacht? Oder wo haben wir die Abzweigung nicht rechtzeitig genommen?
Ich glaube, so funktioniert Gesellschaftsentwicklung nicht. Also es entwickelt sich nichts aus Dingen, die man weiß, sieht und vorhersagt. Tatsache ist: Unsere demografische Debatte hörte in den 1980er-Jahren auf. Irgendwann hatten wir den Zenit erreicht, dass wir mehr alte als junge Menschen hatten. Also wir waren demografisch durch in Deutschland. Und dann ist die Debatte verstummt. Bis auf die Kreise, die sich immer damit beschäftigt haben. Und jetzt, wo wir demografisch wirklich vor dem Abgrund stehen, fällt uns das Thema auf die Füße. Die Jahrgänge, die jetzt nachkommen, sind einfach viel, viel schmaler als noch vor 30 Jahren und auch als

angenommen. Wir haben aber derzeit ganz andere Themen, die uns umtreiben: Corona, der Ukraine-Krieg, der Klimawandel. So haben das Altersthema und die vielen damit verbundenen Facetten überhaupt keine Chance, auf der öffentlichen Agenda zu landen. Und das, obwohl wir jetzt schon einen ausgeprägten Fachkräftemangel konstatieren müssen. Mich wundert das sehr, dass wir trotzdem so lasch mit diesem Thema umgehen. Wir machen weiter wie bisher und stehen vor einem Abgrund. Vielleicht braucht es das, um gesellschaftlich solche Entwicklungen zu gestalten. Beim Klimawandel ist es doch ähnlich: Alle haben ihn kommen sehen, aber ausreichend Windräder haben wir deshalb nicht gebaut.

Okay, aber was können wir denn jetzt tun oder was wird passieren?
Ich setze jetzt auf die starken Babyboomer. Wir haben in dieser Generation ein hohes Bildungspotenzial, die Generation ist finanziell relativ gut ausgestattet, viele Bildungsaufsteiger sind unter ihnen. Diese Generation, das ist meine feste Überzeugung, wird mit den Füßen abstimmen. Sie werden sich selber Modelle für ein Leben im hohen Alter schaffen. Sie werden damit die gesellschaftliche Entwicklung prägen und für neuen Schwung für die Lebensphase Alter sorgen. Gesellschaftsentwicklung – das zeigt sich gerade bei dieser Thematik sehr deutlich – passiert nur teilweise durch vorausschauendes Handeln, passiert vielmehr durch Lernen, also indem ich es erlebe. Naturgemäß vollzieht sich so ein Veränderungsprozess langsam. Sehr langsam. Dieses Buch, das Sie schreiben, ist deshalb auch von keinem 30-jährigen Politiker, sondern von einem, der doppelt so alt ist, der mitten in diesem Erlebensprozess steckt. Das gilt übrigens auch für mich. Ich sage immer, ich bin nun nach 42 Jahren akademischer Befas-

sung mit dem Altern selbst das Objekt der eigenen For-
schungsbegierde. Das zeigt sich auch in unserem Umfeld.
Wenn Sie heute in einen Kreis von gleichaltrigen Personen
kommen, taucht sehr schnell die Frage auf: Wie gehst du mit
deinen hochbetagten Eltern um? Wie bewältigst du es, ihnen
Hilfe zu geben? Solche Themen kommen bei uns allen an. Ich
bin sicher, nur dadurch werden wir lernen, das Alter neu und
anders zu bewerten. Übrigens: Bei diesem Thema nutzt der
Blick über den großen Teich in die USA nur wenig. Denn sie
haben dort dasselbe Problem – und ebenso wie wir keine allgemeingültig funktionierenden Modelle. Diese ganze demografische Entwicklung erleben die Industrienationen eben
ziemlich parallel. Und so haben wir schlicht keine entsprechenden Rezepte für diesen Prozess.

Wo würden Sie ansetzen?
Für meinen Geschmack sollten wir statt in Anti-Aging mehr
in das Coaching für das Altwerden investieren – nennen wir
es Pro-Aging. Stellen wir uns doch mal darauf ein, dass ein
langes Leben unter diesen heute herrschenden Bedingungen
durchaus seine Vorteile hat. Genießen wir es doch, dass wir
dem Leben so viele Jahre abgerungen haben. Und vielleicht
wird es in 500 Jahren so sein, dass man nicht nur dem Leben
viele Jahre, sondern eben auch gesunde Jahre abgerungen
hat. Vielleicht kann man noch viel mehr Gesundheit erreichen und Krankheit wirklich in die allerletzte Lebenszeit ver-
drängen. Diese eigentliche Kompression der Morbidität ist
eine Theorie aus den USA. Danach wird der Krankheitspro-
zess in einen letzten kurzen Lebensabschnitt verschoben,
sodass Erkrankungen – im besten theoretischen Fall – erst
dann auftreten würden, wenn der Sargdeckel schon über mir
geschlossen wird. Für mich aber auch eine irrige Vorstellung.

Turnen bis zur Urne ... Kein Mensch würde die Welt verlassen wollen, wenn er noch fröhlich auf den Friedhof wandern und sich freiwillig in den Sarg legen müsste. Das würde keiner machen. Es hat ja auch etwas Tröstliches, dass unsere Kräfte nachlassen. Sich unsere Teilhabe am Leben verringert, wir Abschied nehmen von dem, was wir kennen – irgendwann kann man dann auch loslassen mit der Gewissheit: Ich hatte ein gutes Leben.

Aber wie mache ich mir das bewusst? Kann ich mich darauf vorbereiten?
Das ist ein natürlicher Prozess, den alte Menschen erleben. Wir wissen heute, dass der Sterbeprozess verbunden mit solchen Phänomenen und Gedanken etwa ein Jahr vor dem Sterben einsetzt.

Was macht das mit mir? Wird so ein Prozess des Abschiednehmens nicht von einer tiefen Traurigkeit begleitet?
Ja, sicher wird es Phasen der Traurigkeit geben. Aber: Das haben wir gelernt. Ich werde auch traurig sein, wenn ich die Charité verlasse. Es gibt viele kleine und auch einige große Abschiede im Leben und im Alter, das ist ganz natürlich. Damit können wir umgehen. Ich habe einige Menschen sterben sehen, die damit sehr im Reinen waren. Die ein schönes Leben hatten und sich dessen auch bewusst waren. Die sagten, ich habe sehr viel erlebt in meinem Leben, Gutes und weniger Gutes, ich kann jetzt gehen. Also nein, es ist nicht nur Traurigkeit, es ist auch ein Einwilligen und ein zufriedenes Abschiednehmen.

Ist das nicht auch etwas, was wir künftig quasi unseren nachfolgenden Generationen mit auf den Weg geben müssen? Dass eben auch das Sterben oder das Ende eines Lebens eine Phase ist, die man durchaus begrüßen kann?

Ja, genau, wir müssen, wie gesagt, über das Lebensende nachdenken. Viele Jahrzehnte haben wir alles daran gesetzt, das Leben zu verlängern, haben enorme Fortschritte in der Medizin gemacht, kurz, ganz viel Energie in den Lebenserhalt gesteckt. Und wir sind damit sehr erfolgreich gewesen und das ist sehr gut so. Allerdings haben wir so auch das Lebensende verdrängt und den Tod als eine Art Niederlage angesehen. Dabei ist es doch sehr positiv, dass wir heute erst mit 80 oder 90 Jahren versterben, alle, die geboren werden, die Zuversicht auf ein relativ langes Leben haben können und nicht schon im Kindes- und Jugendalter versterben, wie in früheren Zeiten. Anders ausgedrückt: Wir haben den Kampf gewonnen, dass die, die geboren werden, leben können!

Die Konsequenz: Bis hin zur Gesetzgebung hat Lebenserhalt die erste Priorität. Unter den Tisch fällt bislang, wie begleite ich in den Tod? Und: Wie bereite ich mich selbst darauf vor? Sie wissen, die wenigsten Menschen haben eine Patientenverfügung und vertrauen darauf, dass man medizinisch alles macht, was möglich ist, wenn wirklich einmal etwas sein sollte. Sie verlassen sich auf die Entscheidungen anderer.

Aber das sind auch oft Entscheidungen, die, das sage ich als Gerontologin, man nicht mit 50 trifft, weil man schlicht nicht weiß, wie man sich mit 80 entscheiden würde. Ich muss mich hier immer wieder neu aufstellen und hinterfragen. Denn eines habe ich gelernt: Menschen wollen leben. Es ist schwer, an der Schwelle zum Tod zu stehen und sich bewusst zu machen, ich werde nie wieder die Blätter im Frühling sprießen sehen, ich werde nie wieder die warme Hand von jemandem halten. Es ist schwer, mit 50 oder 60 Jahren zu entscheiden, was will ich nachher alles nicht, wo ziehe ich die Grenze bei lebenserhaltenden Maßnahmen, was halte ich aus? Und trotzdem müssen wir uns Gedanken darüber machen.

Was können wir denn unseren Kindern mit auf den Weg geben? Wie können wir sie auf ein langes Leben und das Sterben vorbereiten? Denn für uns Babyboomer ist das Alter ja irgendwie überraschend gekommen ...
Diese Überraschung, wie Sie sagen, ist ein in der Gerontologie bekanntes psychisches und ganz gut belegtes Phänomen. Gehen wir von der Physiognomie aus. Über lange Phasen hält man das Äußere konstant, jedenfalls in den mittleren Lebensjahren. Im Alter verändert sich auch unser Aussehen. Gefühlt stagniert dieser äußerliche Prozess allerdings über Jahre. Denn ich bleibe innerpsychisch die Person, die ich bin. Bleibe bei meinen Werten, der Art und Weise, wie ich denke, wie ich mich fühle, wie ich mich äußere. Meine Position, die ich habe, mein Intellekt, meine Ideen, die bleiben viel länger stabil als dieses Äußere, sodass ich mich mit 65 eigentlich fühle wie mit 45 oder 55. Und so entsteht im Alltag diese individuelle Überraschungskonstellation. Wenn ich nach 20 Jahren jemanden sehe, denke ich oft, der oder die ist aber alt geworden. Und vergesse dabei, dass ich eben auch äußerlich älter geworden bin. Alle sind alt geworden. Aber ich fühle mich noch wie vor 20 Jahren, denke, bewege mich so. Ab den mittleren Lebensjahren altern wir psychisch eigentlich immer 15 Jahre hinterher. Und das macht es aus, dass es diesen Überraschungsmoment, den Sie skizziert haben, gibt. Dass der Gedanke, oh, ich bin 65, für Ihr inneres Ich völlig irrational ist. Nur beim Blick in den Spiegel sieht man, dass man eben leider nicht mehr aussieht wie 15 Jahre vorher.

Aber jetzt zu Ihrer Frage: Was gebe ich den 30-Jährigen mit? Meine Studierenden haben es leicht: Sie werden erwachsen in dem Bewusstsein des Altwerden-Könnens, denn das erleben sie tagtäglich im Studium und in unserer Gesellschaft mit ihrer immer älter werdenden Bevölkerung. Und sie nehmen auf, dass ihre Eltern eine Fürsorge für die Großeltern geben.

Dazu kommt bei ihnen, so nehme ich es wahr, ein anderes Bewertungsmuster für den Beruf und die Arbeit. Die nachfolgenden Generationen setzen auf ein ausgewogenes Verhältnis von Beruf und Privatem. Wir als Babyboomer haben uns in den Job gestürzt, vieles außen vor gelassen. Das empfinden die jungen Generationen anders. Auch dafür braucht es, wie wir ja bereits festgestellt haben, andere, neue Strukturen. Strukturen, die die Lebenszeit, die Lebensarbeitszeit als Ganzes begreifen, und auch Auszeiten, etwa für die Erziehung von Kindern, aber auch die Pflege älterer Familienangehöriger, besser berücksichtigen. Ich sehe es jetzt an der Charité. Wir bauen Lebensarbeitszeit-Konten auf, die Sabbaticals möglich machen. Wir können dieser Generation Mut machen, diese Zeiten zu nutzen, ihnen sagen, dass es in Ordnung ist, mal ein Jahr lang auch etwas anderes zu machen oder sich ein Jahr für irgendwas Zeit zu lassen, aber dann eben auch wieder Verantwortung zu übernehmen: für die Arbeit und die hochbetagten Eltern. Diesen Mix aus Verantwortungs- und Auszeiten müssen wir möglich machen und auch das Bewusstsein dafür festigen, dass ein solcher Mix in Ordnung ist. Es geht um die Freiheit, alternative Lebensmodelle leben zu dürfen in den Zeiten des langen Lebens. Dabei spielt auch das Thema Nachhaltigkeit eine große Rolle – die beiden Themen, also das Alter und unsere Umwelt, kann man eigentlich gar nicht getrennt voneinander betrachten.

Worin unterscheidet sich denn das Altwerden bei Mann und Frau? Gibt es da Unterschiede?

Ja, durchaus. Seitdem die Lebenserwartung steigt, also seit über 100 Jahren, haben wir es mit dem Phänomen zu tun, dass die Lebenserwartung von Männern und Frauen immer weiter auseinandergegangen ist. Frauen leben im Durchschnitt länger. Die letztendliche Ursache dafür kennen wir bis heute nicht. Wir wissen auch nicht, wie der Alternsprozess letztendlich determiniert ist, also warum wir altern. Ist es eher ein genetischer Prozess, vorprogrammiert schon bei Geburt, oder ist es eher ein Verschleißprozess, der den Endpunkt bestimmt, an dem Leben nicht mehr möglich ist? Hier gehen die wissenschaftlichen Meinungen auseinander. Welche Rolle spielen soziale Aspekte? Sind Frauen vielleicht die optimistischeren Wesen, die besser mit dem Alter und vielleicht auch dem Alleinsein umgehen können? Fakt ist: Wir wissen nicht genau, was das Altern wirklich triggert. Und darum können wir auch nicht wirklich erklären, warum Männer eine geringere Lebenserwartung haben als Frauen. Das war früher übrigens anders: Die Sterblichkeit der Frauen lag über der der Männer, im sogenannten Kindbett, durch viele Geburten verstarben viele Frauen relativ jung. Da gab es diesen Unterschied zwischen den Geschlechtern nicht. Jetzt diskutieren wir, ob ein hohes Alter bei Frauen nicht doch genetisch bedingt ist, weil sie andere biologische Reserven haben als Männer. Oder ist es vielleicht hormonell bedingt? Welche Rolle spielt das Gesundheitsverhalten?

Tatsache ist: Es gibt eine Übersterblichkeit des männlichen Geschlechts in jedem Lebensalter. Mehr Männer versterben in jüngeren Jahren unter anderem bei Unfällen, sie haben früher Herzinfarkte, oft schon in mittleren Lebensjahren, an denen sie versterben. Frauen sterben auch in erster

Linie an Krankheiten im Herz-Kreislauf-Bereich, aber sehr viel später im Lebensverlauf wird dies relevant. Wir haben auch vermutet, wenn sich das Arbeitsleben der Frauen und Männer vergleichbar annähert oder das soziale Leben – dann geht dieser demografische Unterschied verloren. Das ist aber nicht so.

Tatsache ist: Frauen altern anders, weil sie anders krank sind. Frauen haben eigentlich mehr Erkrankungen als Männer. Werden aber älter, weil sie nicht so früh im Leben an todbringenden Krankheiten erkranken wie Männer. Männer, die alt werden, sind gesundheitlich gesehen eine Selektion. Frauen, die alt werden, bringen in ihr Alter alle Erkrankungen mit. Degenerative Erkrankungen der Gelenke, chronische Erkrankungen der inneren Organe oder ein Altersdiabetes etc. Daran sterben sie aber nicht.

Oder eben erst später. Im Gegensatz zu den Männern, die eigentlich im hohen Alter gesünder sind. Nur: So viele Männer im Vergleich zu den Frauen erreichen dieses hohe Alter nicht.

Wie sind Sie darauf gekommen, sich mit dem Thema Altwerden und Altern zu beschäftigen?
Wie so oft im Leben: durch Zufall! Ich war als Studentin auf einer Studienreise an einer anderen Uni. Da hatte eine befreundete Kommilitonin kurzerhand entschieden: Wir schreiben jetzt eine Studienarbeit über das Alter. Unser Thema war das Leben im Pflegeheim – ein Aspekt, den ich schon damals richtig spannend fand. Und so habe ich dann auch meine späteren Graduierungsarbeiten diesem Thema gewidmet. Das Ganze hat mich einfach nicht mehr losgelassen. Diese Verletzlichkeit in der Lebensphase Alter, diese Vulnerabilität alter Menschen hat mich fasziniert. Und: Die

Gerontologie war ein relativ junges Gebiet mit nur wenigen, dafür aber sehr spannenden Vorbildern. Wie etwa Ursula Lehr, die in diesem Jahr hochbetagt verstarb. Auch die Interdisziplinarität des Faches Gerontologie hat mich begeistert. Ich bin eine Wissenschaftlerin, die ganz breit mitdenken kann. Ich kann durchaus verstehen, was ein Experte, also ein Biologe etwa, über das Altern berichtet. Aber bin eben auch firm in meinen Themen. Ich liebe dieses Interdisziplinäre, das hat mich dann nie wieder losgelassen. Hinzu kommt: Es gibt so viele Themen, die sich damit verbinden lassen. Wir stehen hier noch ganz am Anfang, es ist so ein breites Thema – das sich mit ethischen Gesichtspunkten ebenso beschäftigt wie mit den Themen, für die wir eine gute empirische Evidenz brauchen. Etwa bei der Frage der Pflegebedürftigkeit und der Versorgung Pflegebedürftiger. Bevor wir Millionen Euro in die Hand nehmen für den Umbau eines Versorgungssystems müssen wir die Schritte, die wir gehen wollen, wissenschaftlich gut belegen. Und dieser Mix in der Wissenschaft und bei meiner Arbeit, der ist es, der begeistert mich immer noch.

Wir sprachen vorhin vom Abschiednehmen. Sie müssen Abschied nehmen. In einem Jahr von der Charité. Bei Ihrer Leidenschaft und Ihrem Brennen für das Thema glaube ich nicht, dass es damit vorbei ist. Was haben Sie sich vorgenommen?
Ich will ehrlich sein: Das Abschiednehmen fällt mir schwer. Der Alltag trägt mich heute ebenso wie vor 15 Jahren. Da hat sich einfach nichts geändert. Vor diesem Hintergrund ist ein Abschied von dieser sehr arbeitsintensiven Phase meines Lebens mehr als schwer. Aber es gibt auch ein paar Dinge, die müssen nachgeholt werden. Dazu gehört das Reisen, das ich immer wieder aufgeschoben habe. Und dann werde ich mir

in jedem Fall wieder Arbeit suchen. Allerdings werde ich nicht in der Lehre bleiben, werde auch nicht länger Doktoranden betreuen. Nein, ich will meine Lebensthemen auf andere Weise weiter begleiten und meinen Beitrag leisten. Mich etwa für Strukturentwicklungen, die altersgerecht sind, einsetzen. Oder auch den Aufbau moderner Medizin-Studiengänge begleiten – hier war ich durch meine Arbeit als Prodekanin für Lehre an der Charité viele Jahre aktiv. Ich möchte aus meiner Erfahrung schöpfen und sie gezielt einsetzen. Es kann aber auch passieren, dass ich in 2 Jahren alles loslasse und völlig neue Wege gehe!

„*Es geht ja auch um die Wertschätzung der Gesellschaft, die du nicht verlieren willst. Und wenn dir dein Arbeitgeber so deutlich zeigt, dass er auf dich nicht verzichten möchte, bleibst du gern und arbeitest auch gern.*"

Michael Meyer, 76 Jahre alt, Präsident Skal International Düsseldorf

Geschichten aus dem Altersleben I

Eine deutsch-französische Umarmung des Lebens

Sie sind beide über 70 (auch wenn man ihnen das kaum anmerkt), vom Schicksal das eine oder andere Mal überrannt, seit knapp 50 Jahren verheiratet – und ausgesprochen lebensumarmend. Selten habe ich Menschen kennengelernt, die nicht nur den Großteil ihres Weges gemeinsam gegangen sind, sondern auch allen Widrigkeiten zusammen mit viel Humor und französischem Charme begegnet sind. Die Rede ist von Michael und Marie-Catherine Meyer (Cathy), einem Unternehmerpaar aus Düsseldorf, das die eigene Firma zwar inzwischen verkauft hat, aber immer noch arbeitet. Zugegeben etwas weniger als noch zu ihren ganz aktiven Zeiten, aber immer noch weit entfernt von dem, was man den Ruhestand nennt – trotz Rente, die sie beide beziehen. Cathy bekommt neben der deutschen auch eine französische Rente. 15 Jahre hat sie für ihr Heimatland als Gymnasiallehrerin gearbeitet und so den Anspruch auf den französischen Anteil erworben. Ein Anteil, der sich deutlich attraktiver darstellt als der deutsche.

Kleiner Ausflug in das französische Rentensystem

Das großzügigere Rentensystem der Franzosen ist allerdings teuer erkauft: Zahlen deutsche Arbeitnehmer etwa 9 Prozent in die Rentenkasse ein, sind es bei den französischen Nachbarn etwas mehr als 11 Prozent. Die Arbeitgeber zahlen sogar über 16 Prozent. Das Renteneintrittsalter liegt bei 62 Jahren. Den französischen Rentnern geht es gut, stellen dann auch im Dezember 2019 Leo Klimm und Henrike Roßbach in der Süddeutschen Zeitung fest: Lediglich 3,4 Prozent der französischen Rentner sind arm. Frankreich, so stellen die beiden Autoren fest, ist eines der wenigen Länder der Welt, in dem die Rentner höhere Einkommen erzielen als die Gesamtbevölkerung. Aber auch Frankreich bewegt sich. Der französische Staatspräsident Emmanuel Macron hat bereits in seiner ersten Amtszeit eine Anpassung des Rentensystems auf den Weg gebracht – sehr zum Leidwesen der Franzosen, deren Gelbwesten-Proteste lange die Gazetten beschäftigten. Gleichwohl: Auch Frankreich wird sein Rentensystem anpassen (müssen). Ein wesentlicher Grund auch hier: der demografische Wandel. Macron will Anreize für den späteren Renteneintritt schaffen. Allerdings behutsam. Die Rente mit 70, die in Deutschland ja bereits diskutiert wird, hätte in Frankreich heute sicher noch keine Chance und würde zu massiven Protesten führen. „Meine Landsleute", erklärt dann auch Cathy, „sind hier deutlich bestimmter – auch wenn sie wissen, dass man sich ein Rentensystem wie in Frankreich nicht auf ewig leisten kann." Die Beantragung der französischen Rente hier in Deutschland war kein Problem. Basis ist das geltende Europarecht, das den grenzüberschreitenden Rentenbezug vereinfacht. Und: „Wir wurden hier von den deutschen Behörden exzellent unterstützt", ergänzt Michael.

Zurück auf Anfang

Kennengelernt haben sich die zwei in Frankreich. Ihre Beziehung beginnt mit einem Missverständnis: Das französische Begrüßungsritual, das Küsschen links und rechts, interpretiert Michael als deutliches Signal für „da geht noch mehr". Auch wenn das nicht ganz so gedacht war, wird ihnen schnell klar, das passt, wir bleiben zusammen. Für Cathy im Frankreich der 70er-Jahre keine leichte Geschichte. Ein Deutscher? Das Naserümpfen über die Konstellation sieht sie heute noch vor sich und erzählt, wie ihr Schulleiter sie damals gemobbt hat, ihren Stundenplan so aufstellte, dass kaum Zeit für die damalige Wochenendbeziehung mit Michael blieb und sie nicht selten morgens um drei im Auto saß, um pünktlich zum Unterrichtsbeginn vor ihren Schülern zu stehen. Als ich sie frage, ob sie sich damals schon hat vorstellen können, länger als üblich zu arbeiten, lacht sie: „Nein, ganz sicher nicht. Damals zählte vor allem das Hier und Jetzt, das Leben – ich habe eher selten an das Alter gedacht. Das war einfach zu weit weg." Michael dagegen erlebt mit seinem Vater, der als Mitglied der Geschäftsleitung das internationale Messegeschäft in Düsseldorf verantwortete und entwickelte, dass es durchaus normal sein kann, im Alter weiter zu arbeiten. „Das Messegeschäft", erzählt er mir, „ist ein forderndes Metier – da kannst du nicht von heute auf morgen aussteigen und in Rente gehen." Erfahrung und Know-how sind es vor allem, die die Messe an Michaels Vater schätzt und ihn als Berater gerade im internationalen Messegeschäft immer wieder anfragt. Und so arbeitet er weiter – Rente hin oder her. Michael: „Es geht ja auch um die Wertschätzung der Gesellschaft, die du nicht verlieren willst. Und wenn dir dein Arbeitgeber so deutlich zeigt, dass er auf dich nicht verzichten möchte, bleibst du gern und arbeitest auch gern." Ein Bild, das ihn prägt – bis heute.

Michael studiert BWL und Sozialpsychologie, ein Fach, das damals noch relativ neu war. „Köln hatte damals einen der ersten Lehrstühle dieser Art", erzählt er. „Für mich ein sehr faszinierendes Fach." Er wählt es, weil er die Machtübernahme Hitlers besser verstehen will. „Warum sind die Menschen diesem Diktator so bereitwillig gefolgt? Warum gab es nur so wenige, die früh verstanden hatten, wohin der Weg gehen würde?" Sein Fazit: Eine Machtübernahme wie die von Hitler in Deutschland kann überall passieren.

Aus dem Konzern in die Selbstständigkeit

Mit seinem BWL- und diesem sozialpsychologischen Hintergrund landet er im strategischen Marketing. Beginnt bei internationalen Marketing- und Werbeagenturen und baut „in der Wendezeit" für die Agenturkette McCann-Erickson sechs Agenturen in Osteuropa auf. Von der Agentur geht es in die Industrie, als Marketingdirektor der LTU verantwortet er die Airline ebenso wie den Veranstaltungsbereich. Eine spannende Zeit, sagt er rückblickend. Von den Kontakten im Tourismusbereich profitiert er noch heute. 4 Jahre hat er den Konzern begleitet. „Dann hatte ich genug", kommentiert er seinen Ausstieg aus dem Unternehmen. „Ich bin oftmals angeeckt, mit meinen Plänen nicht weitergekommen, weil Konzerne ebenso sind, wie Konzerne nun einmal sind." Durch die unterschiedlichen Aufgabengebiete muss er sich mit drei Gewerkschaften auseinandersetzen – eine Tatsache, die irgendwann nur noch ermüdend und belastend ist. „Jeder neue Service, jede neue Idee wurde in Langzeitdiskussionen so zerkaut, bis nichts Innovatives mehr übrig blieb." Hinzu kommt: „Ich hatte bei LTU mit meinem Background alles erreicht, was man erreichen konnte; da wurde es Zeit für etwas Neues, erzählt er.

Michael macht sich selbstständig – nicht allein, sondern mit einem befreundeten Ehepaar als Partner. Und: Auch Cathy stößt schnell dazu. Eine Konstellation, die passt und erfolgreich ist: Beide Ehepaare arbeiten mit fest zugewiesenen Aufgabenbereichen. Schwerpunkte sind die Tourismusbranche und das Messegeschäft. Klar, dass auch Rückschläge nicht ausbleiben. So verliert Meyer Waldeck, so der Name der Agentur, 2008 einen seiner größten Kunden, die LTU. Nicht weil die Chemie nicht mehr passte oder die Agentur einen schlechten Job gemacht hat, sondern schlicht, weil Air Berlin die LTU übernommen hatte. Und Air Berlin hatte bereits eine Agentur. „Das war eine harte Zeit", erzählen die beiden. Aber: Meyer Waldeck ist auf schlechte Zeiten vorbereitet. Hat Geld auf den Konten, das es möglich macht, die Leute an Bord zu halten. „Gerade das Agenturgeschäft", weiß Michael, „ist mehr als volatil. Vom Markt und von konjunkturbedingten Schwankungen mehr betroffen als andere Branchen. Da braucht es ein Polster." Cathy ergänzt: „Darauf haben wir immer geachtet und entsprechend vorgesorgt." Auch für die Rente übrigens: Neben der gesetzlichen, die beide bekommen, investieren sie die ausgeschütteten Gewinne so, dass sie bis ins hohe Alter keine Sorgen mehr haben werden. „Das entspannt enorm", sagen sie.

Neue Wege gehen – auch im Alter

Vor 6 Jahren dann der Agenturverkauf. Nicht, weil sie sich aufs Altenteil zurückziehen wollen, sondern weil sie nochmals mit neuen Projekten durchstarten: Cathy in der Regionalpolitik, Michael als Berater für das strategische Marketing und als Dozent. Schon immer haben sich die beiden politisch engagiert und vor allem ihr deutsch-französisches Verständnis in grenzüberschreitende Projekte gesteckt. Das Düsseldorfer Frankreichfest etwa ist eines dieser Projekte, das sie mit initiiert haben. Europa ein anderes. Cathy sei „glühende Europäerin", wie die Westdeutsche Zeitung in einem Porträt über sie einmal schrieb. Beide engagieren sich als Mitglieder der FDP bei ALDE, der Fraktion der Allianz der Liberalen und Demokraten für Europa. Für Cathy ist dieses Engagement eines, das ihr besonders am Herzen liegt. Der Westdeutschen Zeitung gegenüber begründet sie ihr Herzensprojekt so: „Ich bin das meinen Großmüttern und meiner Mutter schuldig, die zwei beziehungsweise einen Weltkrieg überlebt haben. Europa ist die beste Antwort, die wir in diesen Zeiten haben." Und so unterstützen sie nicht nur die ALDE, sondern auch Vereine wie „Pulse of Europe" und „We are Europe". Michael ergänzt lächelnd: „Wir leben dieses europäische Miteinander ja auch zu Hause, da liegt das Engagement eigentlich auf der Hand."

Deutsch-Französisches ...
Auch Cathys berufliche Wurzeln haben viel mit dem deutsch-französischen, mit dem europäischen Miteinander zu tun. Und mit ihrem Talent, sich immer wieder auf Neues einlassen zu können. Ihre Devise, wann immer sie sich auf unbekanntem Terrain bewegt: „Das schaffst du schon." Und so startet sie, als sie als Lehrerin Ende der 1970er-Jahre keinen Job mehr bekommt, von neuem durch. Das Verlagswesen wird ihre neue Passion, als Vertretung für einen französischen Schulbuchverlag stellt sie Kontakte in Deutschland her. Mit dem Cornelsen Verlag, der das deutsche Schulsystem seit Jahrzehnten bestückt, begleitet sie eine Kooperation, die bis heute besteht. Ihr Blick dabei: immer deutsch-französisch und die Besonderheiten der beiden Kulturen im Auge behaltend. Nicht immer ganz einfach, wie sie der Westdeutschen Zeitung erzählt. Manches Mal verzweifelt sie an den Eigenarten ihrer deutschen Landsleute, etwa an der Kleinteiligkeit des Denkens, die sie immer wieder feststellt. Auch zu Hause gibt es die eine oder andere Diskussion, in der die unterschiedlichen Blickwinkel deutlich werden, in der die deutsche oder französische Karte gespielt wird. Als Cathy schließlich in die Agentur einsteigt, lernt sie ihren Mann noch einmal ganz anders kennen. „Aus meinem charmanten Ehemann wurde der knallharte Geschäftsmann, der auch von Zeit zu Zeit richtig ausflippen konnte", erzählt sie rückblickend. Aber irgendwann sind sie ein eingespieltes Team, das sich für die gemeinsame Firma auch am Wochenende ins Zeug legt. „Das bringt die Selbstständigkeit nun ein-

mal so mit sich," erklärt sie diese Jahre. Der Agenturverkauf ist befreiend und markiert gleichzeitig den Start in die nächste Lebensphase. Auch wenn sie nicht arbeiten müssen, um ihre Rente aufzustocken, tun sie es. Beide. Cathy unterrichtet erneut, Michael berät. Die Beratung steckt er irgendwann auf. Nicht etwa, weil es an Kunden fehlt, sondern weil ihm das Finanzamt hier einen Strich durch die Rechnung macht. „Meine Beratungsprojekte waren finanziell überschaubar, gleichwohl noch mit Kosten, etwa für die Akquise, verbunden", erzählt er. „Für das Finanzamt stand damit fest, ich betreibe hier Liebhaberei, die Kosten wurden schlicht nicht mehr anerkannt." Inzwischen lehrt er auch an zwei privaten Hochschulen, übernimmt ehrenamtlich die Präsidentschaft von Skal International Deutschland, der Vereinigung deutscher Wirtschaftsclubs für Tourismus. Für beide Engagements ist es seine Erfahrung, die zählt, die er mitbringt und weitergeben kann. In Sachen Lehre ist er allerdings ganz realistisch: „Noch profitieren die Studierenden von meinem Know-how. Aber irgendwann werden mich hier die Entwicklungen in der Branche überholen", meint er. „Dann kann ich nicht mehr mithalten oder Dinge weitergeben." Noch ist es allerdings nicht soweit. Und: „Solange ich Studierende noch begeistern kann, bleibe ich dabei." Cathy unterstützt ihn dabei, hat ihn auch digital fit gemacht. „Anfangs war ich diejenige mit dem Technikvorsprung", sagt sie. „Heute ist er am Rechner fast so schnell wie ich." Digitale Fähigkeiten sind, wenn man beruflich aktiv bleiben will, unerlässlich – auch wenn man mit den sogenannten digital Natives nicht wird mithalten können.

Vom Schicksal überholt – noch einmal neue Wege gehen

2018 folgt ein Schicksalstag, den beide nicht auf der Agenda haben: Bei Cathy wird Parkinson diagnostiziert. Anfangs ist die Krankheit schleichend, stellt keine große Belastung dar.

2020 verschlechtert sich ihr Zustand, 2021 sitzt sie schließlich im Rollstuhl. Eine Tatsache, mit der sie anfangs nur schwer umgehen kann und die dazu führt, dass die beiden nach 22 Jahren ihr Zuhause verlassen müssen. Die Wohnung mit Blick auf den Rhein ist nicht behindertengerecht. Heißt: Cathy kann das Haus allein nicht mehr verlassen. Schweren Herzens gehen sie auf eine neue Reise. Glück im Unglück: Sie finden nur eine Straße weiter eine Alternative. Mit dem Umzug kämpft Cathy sich zurück, erscheint mir fast so agil wie vor der Diagnose. Unterstützt Michael bei all seinen Projekten, etwa der E-Mail-Korrespondenz in Sachen Verein oder dem Redigieren eines Buchmanuskriptes für die Hochschule. Allerdings: „Die Arbeit steht nicht mehr wirklich im Mittelpunkt meines Lebens", sagt sie mit ein wenig Bedauern. Stattdessen nun der Umgang mit der Krankheit, die zwar verzögert, aber nicht geheilt werden kann. Auf Social Media gibt sie anderen ein Beispiel, geht offen mit der Erkrankung um, spricht darüber, was es heißt, plötzlich nicht mehr so aktiv sein zu können, wie der Kopf es eigentlich will. Neben seinen zahlreichen Engagements (und dem Golfspiel, das er sich ab und an gönnt) ist Michael an ihrer Seite. Hilft, trägt und ist da.

Eine wahrhaft deutsch-französische Umarmung des Lebens – und eine wahrhaft schöne Geschichte über das Altwerden.

Mein Fazit: Auch wenn die beiden sicher privilegierter als andere in ihrem Alter unterwegs sein können, zeigt ihr Beispiel doch vor allem eins: Wer über die Rente hinaus aktiv ist, sich einbringt, arbeitet, der bleibt schlicht länger jung. Geht mit großen Herausforderungen einfach besser um. Erfährt Wertschätzung, bleibt aktiver Teil der Gesellschaft. Und das ist etwas, was ich mir für die Zukunft wün-

sche und was ich gern im gesellschaftlichen Mindset verankert sehen würde: die Selbstverständlichkeit arbeitender
und aktiver älterer Menschen. Noch ist unser Bild vom
Rentner das, was wir von unseren Großeltern gelernt haben
– das muss und wird sich ändern, wie dieses Beispiel eindrucksvoll belegt.

„*Das eigene Leben ist eine Aufgabe über alle Altersphasen hinweg.*"

Prof. Dr. Jo Groebel, Medienpsychologe

10 Thesen zum Alter

Ein Gastbeitrag von Professor Dr. Jo Groebel

Es ist zweifellos als Kompliment gemeint. Recht häufig höre ich: „Für dein Alter siehst du aber noch ziemlich jung aus." Oder auch: „Du hast dich aber gut gehalten." Brav bedanke ich mich selbstverständlich. Auch wenn ich wirklich nie in Alterskategorien gedacht habe. Und mit 20 übrigens auch nie hörte: „Für deine Jugend siehst du aber schon ziemlich alt aus." Der zu Ehrende kennt das zweifellos auch aus eigener Erfahrung.

Die Beispiele zeigen, wie sehr Alter jedenfalls in unserem Kulturkreis sozialen Normen unterliegt. Und mit den nicht einmal vergiftet gemeinten Nettigkeiten vermutlich unbewusst gesagt wird, wie bedauernswert dieser Zustand doch eigentlich sei. So, als müsse ab einem bestimmten Lebenszeitpunkt das Schicksal unweigerlich für uns das Dasein einer trostbedürfenden Jammergestalt vorgesehen haben. In dem Fall wäre wirklich tröstlich für uns nur, dass es unweigerlich jeden oder jede früher oder später erwischt. Blöd für die anderen, dass sie offenbar lieber nicht so weit denken.

Dabei ist das ganze Konzept, am Alter allesmögliche Bedauernswerte aufzuhängen, zunächst einmal schlicht unsinnig. Andere Generationen, andere Kulturen haben genauso unsinnig dem Alter besondere, von vornherein feststehende Vorteile zugeschrieben. Mir kommt das so vor, als würden wir auch bei Männern und Frauen und meinetwegen allen dazwischen immer noch eine Riesenpalette von natürlich bedingten, vor allem zur Norm gewordenen Eigenschaften für immer festlegen, sehr weit über die selbstverständlich bestehenden biologischen Unterschiede hinaus. Inzwischen wohl kaum noch wissenschaftlich haltbar, selbst unter noch so konservativ Denkenden auch nicht mehr verbreitet. Nein, die Frau gehört also nicht an den Herd. Ja, sie muss aber dürfen, wenn sie will. Und für den Mann gilt das umgekehrt genauso. Die Frau muss bei gleicher Arbeit genauso viel verdienen wie der Mann. Eh, war da was?

Sie merken es beim Vergleich. Für das Alter müssen zunächst exakt die gleichen Bewertungskriterien gelten wie für das Geschlecht. Der ältere Mensch ist in der Regel genauso geistig fit wie der Jüngere. Er kann ebenso entschlossen handeln wie der oder die Jahrzehnte weniger Zählende. Wenn man denn durch Neugier und stetige Weiterbildung auf der Höhe blieb und bleibt. Leistung und Einbringen zählen also, nicht ein äußeres Merkmal.

Nun weiß ich selbstverständlich, dass in unserem System Beitragsjahre, Seniorität und Einbettung ins Berufsleben auf sehr lange Zeit entscheidende Faktoren für Bemessungsgrundlagen sind. Das unterscheidet das Merkmal Alter tatsächlich vom Geschlecht. Allerdings wehre ich mich gegen den ganzen Rattenschwanz von Zuschreibungen und mangelnden Erwartungen, die ungeprüft jeweils administrativ oder informell diesen Eigenschaften ebenso ausgeprägt gelten. Endgültig lächerlich wird die Konnotation von Schwäche, wenn man sich einmal die Altersstrukturen globaler Staatenlenker anschaut. Genannt seien Xi Jinping, Joe Biden, ehemals Konrad Adenauer oder Golda Meir und hoffentlich nicht erneut Donald Trump. Okay, nicht alle stehen für beste Ideen, tatkräftige Führung. Aber es ist absurd, denen an der Spitze Entschlossenheit und verantwortungsvolles Handeln zuzutrauen, aber auf nahezu jeder Ebene darunter das Gleiche noch nicht einmal von 20 oder mehr Jahren Jüngeren zu erwarten und ihnen das abzusprechen. Was für ein Bullshit!

Mit einer gewissen Leidenschaft habe ich nun versucht, quer über verschiedene wissenschaftliche Disziplinen hinweg und auf der Basis eigener Erfahrungen sowie von denen anderer einmal kurz und zugespitzt zusammenzustellen, was man einigermaßen gesichert übers Alter weiß. Und worin die Knackpunkte für unser künftiges Zusammenleben, für Politik und Wirtschaft liegen. All dies in Form von zehn Thesen zum Alter. Sicherlich eher als Beitrag zur Diskussion denn als für immer feststehende Wahrheiten. Vielleicht sehe ich dabei manches zu rosig. Vielleicht, weil mir echte Alterszipperlein immer noch erspart blieben. Aber in jungen Jahren sah ich diese, die Zipperlein, auch schon bei Altersgenossen und Altersgenossinnen. Es hatte mindestens so viel mit der inneren Haltung wie mit dem echten körperlichen Zustand zu tun. An der positiven inneren Haltung soll es allerdings häufiger bei Betagten mangeln. Sie sollten sich ein Beispiel an dem noch jungen Wolfgang Reinhart nehmen.

1. Alter ist kein absoluter Zustand.

Jeder altert täglich. Es gibt keinen biologisch vorgegebenen Punkt, an dem Jugend aufhört und Alter beginnt. Ein solcher Punkt wird von Behörden, Statistikern, nicht aber von Forschern allgemeingültig definiert. Alter ist also als Begriff vor allem eine Zuschreibung, auch Selbstzuschreibung, das Resultat aus Konventionen, kulturellen Einflüssen, Normen, Definitionen, Vorurteilen. Wir werden also ab dem Moment der Geburt jeden Tag älter. Unsere Zellen altern, bis zu deren Ende heißt das aber überhaupt nicht, dass wir automatisch immer hinfälliger werden müssen. Und das Schwächerwerden mancher Körperfunktionen kann mal medizinisch-technisch, mal biologisch-chemisch, mal durch Wiederherstellung eigener Energien kompensiert werden. In den westlichen Ländern nimmt die durchschnittliche Lebenserwartung rasant zu.

2. Das biologische Altern als Dauerprozess fällt extrem unterschiedlich aus.

Der Alternsprozess hat ganz unterschiedliche Ausprägungen zwischen einzelnen Menschen, Gruppen, Weltregionen. Man kommt leider nicht umhin, das große Problem der zunehmenden Altersarmut oder der wachsenden Pflegebedürftigkeit zu benennen. Dies sind allerdings keine Naturgesetze, sondern ein Teil dessen könnte durch einen Umbau viel zu starrer Altersgrenzen abgemildert werden. Nicht als Plädoyer für harte Arbeit noch im hohen Alter als Notwendigkeit des Überlebens. Sehr wohl aber zur Entlastung der Kassen, die immer früher immer mehr Menschen versorgen müssen. Zwangsläufig kann dabei für den Einzelnen, die Einzelne immer weniger später zur Verfügung stehen. Zum Beispiel für Pflege, zum Beispiel für ein menschenwürdiges Leben. Dabei geht es für viele Menschen auch um ihre eigene Würde mit der Möglichkeit, noch gebraucht zu werden. Es sollte ihnen nicht verwehrt bleiben. Abgesehen davon, dass es auch noch der Gesundheit dient. Und bei dosierter körperlicher Betätigung sogar dem Neuwachstum der genannten Zellen. In anderen Weltregionen sieht das noch anders aus. Armut und Mangel führen zu viel schnellerem körperlichen Abbau und zum Teil dramatisch kurzer Lebenserwartung, manchmal Jahrzehnte früher. Eine langfristig prosperierende Gesellschaft mit nach wie vor arbeitsfähigen Menschen eines gewissen Alters macht gesünder und lässt länger leben. Und auch noch mehr Menschen glücklicher sein.

3. Das Alter ist kein Defizit.

Alter ist also kein naturgegebenes Handicap, so wenig es Jugend ist. Die negative Bewertung geht gesellschaftlich und sozial vermutlich eher mit der Angst vor körperlichen Gebrechen, ziemlich sicher mit dem unvermeidlich irgendwann eintretenden Tod einher. Aber damit haben wir eigentlich alle zu leben gelernt. Zu leben! In früheren Zeiten waren tatsächlich nachlassende physische Kräfte für die meisten Menschen beim Arbeitsleben ein Handicap. Doch spätestens im Digitalzeitalter ist das vorbei. Und selbst für Menschen oberhalb bestimmter Lebensjahre ist diese Digitalisierung inzwischen eine Selbstverständlichkeit. Umgekehrt ist Alter genauso wenig ein Privileg. Das galt einmal in früheren Zeiten und gilt in anderen Kulturen jetzt noch immer. Lebensjahre sind in alle Richtungen weniger wichtig als Ausbildung, Kompetenz, Neugier und ja, zugegeben, auch Erfahrung. Aber die spricht sogar eher für die mit höherem Alter. Da jedenfalls, wo körperlicher Kraftaufwand nur noch einen Bruchteil des Arbeitsmarktes ausmacht, ist eine Altersbegrenzung zunächst jedenfalls obsolet. Und die Zunahme von Erfahrungswissen kann zudem eine Balance zu den frischeren Kompetenzen Jüngerer darstellen.

4. Ein verordnetes Ende des Arbeitslebens ist unsinnig.

Das körperliche Argument zieht also nicht mehr. Da, wo es zutrifft, wird niemand gezwungen werden, weiter zu arbeiten. Die vorgegebene Verrentung beziehungsweise Pensionierung, schlimmstenfalls immer früher, ist in jeder Hinsicht kontraproduktiv. Persönlich, familiär, sozial, gesellschaftlich, volkswirtschaftlich.

5. Altersverabschiedung entspringt einer überholten Logik von Arbeitspein.

Unerwünschte und unerfreuliche Arbeit als Qual und Last bis hin zur Ideologie entspricht einem Weltbild des 19./20. Jahrhunderts und des Industriezeitalters. Ganz neue Formen von Arbeit bedürfen noch eines langen Weges, aber sie verschaffen dem Leben einen Sinn und wirken identitätsstiftend. Keine Missverständnisse, es gibt nicht nur angenehme Arbeitsanteile, es gibt auch schlicht unerfreuliche Arbeit. Aber Routinen werden immer mehr automatisiert und digitalisiert. Damit nimmt potenziell der unerwünschte Anteil immer mehr ab. Zugleich wird das Erfahrungswissen als Kombination aus bestehender Praxis und neuen Technologien zunehmend wichtiger.

6. Aus früherer Arbeit stammende Altersklischees müssen verschwinden.

Allerdings geht es nicht ohne körperliche Fitness. Die Gerontologie zeigt, wie durch Sport physiologisch und neurologisch Körper und Geist gestärkt werden und sich sogar wieder erneuern. Selbst noch mit 90. Eine geistige und gemäßigt-körperliche Arbeit kann dies integrieren, neue Arbeitsphilosophien eben. Großunternehmen wie Mittelständler haben hier gute, auch altersfreundliche Arbeitsplätze entwickelt. Und richtige Ernährung und psychologische Trainings in Selbstwirksamkeit werden auch noch geboten. Die neue Arbeit bedarf keiner überholten Altersklischees mehr.

7. Äußere Attraktivität wird auch sozial definiert, Alter kann schön sein.

Auch dies hat sehr wohl mit neuen Arbeitsformen zu tun. Was nach einem billig-beschwörenden Werbetext klingt, wirkt sich sogar auf gegenseitige Achtung aus. Früher glaubte man an die Korrelation zwischen Attraktivität und Fortpflanzungsfähigkeit. Dabei gekoppelt mit der Sehnsucht nach langem Leben. Es war nachvollziehbar innerhalb der Bezugsgruppe. Und ist es meinetwegen innerhalb einer Altersgruppe. Die Biologie spielt mit hinein. Aber im Zeitalter von Narzissmus und Konsumismus wurde Äußerlichkeit zu einem völlig überzogenen Kriterium. Von einigen Ausnahmen abgesehen klischeehaft und fantasielos repliziert und perpetuiert von Werbung, Boulevard, Schmonzetten etc. Innere Schönheit spielt dagegen mit äußerer zusammen. Das schöne Nichts der jungen Maid schrumpelt da schnell zur Belanglosigkeit. Die strahlenden Augen der Greisin machen sie zur attraktiven Persönlichkeit, wenn sie auch durch gesellschaftliche Bedeutung und Nützlichkeit einen inneren Wert sieht und dieser von anderen gesehen wird. Es gilt genauso beim Mann, gerne unterstützt durch bewusste Gestaltung in Kleidung und Pflege. Häufig misslungen dagegen ist die übertriebene, chirurgisch unterstützte Selbstoptimierung bis hin zum vervielfachten Klon ähnlichen Aussehens. Da wird der Jugendwahn zur verzerrenden und verzweifelten Karikatur. Aber jeder, jede nach seiner, nach ihrer Façon. Wenn es nur glücklich macht.

8. Einsamkeit und Gebrechen sind nicht, jedenfalls nicht nur, altersbedingt.

Fern jeder Nostalgie gilt nicht nur für Ältere, dass vom Hörensagen her die Menschen im westlichen Zusammenleben früher stärker eingebunden waren in engere soziale Netzwerke. In vielen, vielleicht den meisten Kulturen weltweit noch immer: Nachbarschaft, Familienstrukturen über Generationen hinweg, Loyalität am Arbeitsplatz, lebenslange Freundschaften an einem Ort. Engere Gemeinschaften, manchmal auch beengend. Die größere Freiheit kam und kommt mit der gesellschaftlichen Veränderung um den Preis einer potenziellen Vereinzelung und Einsamkeit. Zum Beispiel, wenn es unbequem wird oder gar ein Austausch auf Augenhöhe abgelöst werden muss durch einseitiges Kümmern, wie es nun wirklich im Alter geschehen mag, aber eben nicht nur im Alter. Die Einsamkeit der Singles ist keine Frage der Lebensjahre. Nun können wir uns auch in unseren Breitengraden nicht über einen Mangel an freiwilliger Nachbarschaftshilfe und vielfachen Zeichen guten Willens beklagen. Dennoch wage ich die dezente Frage, ob wir nicht neben dem genannten Zeitalter des Narzissmus und gar damit korrespondierend ein Zeitalter der ökonomisierten, sogenannten utilitaristischen Beziehungen erleben. Die es auch immer gab und immer geben wird. Aber auf die Mischung kommt es an. Den Gläubigen hilft für die gute Tat der Lohn im Himmelreich. Aber auch auf Erden und den nur diesseits Orientierten ist jede Partnerbeziehung und jedes soziale Netzwerk hoffentlich nicht nur ein reines Tauschgeschäft, das so lange gut geht, wie man zeitnah auch wieder einen ROI, einen „Return on Investment" erwartet. Generationenübergreifend wird das nicht unbedingt gelingen. Mit einem übergreifenden Konzept, zum Beispiel dem des Anstands, können wir aber sehr wohl auch ein inneres Belohnungssystem entwickeln. Auch dies lässt sich nicht erreichen, wenn wir nur materialistisch-ökonomisch denken. Aber jeder Betriebswirtschaftler weiß um den Wert außerökonomischer Faktoren. Altersfern können sie blendend wirken, wenn altersübergreifend ein Sinn dafür besteht oder entsteht, wie Geben und Nehmen auf fairer Basis allen etwas bringt, direkt und indirekt. Bis hin zur Pflege der wirklich Bedürftigen, egal ob jung oder alt. Übrigens auch Jüngerer in Not durch die Älteren, die besser dastehen. Selbst wenn das die seltenere Variante ist. Und es auch nicht ohne organisierte, bessere Angebote geht. Zum Beispiel für die, die ihre Eltern zu Hause pflegen müssen. Auch hier wieder deutlich einfacher bei einer viel engeren sozialen Einbettung in funktionierende Nachbarschaften, Familien, Freundeskreise.

9. Wirtschaft, Kultur, Medien und Gesellschaft prägen die Idee vom Alter.

Die tatsächlich gegebenen strukturellen Herausforderungen zunehmenden Durchschnittsalters mit zwar nicht zwangsläufigen, aber häufigeren, zumindest körperlichen Einschränkungen, wenn eben nicht frühzeitig gegengesteuert wurde, werden im Klischee nochmal weiter überhöht, bis hin zu den stereotypen Darstellungen in Serie und Film. Die komische Alte, der wunderliche Greis, aber auch die tapferen Seniorenrebellen. Merken Sie was? Auch im guten Willen wird immer noch das Besondere, ja Abweichende des Alters betont. Nein, Altsein ist nichts Besonderes, erst recht nichts Komisches, Tapferes, Dankenswertes, Lästiges. Nichts davon. Leider werden die Vorurteile durch populärkulturelle Erzeugnisse weiter fortgeschrieben. Um nochmal auf die Klischees über Frauen zurückzukommen, so als wären sie immer dazu verdammt, wahlweise die Rolle der Hausfrau oder der Sexbombe einzunehmen. Geht's noch? Alter ist aber nichts Besonderes. Schon deshalb nicht, wenn man bedenkt, dass das Durchschnittsalter der deutschen Fernsehzuschauer bei 60 liegt. Die erkennen sich in den speziellen Darstellungen der Fernsehfiguren auf dem Bildschirm nicht unbedingt wieder. Klar, Fiktion gibt nicht Wirklichkeit wieder. Dennoch werden leider auch aus Bequemlichkeit der Macher Klischees und damit durchaus Fehlwahrnehmungen des Publikums immer weiter fortgeschrieben. Bild- und Sprachverbote oder grauenvolle „politisch korrekte" Wortungetüme oder Textscheußlichkeiten sind nicht die Antwort, bloß nicht, sehr wohl aber Handlungsgebote. Zum Beispiel, indem man noch mehr Kreativität und Fantasie in Darstellungen investiert, die schlicht mit noch weniger Stereotypen auskommen. Und übrigens auch ohne die schrecklich-euphemistischen

Marketing-Sprachschöpfungen, die freundlich klingen sollen, in Wirklichkeit aber nur neue Abgrenzungen zur Folge haben. Selbst „Best Ager" ist Quatsch und gehört auf den Wortmüll. Es gibt kein schlechteres oder besseres und erst recht kein bestes Alter. Der Anglizismus Age macht's da auch nicht besser. Dann noch lieber die Renaissance von Begriffen wie Greise oder eben Alte. Die reflektieren wenigstens eine ehrliche Einstellung.

Umgekehrt gilt wie bei den körperlichen Eingriffen auch: jeder, jede nach seiner, ihrer Façon. Dennoch erlaube ich mir, die beschwörend-verzweifelt alberne Jugendlichkeitskleidung anderer Generationen nicht wegen der Altersunterschiede, sondern wegen des verschiedenen kulturellen Kontextes als Kapitulation vor dem Jugendwahn zu sehen. Nahezu immer haarscharf daneben, wenn man nicht selbst Teil der Kultur dieser Generation ist. Und Generation ist nicht gleich Alter. Trotzdem ist das immer noch besser als der deutschspezifische Beigeraglanjacken-Kreppsohlenterror sadistischer Kaufhausmodeschöpfer, die dem entsagungsvollen Askese- und Unsichtbarkeitsverlangen mancher Rentner nachgeben. Unsichtbarkeitswunsch daher, da man das Seniorenbeige ableitet aus der Tierwelt der zwecks Überlebens sich möglichst unauffällig tarnenden älteren Stammesmitglieder mit körperlicher Schwäche. Die Menschen brauchen aber eigentlich das Beige nicht mehr. Keiner tut ihnen was.

10. Das eigene Leben ist eine Aufgabe über alle Altersphasen hinweg.

Egal ob eigene Wehleidigkeit, zugeschriebene Stereotypen, gegenseitige Verstärkung beider Faktoren, letztlich mangelnde Aufschlüsselung dessen, was an Eigenschaften, Haltungen, Verhaltenstendenzen altersspezifisch ist und, viel häufiger, was nicht. Es bedarf jenseits der Altersdebatte einer geburtsjahrübergreifenden Betonung der sogenannten Selbstwirksamkeit von Menschen und dessen Verstärkung. Sie wird bislang eher bei Menschen oberhalb des Kita- und unterhalb des Rentenalters verortet. Dabei ist ihr Funktionieren lebensalterunabhängig nachgewiesen. Für den Bereich Arbeit, für das soziale Leben, für das persönliche Wohlbefinden, selbst für körperliche Gesundheit. In diese Fähigkeiten zu investieren, wäre volkswirtschaftlich, betriebswirtschaftlich und privat-sozial ungleich konstruktiver als in ein immer früheres Privatiers-Dasein, nicht selten verbunden mit dem späteren Katzenjammer des Horror Vacui. Ganz zu schweigen von beziehungshygienischen Konsequenzen, wenn man sich wie bei Loriots „Pappa ante portas" die unweigerlichen Spannungen durch Dauerpräsenz eines unausgelasteten „Herren im Hause" vorstellt. Und selbstverständlich zunehmend das Umgekehrte mit einer unausgelasteten „Dame im Hause". Oder so. Wir Menschen brauchen ständige Impulse für Arbeiten, Privates, soziale Beziehungen. Ein ganzes Leben lang und über alle Altersstufen hinweg. Selbstwirksamkeit. Das Alter selbst spielt keine Rolle.

Insgesamt besteht also das Konzept des Alters aus einer Mischung von natürlich-biologischen Eigenschaften und einer mal mehr, mal weniger zutreffenden sozialen Zuschreibung. Einer meist weniger zutreffenden Zuschreibung. Fatal ist jedoch, wenn Klischees und angebliches Altersunvermögen zum Beispiel zur Arbeit als natürlich angesehen und in teils verheerende Sozial- und Arbeitspolitik umgesetzt werden. Jedenfalls wenn dies mithilfe von Zwang geschieht. Es muss beides entzerrt werden, das biologisch Gegebene und das gesellschaftlich Konstruierte.

Mit dem Ziel, den Willigen und Fähigen zu ermöglichen, für sich selbst einer nach wie vor sinnvollen Tätigkeit nachzugehen, gesellschaftlich gebraucht zu werden und zugleich für das gesamte Wirtschaftssystem, Stichworte Überlastung der Rentenkassen und Fachkräftemangel, eine äußerst wichtige Rolle zu spielen. Die Klischees verschwinden dann nebenbei auch noch.

Lebensmut: 100 Jahre & mehr

Geschichten aus meinem Wahlkreis

Er saß im weißen Bademantel kurz vor Mitternacht bei der After-Show-Party hellwach, aber doch auch körperlich gezeichnet von 105 Jahren Lebenszeit neben mir: Johannes Heesters. Gerade hatte er noch bei der beliebten Fernsehshow „Wetten, dass ...?" bei Thomas Gottschalk gesungen. Er hatte es ihm in einer früheren Sendung versprochen und wollte das Versprechen unbedingt einlösen. Ich empfand es als Glück, als Ehrengast an diesem Abend nach der Show als Tischnachbar neben ihm zu sitzen. Ich war beeindruckt von seiner Persönlichkeit. Wir sprachen über die Sendung. Und: das Leben. In einer fast gütigen und weisen, gemächlichen Art vermittelte er mir, dass für das Glück nicht so sehr entscheidend sei, was geschehe, sondern vielmehr, wie man das Geschehen interpretiere. Zuvor hatte er in der Sendung noch, nachdem das Intro angestimmt war, befunden, es sei höchste Zeit für eine Entschuldigung für seine umstrittenen Hitler-Äußerungen. Das Publikum bei „Wetten, dass ...?" dankte ihm daraufhin in der Sendung mit Standing Ovations. Heesters wollte nicht als einer in Erinnerung bleiben, der Hitler als „netten Kerl" bezeichnet hatte. „Es ist, wie es ist", drückt sich auch als Lebensweisheit in seinem Lied von Robert Stolz aus „Es ist einmal im Leben so". Er trat auch noch danach zu seinem 106. Geburtstag mit Renate Holm und dann noch einmal in seinem 108. Lebensjahr, in dem er dann an Weihnachten 2011 verstarb, auf. Für mich eine beeindruckende Begegnung, die mich sehr versöhnlich mit dem Älterwerden stimmt.

Ebenfalls 108 Jahre wurde Herr Künstler aus Niederstetten. Er war im Krieg vertrieben worden und lebte nach dem

Zweiten Weltkrieg in Niederstetten bei Johannes Prinz zu Hohenlohe-Jagstberg auf dessen Schloss Haltenbergstetten. Der Prinz hatte mich anlässlich des 107. Geburtstags von Herrn Künstler, der ihm übrigens bis zu seinem 100. Geburtstag treu gedient hat, eingeladen. Künstler stand mir, mit dem Sektglas in der Hand, gegenüber. Er erzählte, dass er noch regelmäßig die Tageszeitung und auch gängige Magazine selbst einkaufe und lese. Er sprach auch von seiner Vertreibung nach dem Zweiten Weltkrieg und drückte seine Dankbarkeit für die darauffolgende lange Friedenszeit aus. Wohlinformiert diskutierte er damals mit mir vor dem Kamin im Schloss stehend über aktuelle politische Fragen.

Auch die Familie von Stetten, die in Bad Mergentheim und bei Künzelsau im Schloss Stetten Altersresidenzen betreibt, erzählte in der Weihnachtsbotschaft von einer Bewohnerin mit 104 Jahren. Sie habe den Baron von Stetten noch bis vor wenigen Jahren morgens gegen 5:30 Uhr beim Schwimmen und anschließender Gymnastik getroffen. Elisabeth Gisch, so der Name der Dame, sei mit ihren 104 allerdings nur die zweitälteste Bewohnerin der Residenz – die älteste habe hier bis zu ihrem 107. Lebensjahr gewohnt. Auch Walter Krasser, im September 1920 geboren, war Weltenbummler und lebte in den letzten 7 Jahren in Bad Mergentheim. Bis wenige Tage vor seinem Tod fuhr er noch Auto und diskutierte leidenschaftlich über die aktuelle Politik und die Gesellschaft.

Im Dezember 2022 feierte – ebenfalls in meinem Wahlkreis – Maria Wilhelm in Kupprichhausen, einem Ortsteil von Boxberg, ihren 108. Geburtstag – bei dem sie präsent und fit die Glückwünsche entgegennahm. Aufgeschlossen und ausgestattet mit einem guten Erinnerungsvermögen erzählte sie von ihrer Kinder- und Jugendzeit laut Berichterstattung in der Heimatzeitung. Als Rote-Kreuz-Schwester in einer Kinderklinik in Ludwigshafen wurde sie vor einem Kriegseinsatz verschont. Nach dem Krieg kehrte sie in die Heimat zurück und führte gemeinsam mit ihrem Mann, einem Friseurmeister, das eigene Geschäft in Boxberg. Bis zum 105. Geburtstag lebte sie allein, nachdem sie bereits 1984 verwitwet war. Der Garten sei auch über das 100. Lebensjahr hinaus ihr Lebenselixier gewesen, so die Berichterstattung.

Ähnlich berichtete in der gleichen Zeitung unter dem Motto: „Dem Alter ein Schnippchen schlagen" Sabine Holroyd über Sport und Spaß bei jung gebliebenen Alten, wie wichtig soziale, körperliche und geistige Fitness für den „Jungbrunnen" sich gegenseitig bedingen.

Auch Charlotte Kretschmann ist ein Beispiel für eine ausgesprochen aktive über 100-Jährige. 113 Jahre wurde sie zum Jahreswechsel 2023 – eine Tatsache, die auch die Stuttgarter Nachrichten entsprechend würdigte. Sie lebt in Kirchheim unter Teck in Baden-Württemberg. Einmal nachgerechnet: Als in Deutschland die Mauer fiel, war sie bereits 80 Jahre alt. Jedes Wochenende kommen die „Kinder", ihre Enkelsöhne, (mit 54 und 45 Jahren zwei gestandene Männer), holen sie zum Essen oder für kleine Ausflüge ab. Einer der beiden hat ihr einen Instagram Account eingerichtet, der aktuell immerhin über 1.700 Follower zählt.

Eindrucksvoll auch der neue Bestseller von Kerstin Schweighöfer mit dem Titel „100 Jahre Leben": 100-Jährige geben Antworten auf die großen Fragen. Was mich am meisten daran beeindruckt: die Lebensweisheiten der skizzierten Menschen zum Glück, zum Leben und zur Liebe. Verblüffende Antworten auf die großen Fragen des Lebens, die uns alle beschäftigen: Was macht eine gute Freundschaft, Beziehung aus? Wie kann die große Liebe zur Liebe des Lebens werden? Was hilft bei Schmerz und Verlust? Welche Werte zählen wirklich? In all den Gesprächen zeigt sich eines sehr deutlich: Wer das Leben mit offenen Armen empfängt, hat schlicht mehr davon. Die Quintessenz der Autorin auch hier: „Nur wer Mut hat, macht Mut."

Glaubt man der Wissenschaft, sind 100 Jahre bald das neue Normal – und eben kein biblisches Alter. Schon heute kann man davon ausgehen, dass jedes neugeborene Kind gute Chancen hat, um 100 Jahre alt zu werden. Und so wundert es nicht, dass die 100 inzwischen auch literarisch und filmisch immer öfter gewürdigt wird.

Etwa, wenn Didi Hallervorden mit 85 noch neue Rollen übernimmt oder schon zuvor im Kino-Hit „Sein letztes Rennen" brilliert: Denn um dem langweiligen Leben im Seniorenheim zu entkommen, beschließt Paul (Didi Hallervorden) in diesem Film für den Berlin-Marathon zu trainieren.

Ähnlich Judi Dench – bekannt als M in James Bond –: „Ich höre noch lange nicht als Schauspielerin auf", meinte die 88-Jährige kürzlich.

„Du denkst in jungen Jahren nicht an die Rente, wenn du erfolgreich unterwegs bist. Du machst dir nur wenig Gedanken darüber, was einmal werden wird, wenn es dir nicht mehr so gut geht."

Dietmar Hofmann, 68 Jahre alt, Psychologe
an der geriatrischen Rehaklinik (Asklepios) in Aidenbach

Geschichten aus dem Altersleben II

Ruhestand? Nein, danke – jetzt noch nicht

Als wir uns begegnen, ist Dietmar Hofmann 68 Jahre alt – also in meinem Alter und ebenso weit wie ich von der Rente, dem Ruhestand entfernt. Wir sind uns einig: Das Leben hat auch beruflich noch einiges zu bieten für uns. Hofmann, geboren in Wanne-Eickel, macht 1972 Abitur – in bewegten Zeiten also: Das Attentat der Palästinenser-Organisation „Schwarzer September" auf das Quartier der israelischen Mannschaft im Olympischen Dorf in München macht dieses Jahr – übrigens ebenso wie die Terroranschläge der Roten Armee Fraktion – zu einem besonders schwarzen Jahr. Willy Brandt übersteht das Misstrauensvotum der CDU/CSU-Fraktion, Heinrich Böll erhält als erster deutscher Nachkriegsautor den Literatur-Nobelpreis. Hofmann geht in diesen Zeiten erst einmal zur Bundeswehr. Studiert dann auf Lehramt Sozialwissenschaft und Germanistik. Das anschließende Jurastudium absolviert er problemlos bis zum ersten Staatsexamen. 1978 weist ihm die ZVS (Zentrale Vergabestelle für Studienplätze) schließlich doch noch einen Studienplatz für Psychologie zu – ein Wunschfach für ihn, das er mit dem Diplom abschließt. Und: Er hängt noch eine therapeutische Zusatzausbildung in Psychodrama, Gruppenpsychotherapie, Verhaltenstherapie und Katathymem Bilderleben an. „Aber", erzählt er mir, „ich war sehr enttäuscht von dem, was man damals mit der Psychologie machte." Er kann mit den vielen bunten Ansätzen in der Psychotherapie, die in den Zeiten von Bhagwan und Hippie-Kultur so en vogue sind, nichts anfangen.

Der Wendepunkt kommt mit seiner Heirat und den beiden Söhnen. Und so macht er eine seiner Leidenschaften, das Zeichnen und Gestalten, das Kreativsein, zum Broterwerb.

Stellt das Ganze mit einem Studium der Freien Graphik an der Kunsthochschule Köln auch noch auf wissenschaftliche Beine, wird Meisterschüler in der Klasse des Schweizer bildenden Künstlers und Grafikers Pravoslav Sovak. 1989 dann die Selbstständigkeit. Ein Schritt, den er lange Jahre nicht bereut. Seine Jobs sind abwechslungsreich und vielfältig. Broschüren für große namhafte Kunden, Plakate oder auch Geschäftsberichte gehören dazu. Als freischaffender Grafiker gilt er – nach den Statuten der Künstlersozialkasse – als Künstler. Die Kasse ist das Ergebnis des Künstlersozialversicherungsgesetzes, das 1983 in Kraft tritt. Ziel ist es, selbstständigen Künstlern und Publizisten sozialen Schutz in der Renten-, Kranken- und Pflegeversicherung zu bieten. Für Hofmann eine feine Sache. Er schließt dazu noch die eine oder andere Lebensversicherung ab. Allerdings: „Du denkst in jungen Jahren nicht an die Rente, wenn du erfolgreich unterwegs bist", erzählt er. „Du machst dir nur wenig Gedanken darüber, was einmal werden wird, wenn es dir nicht mehr so gut geht." Hofmann ist nicht allein. Im Alterssicherungsbericht der Bundesregierung heißt es 2021: Bei „... rund 3 Millionen Selbstständigen sind die zu erwartenden Alterseinkünfte unklar." Heißt: Die Rente wird nicht reichen. Deutschland ist eines der wenigen OECD-Länder, das die Alterssicherung für Selbstständige nicht wirklich geregelt hat. Das soll nach Willen des Arbeitsministers Hubertus Heil nicht so bleiben. Schon vor 2 Jahren legte er Pläne vor, die in das Gesetz zur Altersvorsorgepflicht für Selbstständige und Freiberufler münden sollten. Danach sind – wenn das Gesetz beschlossen wird – alle selbstständig arbeitenden Menschen ab 35 Jahren verpflichtet, für das Alter vorzusorgen. Wählen können sie dabei zwischen der gesetzlichen oder privaten Vorsorge oder einem Versorgungswerk. Das Ganze muss dazu noch pfändungs- beziehungsweise insolvenzsicher sein.

Für Hofmann und viele seiner Altersgenossen kommt das Gesetz, das 2024 in Kraft treten soll, allerdings zu spät. Wieder sind es besondere Umstände, die Hofmann auf einen neuen Weg bringen: eine neue Liebe, das damit verbundene Aufgeben gewachsener Strukturen, die parallel dazu gewonnene Erkenntnis, dass das angesparte Geld nicht ausreichen würde, um einen neuen Lebensabschnitt zu beginnen ... „Das war eine Mischung aus Ereignissen, die mich zwangen, umzudenken", sagt er rückblickend. Sein psychologischer Background kommt ihm in den Sinn: „Ich hatte ja durchaus Spaß an der Psychologie", kommentiert er seinen Neuanfang. „Warum nutze ich das nicht als Basis und orientiere mich neu." Und so ergänzt er den Abschluss als Diplom-Psychologe an der Akademie für Psychoanalyse und Psychotherapie in München durch den tiefenpsychologisch fundierten Psychotherapeuten. Gegen viele Widerstände aus dem engsten Freundeskreis. „Die Reaktionen waren eher von Unverständnis geprägt", erinnert er sich. Viele fragten ihn: „Warum gibst du in deinem Alter noch so viel Geld aus? Weißt du eigentlich, was das heißt, jetzt noch einmal durchzustarten? Wo willst du damit eigentlich hin?" Hofmann lässt sich nicht beirren, macht weiter und bewirbt sich schließlich – da ist er 66 Jahre alt – bei der geriatrischen Rehaklinik (Asklepios) in Aidenbach. Die Anforderungen der Klinik passen exakt auf sein Profil. Und: „Ich begegne meinen Patienten dank meines Alters auf Augenhöhe. Man hat weniger Scheu, sich zu offenbaren, wenn man ein ähnliches Alter und schon einiges erlebt hat. Das macht die Arbeit, gerade mit Demenzkranken, einfacher", erklärt er.

Für sich selbst hat Hofmann eine Routine entwickelt, die ihm bei der Organisation des Tages hilft. „Ich starte früh, meistens stehe ich gegen vier Uhr auf und skizziere schriftlich, was mich bewegt", erklärt er die Methode, die er seit gut

4 Jahren für sich entdeckt hat. „Anfangs war das heilend, also eher therapeutisch. Heute schreibe ich, weil ich Spaß daran habe, meine Gedanken auf diese Weise zu ordnen." Die Methode orientiert sich an dem Programm der Amerikanerin Julia Cameron, die, selbst über 60 Jahre, verschiedene Ratgeber geschrieben hat. Eines ihrer populärsten Bücher „Der Weg des Künstlers" liefert spirituelle Ansätze für die Entwicklung der eigenen Kreativität, beschäftigt sich aber auch ganz pragmatisch damit, wie man Ängste und Unsicherheiten bekämpfen kann. Die Fortsetzung ihres Bestsellers, „Es ist nie zu spät, neu anzufangen – Der Weg des Künstlers ab 60" beschäftigt sich mit dem Alter. Und: neuen Wegen. Mit einem 12-Wochen-Programm bietet sie Menschen für einen solchen Neuanfang im Alter einen Weg, sich selbst neu zu erfinden. Für Hofmann mehr als eine Inspiration. „Ihre Gedanken haben mir geholfen, mich neu zu entdecken. Sie haben mir Mut gemacht, dieses neue Kapitel aufzuschlagen", sagt er. Bis 17 Uhr ist er meistens in der Klinik, dann geht's zu Hause mit dem Lernen weiter. Denn die angefangene Ausbildung als tiefenpsychologisch fundierter Psychotherapeut will er in jedem Fall abschließen. Das Tagesprogramm ist nicht ohne. Angst, die Aufgaben absehbar nicht mehr bewältigen zu können, hat Hofmann nicht. „Ich habe zwei deutlich ältere Schwestern, die mit Anfang 80 noch sehr agil sind", schmunzelt er. „Daran kann ich deutlich sehen, was gentechnisch familiär angelegt ist." Auch der Umgang mit seinen Patienten hilft. „Ich setze mich täglich mit dem Altwerden auseinander und lerne, was es heißt, alt zu werden", sagt er. „Alter ist damit für mich keine unbestimmte Größe mehr, ich kann mich darauf vorbereiten."

Aber noch denkt er nicht ans Aufhören. Im Gegenteil: „Ich liebe diesen neuen Lebensabschnitt, der mir nochmals ganz andere Welten offenbart", erklärt er selbstbewusst. Die neue Frau an seiner Seite macht es ihm da ebenfalls leicht. Sie arbeitet zwar nicht mehr, engagiert sich aber vor allem in Sachen Sport und leitet zum Beispiel eine Wintersportgruppe. „Wir sind beide mehr als ausgelastet und genießen dieses Leben sehr", kommentiert er diese neue gemeinsame Lebensphase. Hofmann schätzt, dass er noch bis 77 arbeiten wird. So wie ich ihn kennengelernt habe, wird er das auch!

„*Generationsübergreifende Zusammen-arbeit und Kommunikation ist der Schlüssel für eine Zukunft der Gleichstellung, des Fortschritts und der Nachhaltigkeit.*"

Dr. Irène Kilubi, Initiatorin von JOINT GENERATIONS

Die Zukunft ist jung UND alt: Was uns die Generationenvielfalt bringt

Ein Gastbeitrag von Dr. Irène Kilubi

Der demografische Wandel macht die generationsübergreifende Zusammenarbeit unabdingbar

Der demografische Wandel lässt sich nicht leugnen. Um seine Herausforderungen aktiv in Angriff zu nehmen, bedarf es eines näheren Zusammenrückens von Jung und Alt. Das klingt einfach, ist es aber offensichtlich nicht. Denn von einem produktiven Miteinander der Generationen sind wir ganz schön weit entfernt. Aber: Was hindert uns eigentlich daran, zusammenzurücken? Was macht es so schwer, Generationenvielfalt und damit echte Diversität zu leben? Eine mögliche Erklärung: Es ist uns bis dato nicht gelungen, Vorurteile gegenüber den Generationen, die von beiden Seiten immer wieder in die Diskussion geworfen werden, auszumerzen. Und so wundert es nicht, dass Unternehmen trotz des steigenden Fachkräftemangels immer noch bevorzugt jüngere Arbeitnehmende einstellen, die älteren meist gar nicht auf der Agenda haben. Das Ungleichgewicht auf dem Arbeitsmarkt wird zum Problem und ist heute aktueller denn je. Denn der Fachkräftemangel wird immer brisanter. Und: befeuert unweigerlich die Konkurrenz im Arbeitgebermarkt. Die Anzahl der Menschen über 45 Jahren ist deutlich höher als darunter. Jeder vierte Arbeitnehmende ist Teil der 50plus-Generation. Und viele von ihnen denken nicht daran, in Rente zu gehen. Frührentenprogramme, die lange gang und gäbe waren, haben ausgedient.

Daher gilt: Unternehmen, die sich der Altersdiversität und dem damit positiv verbundenen Generationenmanagement öffnen, werden über kurz oder lang im Vorteil sein.

Generationen im Fokus: Wie ein Zusammenrücken gelingen kann

Heutzutage ist die Gender-Diversity in aller Munde. Das Generationsmanagement und damit die Altersdiversität tauchen in den Diskussionen allerdings bislang nur zögerlich auf. Dabei gehört gerade sie im Hinblick auf den demografischen Wandel unbedingt in den Fokus der Diskussion. Denn Fakt ist: Durch den Rückgang der Geburtenrate und den Anstieg der Lebenserwartung der Menschen kommt es in der Gesellschaft zu einem Ungleichgewicht der Altersgruppen. Der Anteil der älteren Menschen an der gesamtdeutschen Bevölkerung wird immer größer, der der jungen nimmt ab. Was braucht es also, um eine Annäherung der Generationen zu befeuern? Wie kann sie schließlich gelingen? Und: Was muss geschehen, dass sich die Generationen aufeinanderzu bewegen?

Der Schlüssel ist eine Annäherung beider Seiten auf Augenhöhe. Nur so lässt sich echte Altersdiversität herstellen. Es muss eine faire und gleichwertige Diskussion möglich werden, an der sich alle gleichermaßen beteiligen können. Und hier gilt es, die Stärken und Schwächen der jeweiligen Personen zu berücksichtigen und sie gezielt im Tagesgeschäft oder für eine Problemlösung einzusetzen. Das verlangt nach neuen und kreativen Modellen in der Personalarbeit, vor allem Führungskräfte sind hier gefragt.

Generationsübergreifender Wissens- und Kompetenztransfer

Welche Potenziale welcher Generation lassen sich heben und für die angesprochene Annäherung nutzen? Klar: Die Älteren haben in Sachen Erfahrung sicherlich die Nase vorn. Aber: Die Jüngeren machen diesen Erfahrungsvorsprung durch State-of-The-Art-Wissen wett. Heißt: Beide Seiten können voneinander lernen. Wenn sie dann wollen. Denn nicht selten folgen beide Seiten „gelernten" Vorurteilen (die Jungen können und wollen nicht zuhören, die Alten wissen alles besser). Und so entsteht eine Distanz zwischen den verschiedenen Altersstufen, die teilweise von Nichtakzeptanz und Diskriminierung getragen wird.

Hier muss die Gesellschaft ran – sprich: Das öffentliche Mindset, das öffentliche Bild muss sich ändern. Konkret heißt das: Wir müssen die stereotypen Bilder über das Altsein und das Jungsein verändern. Altsein bedeutet nicht automatisch Gebrechlichkeit, das Sitzen auf der Parkbank oder die Nutzung des Treppenlifts. Und Jungsein heißt nicht automatisch Work-Life-Balance, Karriere oder Familie. Wir müssen damit leben und wir müssen akzeptieren, dass alle Generationen heute ganz unterschiedliche Lebensmodelle leben. Den „gelernten" Lebensdreiklang von Bildung Karriere/Familie und Rente gibt es schlicht nicht mehr. Die Lebenswege aller Generationen verändern sich – und dem müssen wir als Gesellschaft Tribut zollen. Und beide Seiten müssen lernen: Ohne die jeweils andere Generation wird es nicht mehr gehen. Dabei steht nicht nur Diversität im Vordergrund, sondern auch die Gleichbehandlung (und die Wertschätzung) aller Beteiligten. Jeder kann etwas zu einem Projekt oder einem Problem beitragen, egal ob jung oder alt. Das müssen wir künftig unseren Kindern mit auf den Weg geben und leben.

Ganz konkret voneinander lernen

Was können wir tun, um dieses Mindset langsam zu verändern? Wir können beispielsweise in Unternehmen Strukturen schaffen, die das Voneinanderlernen vereinfachen. Strukturen, in denen Formate selbstverständlich werden, die es älteren Mitarbeitenden leicht machen, ihr Wissen, etwa über Arbeitsabläufe, Hierarchien, Entscheidungswege, weiterzugeben. Oder solche Formate, die den technischen Vorsprung jüngerer Kollegen für ältere nutzbar machen. Die zeigen, dass Technologie oftmals komplizierte Prozesse vereinfacht. Dass Digitalisierung zwar Veränderung, aber auch Chance bedeutet. In Sachen Belastbarkeit punkten dagegen oftmals wieder die „Alten": Sie wissen, dass eine neue Herausforderung – nicht selten der „Sprung ins kalte Wasser" – spannend und aufregend sein kann, dass man sich darin nicht verlieren wird, sondern seinen Weg finden kann.

Gelernt haben wir in der Regel, dass die Älteren die Jüngeren ein- und anweisen. Dass beide Seiten voneinander lernen können, muss das neue Normal werden. Wissenstransfer ist keine Einbahnstraße, sondern funktioniert am besten in beide Richtungen. Nur so kann letztlich eine echte Win-win-Situation entstehen. Allerdings: Die Unternehmen müssen mitziehen, ein echtes Generationsmanagement einführen und es auch fest in die Unternehmensrealität integrieren.

Die passenden Strukturen und Modelle für den intergenerativen Austausch und das Generationsmanagement wählen

Sich unvoreingenommen zu begegnen, bildet eine gesunde Basis, um passende Modelle zu entwickeln. Das beginnt mit einem Recruiting-Prozess, der ältere Menschen bewusst adressiert und nicht als Lückenfüller ausgrenzt. Ein solcher Prozess bedient sich einer neutralen Sprache und setzt sich später im Onboarding, das jüngere UND ältere Arbeitnehmer integrativ aufnimmt, fort. Eine Art Patenschaft – von jüngeren für ältere neue Kollegen oder vice versa – kann dabei helfen, leichter in den herausfordernden Alltag hineinzufinden. Das gelingt natürlich nur, wenn auch die Unternehmenskultur entsprechend angelegt ist. Wenn sich das Unternehmen also bewusst mit Diskriminierung auseinandersetzt, Antidiskriminierungsprogramme fährt und so Vorurteile im Keim erstickt. Das Team, das alle Teammitglieder, egal welchen Alters, welcher Herkunft, welcher Ethnie, gleichermaßen fördert, berücksichtigt und feiert. Nur diese gegenseitige Akzeptanz wird letztlich den Unterschied machen.

Ebenfalls wesentlich: Flexibilität. Und die Aufgeschlossenheit neuen Ideen gegenüber (die übrigens auch und nicht selten von älteren Kolleg:innen kommen können). Wenn alle mit derselben offenen Einstellung an eine solche Idee herangehen, sie nicht von vornherein mit einem kräftigen „Ja, aber …" abschmettern, dann kann, dann wird das Miteinander diverser Teams möglich. Das eigene Ego und die eigene Überlegenheit bleiben hier allerdings besser außen vor.

Um eine solche Kultur des Miteinanders im Unternehmen dauerhaft zu etablieren, braucht es Trainings- und Schulungsprogramme, die zeigen, welche Vorteile Diversität dieser Art mit sich bringt. Auch das Mentoring ist eine Möglichkeit, Menschen verschiedener Altersgruppen zusammenzuführen, heterogene Teams zu etablieren und so das „Similarity-Attraction Paradigm", also die Anziehungskraft Gleichgesinnter, auszuhebeln.

Die neue heterogene Kultur wird kommunikativ am besten durch Dialogformate gestützt. Miteinander statt übereinander reden, in den Austausch gehen, zuhören, die andere Meinung akzeptieren. Alles nicht neu, aber essenziell für die neue heterogene Welt. Auch ein flexibles Arbeitszeitmodell, oder besser Lebens(arbeits)zeitmodell, trägt zu dieser Welt bei. Viele Modelle haben sich (spätestens seit Corona) plötzlich als leistungsfähig erwiesen, wie etwa das Homeoffice, jahrelang ein Tabuthema, das plötzlich akzeptiert ist. Was jetzt noch kommen muss, ist die Flexibilisierung, die Ausfallzeiten, etwa Elternzeiten, anders würdigt und berücksichtigt. Dazu gehören auch flexible Modelle der Krankenversicherung.

Die jungen Alten kommen

Wir müssen mit den jungen Alten von heute rechnen. Denn die Generation 50- und 60plus bis weit darüber hinaus ist anders – wird laut darüber sprechen und neue Lebens- und Arbeitsmodelle einfordern. Sie ist in der Regel gesund, geistig höchst aktiv, gebildet, fit und meistens sportlich aktiv. Sie fahren so manchem Jungen mit ihrem Rennrad davon und zeigen gerade beruflich oftmals, wie ein Berufsalltag produktiv gestaltet wird.

Vor wenigen Jahren galt eine weit in die 50er gehende Frau noch als alt und tauchte in der Werbung kaum noch auf. Die Jugend gab den Ton an, war im Leben und im Beruf das Aushängeschild für Aktivität und Fortschritt. Dieses Bild verändert sich – wenn auch langsamer als gedacht. Die Anforderungen im Berufsleben wachsen und so mancher junger Mensch fühlt sich überfordert (oder will den Weg seiner Eltern, seiner Großeltern schlicht nicht mehr gehen). Die ältere Generation hingegen ist Überstunden gewohnt und weiß, wie es ist, so richtig mit anzupacken. Aber: Die Medaille hat – wie gewohnt – zwei Seiten, die in ihrer Aussagekraft durchaus austauschbar sind. Soll heißen: Das Arbeitsleben wird ein anderes Gesicht bekommen – eines, das Jung und Alt nebeneinander zulässt, und eines, wo das nicht mehr überraschend ist. So wird eine erfahrene und zum Umsatz wesentlich beitragende Verkäuferin, die Mitte 50 ist, aber ein ausgesprochenes Verkaufstalent besitzt, für den Einzelhandel effektiver sein als eine Berufsanfängerin, die noch jahrelange Erfahrungen benötigt.

Die ältere Generation ist in den Fitnessstudios an den Geräten genauso zu sehen wie die Jugend. Sie will vital und gesund sein und tut jede Menge dafür. Vor allem die Mütter, die das traditionelle Rollenmuster gelebt und ihre Kinder großgezogen haben, möchten wieder engagiert im Berufsleben dabei sein. Ein Unternehmen kann gerade von dieser Generation sehr profitieren. Dabei geht es oftmals gar nicht darum, Geld verdienen zu müssen, sondern einfach nur darum, weiter aktiv teilzuhaben.

Es sind allzu oft die Schranken im Kopf, welche alte Bilder hervorrufen, die nicht der Realität entsprechen. Das Gesamtbild der älteren Generation hat sich nachhaltig verändert. Hinzu kommt: Aufgrund des demografischen Wandels wird die ältere Generation länger arbeiten müssen. Und: Sie wird das auch wollen. Der Gesetzgeber tut gut daran, Modelle genau dafür zu entwickeln. Es braucht deutlich mehr Flexibilität für die Rente. Ein starres Renteneintrittsalter oder dessen Verschiebung ist sicher nicht die Lösung. Allerdings: Hier sind die Unternehmen gefragt, auch ältere Mitarbeitende einzustellen beziehungsweise unternehmensinterne Weiterbildungsprogramme für diese Gruppe ihrer Mitarbeitenden anzubieten.

Fakt ist: Die neue ältere Generation möchte noch mit anpacken und ist offen für neue Wege. Auch in Sachen Digitalisierung. Sie lernen selbst oder lassen sich von ihren Kindern und Enkeln die neuen technologischen Fortschritte erklären und finden sich schnell zurecht. Die bis dato oftmals beobachtete Schwerfälligkeit der Großeltern, sich mit neuen technischen Geräten befassen zu wollen, trifft für die jungen Alten von heute kaum noch zu. Es sind die stereotypen Altersbilder, die einem unkomplizierten und vorurteilsfreien Umgang mit der älteren arbeitenden Generation im Wege stehen. Das Alter wird schnell als Nachteil gesehen, statt die Vorteile zu erkennen. Der graue Dutt oder der krumme Rücken ist eben kein Bild mehr, das den jungen Alten von heute entspricht.

Jeder Unternehmer, der offen genug ist, die traditionellen Bilder der Großeltern aus seinem Kopf zu löschen, wird unweigerlich von der Diskussion über die Altersdiversität und einem damit verbundenen Generationenmanagement profitieren. Vorurteile, Stereotypen oder eben Rollenmuster dieser Art waren und sind noch nie ein positiver Wegbegleiter gewesen. Die Menschen ernähren sich heute bewusster, sie bewegen sich durchschnittlich mehr und sind fitter. Medizinische Vorsorgeuntersuchungen und das eigene mentale Bewusstsein haben dazu beigetragen, dass diese Generation sich kontinuierlich verändert hat. Die körperlich sehr anstrengenden Aufbauarbeiten der Nachkriegsgeneration hatten dazu beigetragen, dass die Großeltern schneller alterten und ihre Arbeitsleistung entsprechend im fortgeschrittenen Alter nachgelassen hat.

Heute gehört es sozusagen zur Pflicht, aktiv daran zu gehen, dieses prägende alte Bild als Relikt der Vergangenheit zu betrachten. Die ältere Generation von heute hilft aktiv dabei, dass dem Fachkräftemangel die Stirn gezeigt werden kann.

Nutzen wir doch den durch den demografischen Wandel bedrohlichen Fachkräftemangel als Chance, ein Generationenmanagement zu implementieren, das dabei hilft, die Lage in den Griff zu bekommen.

Dr. Irène Kilubi hat als promovierte Wirtschaftsingenieurin und Unternehmensberaterin für namhafte Unternehmen wie zum Beispiel BMW, Deloitte und Amazon gearbeitet. Nach vielen beruflichen Stationen folgt sie jetzt ihrer persönlichen Leidenschaft und widmet sich mit JOINT GENERATIONS den Themen Community Building, Corporate-Influencer-Strategie. Darüber hinaus ist sie als Expert Advisor für den European Innovation Council Accelerator der Europäischen Kommission tätig. Dr. Irène Kilubi ist Universitätsdozentin für Digitales Marketing und Entrepreneurship und eine gefragte Referentin auf Konferenzen und Veranstaltungen.

Dr. Irène Kilubi wurde 2022 von W&V zu den Top-10-Experten für Brand Communities gewählt. Sie wurde zum „Xing Top Mind 2020" in der Kategorie Personal Branding und Marketing sowie zum „Xing Top Mind 2022" in der Kategorie Diversity gekürt und ist Mitautorin des im Jahr 2021 erschienenen zweifachen Bestsellers (SPIEGEL und manager magazin) „Zukunftsrepublik". Sie erhielt für ihre Social-Impact-Initiative JOINT GENERATIONS bereits zweimal den XING NEW WORK Award 2021, den 1. Platz in der Kategorie Zukunftsentwürfe und den 2. Platz in der Kategorie Publikums-Award, sowie den 1. Platz des Impact of Diversity Award in der Kategorie Age Inclusion 2021. Darüber hinaus war die Unternehmerin im Jahr 2021 Teil der TOP 10 der Female Business Influencer mit dem Schwerpunkt „New Work" des Strive Magazine.

„*Es gilt, Vorbilder in dieser Generation sichtbar zu machen. Und damit zu zeigen: Du kannst auch als älterer Mensch noch viel bewegen.*"

Jana Lunz, Körber-Stiftung

Man ist nie zu alt, um großartig zu sein ...

Neue Wege im Alter

Die neuen Alten kommen an – das jedenfalls sollte man meinen, wenn man die vielen Berichte und Beiträge zur Kenntnis nimmt, die sich um diese Themen drehen. Im Herbst 2022 waren es gleich mehrere Artikel, die ich bemerkenswert fand. Frau tv, eine Sendung des WDR, widmete einen ganzen Beitrag der knapp 80-Jährigen Charlotte (Ute Schneider für Frau tv, Oktober 2022). Mit 62 stellt Charlotte fest: Die Rente wird nicht reichen! Immer selbstständig gewesen, hatte sie sich nur selten mit dem eigenen Altwerden beschäftigt. Die eigene Casting-Agentur läuft – mehr als gut. Und so hat sie gelebt und sagt rückblickend: „Ich habe gutes Geld verdient, aber ich habe es auch ausgegeben." Als sie 2006 ihren Second-Hand-Laden eröffnet, weiß sie: „Es muss laufen – es gibt auch keine Alternative." 18 Jahre betreibt sie ihren Laden inzwischen, freut sich über viele Stammkunden und über die Struktur, die ihr die zweite Selbstständigkeit gibt. 7 Stunden steht sie täglich, außer mittwochs, ihrem Sporttag, hinter der Ladentheke. Ans Aufhören denkt sie noch nicht, denn auch gesundheitlich läuft es besser als bei vielen Altersgenossen. Der Laden gebe ihr Struktur, erklärt sie, er fordere sie und sorge so dafür, dass sie für das Altwerden keine Zeit habe.

So wie Charlotte machen es in dieser bemerkenswert jung bleibenden Generation viele. Und: Gründergeist dieser Art kommt an – und so wundert es nicht, dass es seit 2019 für Leistungen dieser Art auch einen eigenen Preis gibt. Gestiftet wird er von der Körber-Stiftung. Alljährlich werden mit dem „Zugabe-Preis" Gründer, die die Lebensmitte überschritten haben, ausgezeichnet. 2022 sind die Preisträger 67 und 83 Jahre alt! Programmmanagerin Jana Lunz erzählt: „Als die Stiftung 60 Jahre alt wurde, haben wir gesagt, wir machen einen Preis genau für den Bereich Alter und Demografie, weil wir da etwas bewegen wollten. Wir wollen die Altersbilder ändern und damit dem demografischen Wandel gerecht werden." Warum der Zugabe-Preis Zugabe heißt, erklärt Dr. Lothar Dittmer, Vorstandsvorsitzender der Körber-Stiftung, bei der ersten Preisverleihung: „Zugabe, das ist das Finale im Konzertbetrieb, das Musikstück, das nicht mehr im Programm steht, das Sahnestück, das die Stimmung zum Siedepunkt bringt. Wir finden deshalb, dass dieser Titel auch gut zu unserem neuen Projekt passt. Das Beste kommt zum Schluss."

Und so werden seit 2019 Menschen ausgezeichnet, die mit 60 nochmals einen Neustart gewagt haben. Einer von ihnen ist Dr. Gerhard Dust, heute 70 Jahre alt. Dust gründet mit 56 Jahren Polycare, ein Unternehmen, das Bauelemente aus Polymerbeton entwickelt und weltweit vertreibt. Der Clou liegt in den smarten Teilen: Sie sind zum einen mehrfach einsetzbar und können zum anderen aus lokalen Rohstoffen, selbst aus Wüstensand, hergestellt werden. Auch Bauschutt oder Industrieabfälle werden in den Elementen verbaut und sorgen so für sinnvolles Recycling. Auf der Website des Unternehmens liest sich das so: „Wir schaffen neue Wertschöpfungsketten, damit wertvolle Materialien nicht mehr auf Mülldeponien landen oder downgecycelt werden. Unsere Sicht auf die Bauwirtschaft ist nicht mehr von hohen CO_2-Emissionen und Ressourcenverbrauch geprägt, sondern von Effizienz, Einfachheit und Flexibilität." Eingesetzt werden die Bauteile vor allem in Ländern, die – etwa nach schweren Erdbeben – Häuser wieder aufbauen müssen. Das Prinzip ist simpel, macht unabhängig von Fachkräften und schweren Maschinen. Funktionieren die mehrfach verwendbaren Elemente doch nach einem einfachen an Lego erinnernden Stecksystem. Das dahinterliegende Businessmodell, das Dust entwickelt hat, basiert auf einem Lizenzsystem, das einheimische Partner berücksichtigt. In Namibia etwa. Dort gehören zwei Drittel von Polycare Namibia den Menschen vor Ort. Für Dust sind es vor allem diese lokale Wertschöpfung und der nachhaltige Bauansatz, die ihn als Unternehmer befriedigen. Für die Jury des Zugabe-Preises ist Gerhard Dust ein Unternehmer mit Weitblick und so erhält er neben drei weiteren Preisträgern 2020 den begehrten Preis für sein zweites Lebenswerk. „Mit Golfspielen in Florida", so kommentiert er die Auszeichnung, „hätte ich das sicher niemals geschafft."

Auch die Preisträger 2022 haben die 60 überschritten. Ausgezeichnet wurden, so heißt es im Begleittext zur Preisverleihung, drei Persönlichkeiten, die durch unternehmerisches Geschick und soziales Feingefühl dazu beitragen, unsere Gesellschaft besser zu machen: Gisela-Elisabeth Winkler (82), Heinz Frey (67) und Dr. Ernst-Andreas Ziegler (83). Die Preisträger, heißt es weiter, beweisen, dass es keine Frage des Alters ist, kreative Lösungen für gesellschaftliche Herausforderungen zu finden. Und in der Tat: 70 Jahre ist Ernst-Andreas Ziegler alt, als er die Wuppertaler Kinder- und Jugend-Universität (Junior Uni) für das Bergische Land gGmbH gründet. Sein Credo: Allen Kindern und Jugendlichen stünde die bestmögliche Bildung zu. Sie sei der Schlüssel zu individuellen Zukunftsperspektiven und gesellschaftlicher Chancengleichheit. Ganzjährig bietet die Junior Uni einen Lernort, der außerschulisch Grundlagen in Mathematik und Naturwissenschaften vermittelt. Die Idee kommt an. Unsere ehemalige Bundeskanzlerin Angela Merkel findet, dass die Junior Uni „eine tolle Einrichtung ist." Und der Ministerpräsident von Nordrhein-Westfalen Dr. Hendrik Wüst meint: „Insbesondere freut mich, dass sich an der Junior Uni so viele Mädchen für Naturwissenschaften und Technik begeistern." Für Ziegler, den ehemaligen Journalisten, ist die Junior Uni eine Herzensangelegenheit. „Kein Mensch wird dumm geboren, jeder junge Mensch kann durch Experimentieren und Forschen ohne jeden Druck spielerisches Lernen zum Hobby machen", beschreibt er sein Projekt in einem Interview mit der Stadtzeitung, dem Wuppertaler Nachrichtenmagazin. „Und so bekommt jede und jeder vorher nicht für möglich gehaltene Lebenschancen, selbst wenn er oder sie aus Familien aus dem sogenannten bildungsfernen Milieu kommt. Bessere Bildungschancen unabhängig vom Geldbeutel, dem Sozialstatus und der Herkunft der Eltern – das propagieren seit Jahrzehnten Politik und Wirtschaft. Doch wie das wirklich gehen kann, haben erst wir ganz praktisch gezeigt." Inzwischen sind mit Zieglers Unterstützung drei weitere Junior Unis entstanden. Für Ziegler selbst ist allerdings seit Januar 2022 Schluss: Mit 83 Jahren zieht er sich aus der aktiven Arbeit zurück, bleibt dem Projekt aber im Beirat weiter erhalten. Ich kann mir vorstellen, dass das keine leichte Entscheidung ist, sich zurückzuziehen und der nächsten Generation das Ruder zu überlassen. Ziegler gegenüber der Stadtzeitung: „Eigentlich habe ich jahrelang daran gearbeitet, mich ersetzlich zu machen. Konkret: Ich hatte meinen Rückzug vor 4 Jahren mit unseren Gesellschaftern sowie den weiteren Mitgliedern des Kaufmännisch-organisatorischen Beirats – unserem Aufsichtsgremium – abgestimmt." Seine Nachfolgerinnen hat er aufgebaut und geschult. Und ihnen den Mut vermittelt, den es braucht, ein solches Projekt weiterzuführen. Eine bemerkenswerte Initiative, die Ziegler hier auf den Weg gebracht hat. Und eine, die zeigt, dass es private Bildungsprojekte dieser Art braucht, um Bildung wieder attraktiver als im Schulalltag oftmals vermittelt zu machen.

Ebenso mit ständig neuen Ideen ausgestattet erlebte ich jüngst den Unternehmer Manfred Wittenstein, den Gründer der Initiative „Kreative Köpfe". Zu seinem 80. Geburtstag sprach ich anlässlich des Empfangs auch die Beraterlegende Roland Berger, der voller Stolz in seinem 86. Lebensjahr mir gegenüber die Stärken und Schwächen des Standorts Deutschland beleuchtete. Auch Reinhold Würth ist mit seinen 87 Jahren mit seinem Familienunternehmen immer noch auf Expansionskurs und höchst veränderungsbereit.

Beeindruckt hat mich neben Ziegler unter den Zugabe-Preisträgern 2022 auch Gisela-Elisabeth Winkler, heute 82 Jahre alt. Mit 70 gründet die Mathematikerin ihr erstes eigenes Unternehmen. Anlass ist die Erkrankung ihres Mannes und eine damit verbundene Bewegungseinschränkung, die das An- und Ausziehen von normaler Wäsche stark beeinträchtigt. Gemeinsam mit ihrer Schwester entwickelt sie Wäsche, die vorne geöffnet und um den Körper gelegt werden kann. Eine einfache wie geniale Idee, konstatiert die Körber-Stiftung anlässlich der Preisverleihung. Seit 2011 hält Gisela-Elisabeth Winkler ein Patent für das Prinzip. Inzwischen läuft auch der Antrag für die Zulassung als Pflegehilfsmittel. „Was getan werden muss, muss getan werden", erklärt sie gegenüber der Körber-Stiftung. „Das sollte man nicht abhängig vom Alter machen. Das wäre absolut absurd." Sie hadert nicht mit dem Älterwerden. Denn: „Mein Alter", erzählt sie der Journalistin Pauline Schinkels für die WirtschaftsWoche, „war schon immer falsch." Als sie mit 17 zu studieren beginnt, heißt es vielfach, sie sei zu jung; als sie mit 70 ihr Unternehmen gründet, erscheint sie vielen zu alt. Für Banken fällt sie ohnehin durchs Raster. Gründer über 60 erhalten in der Regel keine Kredite mehr. Und so finanziert sie ihr Start-up gemeinsam mit der Schwester aus eigenen Mitteln.

Die erzählten Beispiele zeigen vor allem eins: Gründen ist schon lange keine Altersfrage mehr. Jeder dritte Gründer in Deutschland, stellt eine Langzeituntersuchung der KfW fest, ist älter als 45 Jahre. Jeder dritte von ihnen ist dabei übrigens mit digitalen Geschäftsmodellen unterwegs. Und der Trend wird sich fortsetzen, sind Experten überzeugt. Denn in einer immer älter (und dabei gesund bleibenden) Gesellschaft ist die Unternehmensgründung eben auch im Rentenalter möglich. „Aufgrund der fortschreitenden Alterung der Bevölkerung in Deutschland ist damit zu rechnen, dass künftig diese Zielgruppe eine wesentliche Rolle im Gründungsgeschehen spielen wird", stellt das RKW Kompetenzzentrum 2018 in seiner Studie „Gründerinnen und Gründer 45plus" fest. Erfahrung und das Wissen um die eigenen Schwächen sind dabei die Schlüssel für den Erfolg. Denn: „Gründer 45plus", so das RKW, „gehen gut vorbereitet an die berufliche Selbstständigkeit, scheuen das Risiko nicht und scheinen sich von veralteten Vorurteilen im Zusammenhang mit dem Alter gelöst zu haben." Ein Potenzial, das es in sich haben wird und mit dem wir rechnen sollten. Das findet auch das RKW: „Aus allen diesen Gründen ist es unerlässlich, das bei Weitem nicht ausgeschöpfte Potenzial Menschen mittleren und fortgeschrittenen Alters für die Gründung zu mobilisieren. Dies kann zuletzt helfen, die Gründungsdynamik anzukurbeln und den Gründungsstandort Deutschland zu stärken." In die politische Realität übersetzt heißt das für mich vor allem eins: Es braucht Förderprogramme, die sich an diesem Trend ausrichten. Die berücksichtigen, dass es auch die jungen Alten sein werden, die Innovationen treiben. Auf EU-Ebene ist das Thema gerade erst angekommen. So sind die Alten inzwischen auch in den Strategien zur Förderung benachteiligter Gruppen (Frauen, junge Menschen, Senioren, Arbeitslose, Migranten) aufgeführt. Allerdings: Mir reichen diese

Ansätze nicht; ich wünsche mir eine stärkere Berücksichtigung der sich verändernden Lebensrealitäten. Und damit meine ich nicht nur Programme, die ohnehin finanziell gesattelte Rentner berücksichtigen. Wir müssen uns auch mit den Menschen beschäftigen, die, wie die Geschichte von Dieter Hofmann zeigt, länger arbeiten müssen, um über die Runden zu kommen. Dazu braucht es Förderprogramme, die die Altersgründungen ebenso berücksichtigen wie die der jungen, hippen Start-upper. Es braucht aber auch ein verändertes Mindset bei Investoren, eines, das ältere Entrepreneure ebenso feiert wie die jungen. Umdenken ist gefragt. Solange sich allerdings Vorurteile der Überlegenheit junger Gründer, wie sie etwa von Mark Zuckerberg befeuert werden, in den Köpfen halten, wird sich an der Gemengelage nur wenig ändern. Wir brauchen mehr Bühnen für die jungen Alten – für die, die sich eben nicht in den Ruhestand verabschieden, sondern beispielhaft zeigen, was noch alles geht, wenn man die 66 überschritten hat.

Das hat sich auch die Körber-Stiftung mit ihrem Zugabe-Preis vorgenommen. Eine Initiative, die in dieser Form in Deutschland wohl einzigartig ist. Als der Hamburger Unternehmer Kurt A. Körber seine Stiftung 1959 ins Leben ruft, ist er selbst schon über 50 Jahre. „Er wollte", erklärt Jana Lunz, Programmmanagerin, „einen Mehrwert zur Zukunftssicherung der Gesellschaft leisten." Unter dem Motto „Reden, Handeln, Bewegen" ist das Programm heute in sieben Bereichen etabliert und deckt eine große Bandbreite an Themen ab. Eines davon ist Demografie und Alter. Nicht von ungefähr: „Wenn man heute mit 60 oder 67 in Rente geht, hat man meistens im Durchschnitt ja noch etwa 20 gesunde Jahre vor sich", erklärt Jana Lunz. „Heißt, wir können mit den Ressourcen dieser Altersgruppe rechnen, sollten das Potenzial, das Know-how und die Lebenserfahrung dieser Menschen nutzen. Denn als Gesellschaft vor dem Hintergrund des demografischen Wandels können wir es uns schlicht nicht mehr leisten, auf diese Gruppe und all das, was sie auszeichnet, zu verzichten." Die Stiftung will das Altersbild nachhaltig verändern und geht dabei auch schon einmal ungewöhnliche Wege. So plakatiert sie zu Corona-Zeiten in Hamburg eine Kampagne mit dem provokanten Slogan: „Von wegen Risikogruppe – Mit unternehmerischem Mut die Welt verbessern" und gratuliert auf diese Weise den Zugabe-Preisträgern 2020. „Es gilt", so Lunz, „Vorbilder in dieser Generation sichtbar zu machen. Und damit zu zeigen: Du kannst auch als älterer Mensch noch viel bewegen."

Deshalb sollen viel mehr Erfahrung, Kompetenz und Weitsicht von fitten Persönlichkeiten als Angels für junge Start-ups und Gründer motiviert und gewonnen werden, denn nach wie vor gilt: Gründer braucht das Land!

Arbeit im Alter sollte wieder attraktiver werden
In der Zeitung DIE WELT wurde am 13.12.2022 darauf hingewiesen, dass Babyboomer den Generationenvertrag bröckeln lassen. Ziel der Bundesregierung sei es, Ältere länger in Arbeit zu halten. Doch die Erwerbstätigkeit der Älteren, egal ob Handwerker, Arbeiter oder Angestellter, stagniere und sinke teilweise sogar.

45 Millionen Erwerbstätige stehen derzeit knapp 21 Millionen Rentner gegenüber – alarmierend, besonders auch für die Finanzierung des Rentensystems, wie das Bundesinstitut für Bevölkerungsforschung (BiB) findet. Während in den vergangenen Jahren durchaus ein Trend zum Arbeiten im Alter festzustellen war, so ist der Anstieg der Erwerbsbeteiligung bei älteren Beschäftigten in den vergangenen 5 Jahren weitgehend zum Stillstand gekommen. Der Bundesarbeitsminister hat im Dezember 2022 nochmals betont, „wir brauchen jede helfende

Hand und jeden klugen Kopf, damit der Fachkräftemangel nicht zur Wohlstandsbremse wird." Noch zwischen 2000 und 2015 hat die Erwerbstätigenquote laut dem Bundesinstitut für Bevölkerungsforschung stark zugenommen. Bei den 60- bis 64-jährigen Männern hatte sie sich in diesem Zeitraum mehr als verdoppelt, bei Frauen sogar vervierfacht. Aktuell scheiden allerdings wieder viele Berufstätige bereits ab 63 oder 64 Jahren aus dem Arbeitsmarkt und damit deutlich vor der Regelaltersgrenze aus dem Erwerbsleben aus. Im Jahr 2019 waren es noch 80,1 Prozent der 60-jährigen Männer, im Jahr 2021 noch 79,3 Prozent der Ü60-jährigen Männer, die gearbeitet haben. Bei den Frauen fiel die Erwerbstätigkeit in der gleichen Zeit von 72 auf 71 Prozent zurück. Begünstigt wird diese Entwicklung durch die Rente mit 63 für langjährig Versicherte – die man inzwischen ohne Abzüge in Anspruch nehmen kann. Und so erstaunt es nicht, dass 2021 fast jeder Dritte diesen früheren Bezug zur Altersrente wählte (so das Bundesinstitut). Nach Angaben der deutschen Rentenversicherung gingen 2021 von 858.000 Neurentnern und Neurentnerinnen sogar eine halbe Million vorgezogen in den Ruhestand – 211.000 von ihnen nahmen dabei auch einen Abschlag in Kauf.

Zu Recht weisen deshalb Abgeordnetenkollegen auch aus Baden-Württemberg darauf hin, dass mit Blick auf den Fachkräftemangel und eine alternde Gesellschaft es Aufgabe des Staates ist, die richtigen Anreize zu setzen, damit es sich für diejenigen, die es können, auch lohnt, länger zu arbeiten. So lasse sich auch der Renteneintritt flexibler gestalten. Auch Abgeordnete verschiedener Parteien weisen darauf hin, dass es sinnvoll sei, Anreize zu setzen, damit Menschen länger arbeiten. Hier hilft ein Blick über den Zaun: So haben die skandinavischen Länder, Dänemark, Finnland und Schweden, das Rentenniveau von der Lebenserwartung abhängig gemacht und Anreize, etwa einen Zuschlag für die spätere Rente, für eine längere Erwerbstätigkeit geschaffen. Das Ergebnis: Die Menschen im Norden arbeiten in der Regel länger, als sie müssten – obwohl sie sich auch für einen früheren Renteneintritt zwischen 61 und 67 Jahren entscheiden könnten.

Wichtig bei einem solchen Modell: Wir müssen die neuen Alten für ein längeres Arbeitsleben fit machen. Dazu gehört vor allem das digitale Lernen (siehe auch den Gastbeitrag von Anabel Ternès). Hier braucht es neue Projekte der Weiterbildung, die diesen Bedarf abdecken. Denn eines ist klar: Unser Rüstzeug der Erstausbildung reicht heutzutage nicht mehr für ein ganzes Leben. Wie bereits erwähnt: Wir können schon lange nicht mehr mit dem Rucksack der Erstausbildung durch das Leben gehen. Weiterbildung und attraktive Anreize braucht es, um dem zu frühen Eintritt in die Rente zu begegnen. Und: Diese Anreize und Weiterbildungsangebote braucht es deutlich vor dem Eintritt in den Ruhestand. Denn ist ein Mensch erst einmal im Rentnerleben angekommen, fällt es schwer, ins Erwerbsleben zurückzukehren, weiß das Bundesinstitut für Berufsbildung. Wenn nun das abschlagsfreie Renteneintrittsalter für kommende Jahrgänge ohnehin wieder ansteigt und damit der finanzielle Anreiz zur frühen Rente geringer wird sowie aufgrund des Personalmangels auch die Löhne und die Arbeit wieder attraktiver werden, werden Menschen – davon bin ich überzeugt – auch wieder länger arbeiten wollen.

Deshalb plädiere ich für mehr Flexibilität mit einem viel breiteren Korridor für mehr selbstbestimmte Lebensarbeitszeit.

Ein (kurzes) Schlusswort

Über das Glück, 100 Jahre alt zu werden, die Rente warten lassen, den Facharbeitermangel lösen und dabei Glück und Erfüllung zu erfahren, waren die Themen, die mich auf dieser Reise in eine neue Welt beschäftigt haben. Und: die zu diesem Buch geführt haben, an dessen Ende Sie jetzt angelangt sind.

Auf dieser Reise und bei der Arbeit an diesem Buch habe ich vor allem eines gelernt: Es ist Zeit für Neues.

Der demografische Wandel wird zunehmend problematischer für die nachfolgenden Generationen. Zu wenige junge Menschen müssen die Kosten der Babyboomer-Generation tragen. Schon bald müssen zwei Beitragszahler einen Rentner finanzieren – eine umfassende Rentenreform ist daher längst überfällig. Eine Reform mit besseren Anreizen oder Steuerfreiheiten über die Rente hinaus, Lebensarbeitszeitkontenmodellen und anderen Ansätzen. Denn – wie wir alle wissen – sind Reformansätze zwar vorhanden, aber bislang nicht umgesetzt.

Haben wir diese Reform endlich geschafft, sollte sie Teil unserer Verfassung werden – und sich damit der politischen Tageswillkür ähnlich der Schuldenbremsregel entziehen.

Neben einer solchen Rentenreform erfordert auch die neue moderne Arbeitswelt der Zukunft längst überfällige Arbeitsrechtsreformen – mit mehr Flexibilität, Freiheit, Vertrauen und Sinnstiftung als neue Währung. Nur so lässt sich dem Fachkräftemangel in Zeiten von 3D – Digitalisierung, Demografie und Dekarbonisierung – gezielt begegnen.

Fakt ist: Wir brauchen diese neuen Regelwerke. Für die jungen Alten, die eben nicht auf dem Altenteil ihren Lebensabend verbringen wollen, sondern aktiv und glücklich dem Ende des Lebens entgegensteuern wollen. Dass und wie es geht, zeigt die aktuelle Forschung rund um das Altern und ein langes, erfülltes Lebens.

Die gemeinsame Reise mit Ihnen in diesem Buch soll Hoffnung und Zuversicht in einer Zeit der weiterhin wachsenden Lebenserwartung und der Langlebigkeitsforschung vermitteln.

Danke

Ein Buch wie dieses zu schreiben, ist – wie ich festgestellt habe – leichter geplant als in die Tat umgesetzt. Ist das Thema Alter doch ein populäres – eines, das die Gemüter von Journalisten, Politikern und Philosophen ebenso beschäftigt wie die Szene der Wissenschaft und Forschung. So wurden aus den ursprünglich für das Manuskript angesetzten 6 Monaten sehr schnell 12. Aber: Ich denke, es hat sich gelohnt, diese zusätzliche Zeit zu investieren und an einigen Stellen deutlich tiefer zu graben als eigentlich vorgesehen.

Und jetzt? Bin ich einigermaßen stolz auf mein Alterswerk und hoffe sehr, dass ich Sie, liebe Leserin, lieber Leser, auf diese Lesereise bis zu dieser Stelle mitnehmen (und hoffentlich auch begeistern) konnte. Danke für Ihre Geduld mit mir und meinen teils ausschweifenden Überlegungen zum Älter- und Altwerden.

Am Ende eines Buches ist es üblich und gebührlich, DANKE zu sagen. Und natürlich will auch ich das an dieser Stelle tun. Und so sage ich DANKE

- allen Gesprächspartnerinnen und Gesprächspartnern, die mit mir ihre Sicht der Dinge geteilt haben
- meinen wunderbaren Gastautorinnen und Gastautoren, die dieses Buch um wertvolle Erkenntnisse bereichert haben
- den vielen Menschen, die mit mir ihre Geschichten geteilt haben
- meiner Kommunikationsagentur und deren zauberhaften Chefin und Redakteurin, Susanne Bachmann, die nie lockergelassen und viele Gedanken von mir erst mit passender Kleidung und Verfassung versehen hat
- ebenso dem Team von Frankfurter Allgemeine Buch für die wertvolle Verlagsbegleitung.

Ihnen allen wünsche ich viel Spaß beim Älterwerden – wie mein Buch zeigt, kann man den nämlich durchaus haben.

Der Autor

Prof. Dr. Wolfgang Reinhart (*3. Mai 1956 in Bad Mergentheim) ist Anwalt, Politiker, Hochschulbeauftragter und Redner. Von 2005 bis 2011 war er Minister in Berlin und Brüssel für Bundes-, Europa- und internationale Angelegenheiten sowie Bevollmächtigter des Landes Baden-Württemberg beim Bund, zuvor ab 2004 Staatssekretär im Finanzministerium Baden-Württemberg. Von 2016 bis 2021 war er Vorsitzender der CDU-Fraktion im Landtag von Baden-Württemberg und ist seit Mai 2021 Parlamentsvizepräsident. Der ehemalige Landesmeister der Junioren im 3000-Meter-Hindernislauf und Hochschulbeauftragte im Arbeitsrecht gründete 1985 als Seniorgesellschafter eine eigene Anwaltskanzlei mit heute 4 Standorten und 60 Mitarbeitenden. Den Bundesverband der mittelständischen Wirtschaft (BVMW) führte er einige Jahre neben seinem Mandat als Geschäftsführer in Berlin bis 2016. Neben seiner Leidenschaft für Politik und Erfahrung in zahlreichen Aufsichtsgremien von Banken, Wirtschaft und Sport kümmert er sich als Keynote Speaker um populäre Themen aus Wirtschaft, Wissenschaft und Jura. Reinhart ist verheiratet und hat zwei Kinder.